보고서 · 리포트 작성기술

(작성사례 119)

kofe
코페하우스

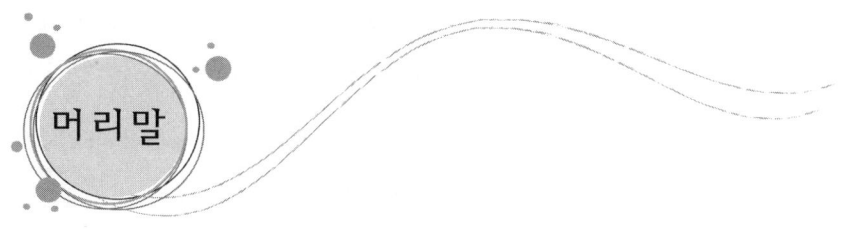

머리말

비즈니스맨이 문서를 작성하는 것은 업무를 하는 기본 중의 기본이다. 하지만, 이상하게도 "말하는 것은 잘하겠는데 글은 잘 못 쓰겠다. 회사에 돌아와 보고서를 작성하는 데 2시간이나 걸린다." 등의 글쓰기를 어려워하는 사람들이 뜻밖에 많다. 그러나 회사에 있는 한 영업보고서를 비롯해 일과보고, 월간보고 등 작성해야 할 문서는 많다. 예산을 결제하는데도 사람을 평가하는데도 문서 없이는 일할 수가 없는 곳이 회사이다. 그런 의미에서는 하루에 세 끼의 음식을 먹는 것과 마찬가지로 비즈니스맨이 문서를 작성한다는 것은 일상적이다.

그러면 왜 글을 쓰는 것을 까닭 없이 싫어하는 것일까. 그 이유 중 하나는 무엇을 어떻게 쓰면 좋을지 쓰는 방법을 모르기 때문일 것이다. 또 상사에게 좋은 평가를 받으려고 어떻게든 멋진 문장을 써야 한다는 압박감도 있을 것이다. 그러나 비즈니스문서가 요구하는 것은 "바른 정보를 알기 쉽게 전달하는 것"이지, 그 이상도 이하도 아니다. 역으로 정보를 각색하거나 수식어를 망라해서 에둘러 말하는 식으로 썼다가는 무엇을 말하고 싶은지 읽는 사람은 전혀 알 수 없다. 비즈니스문서는 문학이 아니다. 독특한 감각과 감정을 담거나 특이한 문체를 쓰기 위한 기술은 필요 없다는 말이다.

그렇지만, 비즈니스문서를 작성하는데도 그 나름대로 기술은 필요하다. 비즈니스 사회에서 오랫동안 축적된 경험과 노하우를 담은 스타일이 있기 때문이다. 따라서 그 테크닉과 스타일을 활용한다면, 그다음은 신입사원이든 비즈니스문서를 쓰는 것이 서툰 사람이라도 베테랑에게 뒤지지 않을 만큼의 리포트와 보고서를 쓸 수 있게 될 것이다. 물론 비즈니스맨으로서 자신의 일에 대한 문제의식을 느끼고 그것에 어떻게 대처하면 좋을지를 항상 평소에 생각하는 것이 전제된다는 것은 말할 필요도 없다.

「백문이 불여일견」이라는 속담이 있다. 이것은 사람의 이야기를 백번 듣는 것보다도 한 예를 한 번 실물로 보는 것이 더 잘 알 수 있다는 말이다. 이 책에서는 백문이 불여일견이라는 말처럼 견본이 되는 다양한 리포터와 보고서를 샘플로 게재하였다. 우선 자신의 과제에 관한 리포트와 보고서를 찾아서 그 견본을 참고로 실제로 문서를 작성해 보길 바란다.

야나세 가츠유끼

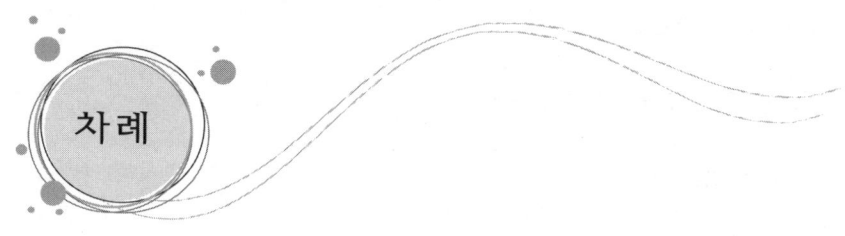

차 례

제1부 보고서·리포트 작성준비 ································· 11
  1. 비즈니스 문서의 종류와 그 차이점   12
  2. 간단하게 쓰는 것이 빨리 완성되고 효과적이다   14
  3. 무엇 때문에 쓰는지 확고히 하자   16
  4. 보고받는 대상에 따라 작성방법이 다르다   18
  5. 자신의 문제의식에 질문 해 보자   20
  6. 균형을 갖춘 주관성으로 어필하자   22
  7. 일정이 좋아야 좋은 글을 쓴다   24
  8. 문서는 구상으로 결정된다   26
  9. 배열을 생각하며 구상을 써라   28
 10. 한눈에 알 수 있는 그림과 표가 효과적이다   30

제2부 보고서 작성사례 ································· 35
  ● 기록과 보고의 차이   36

1장 일일보고서 작성사례 ································· 37
  ● 일일보고서 작성포인트   38
  ● **Sample**
  1. 영업일보 (일반)   40
  2. 영업일보 (실적)   42
  3. 점포관리일보   44
  4. 점포개발일보   46
  5. 업무일보 (부서)   48
  6. 업무일보 (개인)   50
  7. 업무일보 (소매업/점장)   52
  8. 업무일보 (외식업/점장)   54
  9. 작업일보 (공장)   56
 10. 작업일보 (점포)   58
 11. 배송일보   60

12. 매출일보   62

2장 정기보고서 작성사례 ································ 65
- 정기보고서 작성포인트   66
- Sample
1. 주간 보고서 (영업부문/부문)   68
2. 주간 보고서 (영업보고/개인)   70
3. 주간 보고서 (업무보고/부문)   72
4. 월간 보고서 (업무보고/부문)   74
5. 월간 보고서 (업무보고/개인)   76
6. 분기 보고서   78
7. 반기 보고서   80
8. 연간 보고서 (영업부문)   82
9. 연간 보고서 (간접부문)   84
10. 재고조사 보고서   86

3장 출장보고서 작성사례 ································ 88
- 출장보고서 작성포인트   89
- Sample
1. 출장 보고서 (영업)   90
2. 판촉활동 보고서 (캠페인)   92
3. 회의 보고서 (협상)   94
4. 프로모션 보고서 (기획)   96
5. 설명회 보고서 (상품)   98
6. 협의회 보고서 (거래처)   100
7. 기념식 참석 보고서 (경조사)   102
8. 해외출장 보고서 (전시회)   104

4장 영업보고서 작성사례 ································ 106
- 영업보고서 작성포인트   107
- Sample
1. 신상품 매출동향 보고서   108
2. 이벤트 실시 보고서   110
3. 홍보활동 보고서   112
4. 판매현황 보고서   114
5. 판촉활동 보고서   116
6. 경쟁업체 대책 보고서   118

5장 조사보고서 작성사례 ··· 120

- 조사보고서 작성포인트   121
- **Sample**
1. 신상품개발 시장조사 보고서   122
2. 상거래형태 시장조사 보고서   124
3. 상권 시장조사 보고서   126
4. 소비동향 시장조사 보고서   128
5. 고객 시장조사 보고서   130
6. 기업이미지 시장조사 보고서   132
7. 상품 시장조사 보고서   135
8. 경합기업 시장조사 보고서(1)   138
9. 경합기업 시장조사 보고서(2)   140
10. 상품평가 조사 보고서   143
11. 앙케이트 조사 보고서   145
12. 기업 신용조사 보고서   147
13. 경영자 신용조사 보고서   149
14. 개인 신용조사 보고서   151

6장 사업보고서 작성사례 ··· 153

- 사업보고서 작성포인트   154
- **Sample**
1. 생산계획 관리 보고서   156
2. 판매계획 보고서   158
3. 대체계획 보고서   160
4. 상품개발 계획 보고서   162
5. 채용계획 보고서   164
6. 생산계획 실시 보고서   166
7. 판매계획 실시 보고서   168
8. 인사계획 실시 보고서   170
9. 생산 중간보고서   172
10. 출점 중간보고서   174

7장 조직활동 보고서 작성사례 ·· 176

- 조직활동 보고서 작성포인트   177
- **Sample**
1. QC활동 보고서 (생산)   178
2. QC활동 보고서 (점포)   180

3. QC활동 보고서 (간접부문)   182
4. 사원복지 지원 활동 보고서   184
5. 사회복지 지원 활동 보고서   186
6. 프로젝트 활동 보고서   188

8장 연수보고서 작성사례 190

● 연수보고서 작성포인트   191
● Sample
1. 사내연수 보고서   192
2. 사외연수 보고서   194
3. 신입사원 연수 보고서   196
4. 중견사원 연수 보고서   198

9장 회의보고서 작성사례 200

● 회의보고서 작성포인트   201
● Sample
1. 부서회의 보고서   202
2. 부문회의 보고서   204
3. 기획회의 보고서   206
4. 설명회 보고서   208

10장 사고 · 재해 · 클레임 보고서 작성사례 210

● 사고·재해·클레임보고서 작성포인트   211
● Sample
1. 불량품 납품사고 보고서   212
2. 상품 폭발사고 보고서   214
3. 영업사원 부주의사고 보고서   216
4. 차량사고 보고서   218
5. 업무상 재해사고 보고서   220
6. 화재사고 보고서   222
7. 상품 클레임 보고서   224
8. 영업 클레임 보고서   226
9. 접객 클레임 보고서   228
10. 상품 클레임 보고서   230

제3부 리포트 작성사례 ·················· 233

- 리포트 작성포인트 234

1장 마케팅 리포트 작성사례 236

- 마케팅 리포트 작성포인트 237
- Sample
1. 동종업계에 관한 리포트 240
2. 거래처 업계에 관한 리포트 242
3. 신규사업에 관한 리포트 245
4. 소비동향에 관한 리포트 248
5. 해외시찰 연수에 관한 리포트 251
- 문장을 쓸 때 도움 되는 AIDM 법칙 254

2장 머천다이징 리포트 작성사례 255

- 머천다이징 리포트 작성포인트 256
- Sample
1. 기획·개발에 대한 리포트 259
2. 생산에 관한 리포트 262
3. 물류에 관한 리포트 265
4. 판매촉진에 관한 리포트 268
5. CF 효과에 관한 리포트 270
6. 상품에 관한 리포트 273
7. 앙케이트 조사에 관한 리포트 276
8. 상권에 관한 리포트 279
- 구조조정의 본뜻은 해고가 아니다 282

3장 기업관련 리포트 작성사례 283

- 경영관련 리포트 작성포인트 284
- Sample
1. 신규거래에 대한 리포트 287
2. 라이벌 기업에 대한 리포트 290
3. 경합점에 대한 리포트 293
4. 신규 출점에 대한 리포트 296
5. 매스컴에서 각광받는 기업에 대한 리포트 299
- 영어에 강해지자 302

4장 동향관련 리포트 작성사례   304

- 동향관련 리포트 작성포인트   305
- **Sample**
1. 사내 전자메일 활용에 대한 리포트   308
2. 거래처와 정보공유에 대한 리포트   311
3. 제조판매 동맹에 대한 리포트   314
4. 규제완화와 그 영향에 대한 리포트   317
5. 요즘 젊은이에 대한 리포트   320
6. 고령화 사회에 대한 리포트   323
- 환경문제에 강해지자   326

5장 사내활동 리포트 작성사례   328

- 사내활동 리포트 작성포인트   329
- **Sample**
1. 품질관리 활동에 관한 리포트   332
2. 5S 활동에 관한 리포트   335
3. 프로젝트 활동에 관한 리포트   338
4. 연수교육에 대한 리포트   341

6장 직종관련 리포트 작성사례   344

- 직종관련 리포트 작성포인트   345
- **Sample**
1. 영업에 대한 리포트   347
2. 개발·제조에 대한 리포트   350
3. 총무에 대한 리포트   353
4. 현장에 대한 리포트   356
5. 광고·홍보에 대한 리포트   359
6. 경리에 대한 리포트   362
7. 인사에 대한 리포트   365

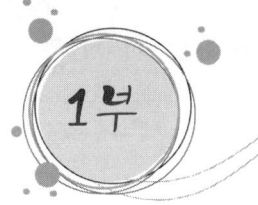

1부

보고서 · 리포트 작성준비

1 비즈니스 문서의 종류와 그 차이점

회사에 제출하는 문서는 크게 두 가지로 나눌 수 있다. 즉 사실을 보고하는 것으로 보고서·리포트 등과 자신의 생각을 전달하는 것으로 기획서·제안서 등이다.

보고서와 리포트는 의무적으로 제출한다는 의미가 강하여 비즈니스맨들은 보고서와 리포트 제출을 싫어하고 또한 자신 없어 하는 사람이 의외로 많다. 한 가지 일을 마치고 다른 일로 하려고 준비하고 있어도, 마친 업무에 대한 보고서를 제출해야 하는 경우 제출하지 않았으면 한 일에 대하여 마무리가 되지 않은 느낌이 들고, 다른 일을 하는데 장애가 되는 느낌도 든다. 하지만, 일상 업무에서 제출하는 정기보고서는 업무의 창의와 고안을 하고, 일을 완료시킨 시점의 보고서에서는 자신의 일과 한 일에 대에 대하여 회사에 정확히 알리는 기회이기도 하다.

기획서와 제안서는 그 문서가 자신이 지금까지 한 일과 경우에 따라서는 자신의 부서와 회사 그 자체의 방향성을 좌우할 가능성도 있을 수 있다. 자신의 일과 장래에 대해 막연한 비전은 누구나가 갖고 있을지도 모른다. 하지만, 자신이 말하고 문서로 남기지 않는 한 그것을 전달할 방법이 없다. 업무에서 정확히 자신의 생각 등을 알리려면 명확한 문서화가 불가피하다. 또한 한 번 문장으로 작성하면 그것을 부서와 회사에서 많은 사람이 읽을 수도 있다.

어쨌든 회사 안에서는 문서를 제출한다는 것은 유효한 커뮤니케이션(communication)이 된다. 자신이 없다고 하나하나를 대충 넘겨서는 눈앞에서 장래의 가능성을 버리게 되는 것이다. 매일 자신이 쓰는 보고서와 리포트, 기획서와 제안서 등이 누적되어 자신의 평가를 결정한다고 해도 과언이 아니다.

② 간단하게 쓰는 것이 빨리 완성되고 효과적이다

보고서를 쓰는 데는 어느 정도의 시간이 걸린다. 보고서를 써야 할 때 컴퓨터 앞에 앉아 끙끙거리는 사람도 많을 것이다. 시간이 걸리는 원인은 몇 가를 알아보자.

우선 쓰기 시작할 때 내용이 정리가 안 되었다.

컴퓨터 앞에 앉아 비로소 보고서의 내용을 생각하고 있어서는 늦다. 보고서는 자신의 업무내용을 보고하고 의견을 논하며 상사에게 보이려고 쓰는 것이다. 따라서 그 내용은 창작되어서는 안 된다. 그 내용은 일을 추진하고 있는 동안에 머릿속에 있어야만 하며, 보고서를 정리하는 작업은 그것을 정리하고, 다시 정돈하는 것 외에 다른 것이 아니다. 문서로 정리할 것을 염두에 두고 일을 추진하면서 중요한 점은 메모 등을 하여 남겨 두려고 노력하자. 일에 대한 내용을 잊기 전에 보고서를 써 놓으면 더욱 좋다.

필요 이상 능숙한 문장을 쓰려고 한다.

너무나 보고서다운 보고서를 쓰려고 어렵고 빙 둘러 말하거나 단어를 많이 사용해 버리면 쓰는 것이 귀찮아질 뿐 아니라 받아들이는 쪽도 쉽게 읽기 어렵다. 중요한 것은 보고서로서의 형식이 아니라 필요한 정보가 제대로 적혀 있는지 하는 것이다. 상식 범위 안이라면 자신의 말로 간결하게 쓰는 편이 효과적이다.

빠르게 쓰는 것이 좋다.

빠르게 쓴다고 하면 그만큼 질이 떨어진다는 이미지가 있을지

도 모르지만, 완성되는 시간이 짧으면 그만큼 체크(check)하는데
쓸 수 있는 시간도 길어진다. 정확함이 필요한 문서에서 이것은
중요하다. 쓰는데 시간이 오래 걸리면 일상 업무에 쫓겨 뒤로 미
루기 일쑤가 되거나 그만 늦게 제출해버리기 십상이다. 상황이
매일 바뀌는 사이에 제출하는 것이기 때문에 가능한 한 신속하게
신선한 정보를 전할 수 있도록 노력해야 할 것이다.

무엇 때문에 쓰는지 확고히 하자

보고서는 무엇을 위해 작성하는 것일까?

문서를 작성하는 데는 당연히 의미가 있다. 당신에게 일을 부여한 상사는 당연히 당신이 어떻게 일을 하고 결과는 어떻게 되었는지를 알고 싶어 할 것이다. 그것을 확인하기 위한 보고서이다. 또한 어떤 일을 시작하기 전에 참고할 수 있는 현재 상황을 알고 싶을 때 상사는 당신에게 리포트를 작성하도록 할 것이다.

이 경우에 무엇을 위한 리포트인가를 알면 작성할 때 요점을 파악하기 쉽다. 리포트를 써야만 할 때는 상사가 당신의 의견을 원하고 있다는 것이다. 이 경우에 당신의 능력을 시험해 보려고 하는 의미가 강할지도 모르지만, 그 주제는 역시 회사에서 중요한 것일 때가 잦다. 의식해야 하는 것은 문서를 정리하는 것은 상사를 위해 그리고 회사를 위해 필요한 것이라는 점이다. 그러한 의식이 있다면 스스로 문서에 무엇이 필요하고 무엇이 필요하지 않은지, 무엇을 중심으로 정리하면 좋을지 알게 될 것이다.

보고서 등에서는 어느 정도 형식화되어 작업하여 정리하고 있는 일도 있을 것이다. 그러나 일상적으로 도움이 되지 않는 내용이어도 가령 과거의 사례를 참고로 하려는 경우나, 무슨 일이 생겨서 조사가 필요한 경우 등에 보고서를 활용하게 되는 경우도 많다. 평소에 당신이 고생해 쓴 보고서를 상사가 확인 도장을 찍고 서류철에 보관해 놓기만 한 것처럼 보여도 그것이 무의미한 것은 아니다. 언젠가 상사가 당신의 보고서를 활용할 날이 올지

도 모른다. 그렇게 생각하고 장래의 자신을 위해 가치 있는 보고
서를 쓰도록 하자.

　보고서를 쓰는 의미를 알지 못하면 제대로 정리할 수도 없고,
동기 부여도 되지 않는다. 무엇을 위한 문서인지를 항상 염두에
두자.

 # 보고받는 대상에 따라 작성방법이 다르다

불특정 사람 다수가 보는 신문이나 잡지의 기사와 달리 비즈니스문서는 보는 사람이 한정되어 있다. 보고 대상을 좁혀서 쓰는 편이 보는 사람도 알기 쉬워질 뿐만 아니라 쓰는 사람으로도 포인트를 파악하기 쉽다.

직속 상사에게 제출하는 보고서라면 자신의 업무상 상식적인 사항은 설명할 필요가 없다. 자신의 일을 결정하는 견해에 있는 상대방이기 때문에 상사의 눈에는 보이지 않는 점 등을 보고하고 현 상황을 정확하게 파악할 수 있도록 하는 내용 등을 쓰면 좋을 것이다.

부하에게 자신이 참석한 회의 등에 대하여 설명하거나 알려야 할 경우에 회의 주제와 다른 부서의 보고 등, 전체가 잘 보이도록 써 둘 필요가 있다. 또 그것에 대한 자신의 생각 등도 써서 앞으로 업무의 방향성 등을 나타내면 좋다.

동료에게 보고하거나 알려야 할 경우에 중요한 것은 자신이 가진 정보를 알리고 공유하는 것이다. 그렇게 함으로써 그 후의 업무를 원활하게 할 수 있다. 고의가 아니라도 정보를 독점한다면 인간성 평가와도 결부되는 문제로 발전할 우려도 있으므로 주의가 필요하다.

임원회의 등에 제출하는 자료에서는 가능한 한 근본적인 것부터 꼼꼼하게 쓰는 편이 좋고, 부서 특유의 전문용어 등은 피하는 것이 무난하다. 또 그러한 자리에서는 제출한 자료는 어디까지나 판단의 재료가 되는 것이기 때문에 개인적인 견해 등은 효과적이라고 할 수 없다.

보는 사람에 따라 여러 정보 중에서 무엇을 선택할지는 생각할 필요가 있다. 또 같은 정보를 전달할 때도 보는 사람에 따라서 쓰는 방식을 바꿔나가면 좋을 것이다.

비즈니스문서는 읽은 사람이 그것을 어떻게 활용할지에 따라 가치가 결정된다. 하지만, 그것은 결코 다른 사람에게 맡기라는 의미는 아니다. 다른 사람이 활용할 수 있도록 문장을 쓰는 것이 중요한 것이다.

5 자신의 문제의식에 질문 해 보자

　제안서·의견서 등을 제출해야 하는데 아무것도 쓸 것이 없어서 곤란했던 경험은 갖고 있을 것이다. 자신의 업무의 과정과 결과는 정확하게 술술 기술할 수 있어도, 감상이나 앞으로 문제점 등 사실만으로는 안 되는 부분과 맞닥뜨리면 갑자기 정지되어 버리는 때가 있다. 하지만, 아무것도 생각하고 있지 않아서, 아무것도 느끼고 있지 않아서 그런 것은 아니다. 생각한 점 느낀 점이 글로 잘 표현이 안 될 뿐이다.

　또한 꼭 필요한 의견을 내지 못할 것 같다는 우려 때문에 잘 쓰지 못하는 일도 있다. 그럴 때는 자신에게 한 번 질문을 던져보는 것도 좋다. 일을 하는 과정과 회의 등에서 무엇이 가장 본인의 마음속에서 걸리는 것이 없는지를 생각해 보자. 막연했던 의식 속에서 결국 자신은 무엇을 말하고 싶은지 가려내는 것이 중요하다.

　자신이 무엇을 말하고 싶은지도 모른 채 필요한 의견을 말할 수는 없다. 어떠한 상황에서 어떤 생각이 떠올랐는지, 어떤 것을 느꼈는지를 생각함으로써, 그것에 결부된 다양한 정보도 자연스럽게 나타날 것이다. 또 그 자리에서는 확실한 의견을 내지 못했더라도 시간이 지남에 따라 머릿속에서 정리되고 형태를 갖추게 되는 것이다. 그런 의미에서도 재정리는 효과적이다.

　그다음은 그렇게 하여 나온 자료를 알기 쉽고 간결하게 정리해 나가면 된다. 여기에서도 무엇을 위해 의견을 내는가, 제안을 하는가 하는 것을 의식해서 써 나가자.

또 직접 해결책이 떠오르지 않은 채 보고서를 써야 할 때는 의견으로서 제안해 두자. 문제 등이 있을 때 혼자서 끌어안는 것보다 회사에 공유하는 것이 효과적으로 해결할 수 있다. 그러려면 의견을 제안하는 것도 훌륭한 일이다.

6 균형을 갖춘 주관성으로 어필하자

　보고서와 리포트는 사실을 정확하게 보고하려고 쓰는 것이다.

　거기에 쓰인 사실은 객관적이라면 금상첨화겠지만, 자신이 조사한 것을 문장으로 기술해 나가는 이상 거기에 주관이 들어가는 것은 피할 수 없다. 그러나 그것을 두려워할 필요는 없다. 자신이 사실이라고 생각한다면 그 근거와 당신 자신의 사고과정을 이치에 맞게 써나가면 자연스럽게 보는 사람을 설득할 수 있는 문장으로 완성될 것이다. 주관을 두려워하여 너무나 형식적이고 인간미 없는 보고서를 제출해도 도움이 되지 않는다. 적절하게 주관이 들어간 문장은 쓰는 사람의 개성을 느끼게 해 준다.

　보고서 등은 일상 업무 중에 묻혀버려서 누가 쓰든 똑같아지는 경우가 많은데, 그러한 속에서 조금이라도 변화를 추구한다면 좋은 자기 어필(appeal)이 될 것이다. 주의해야 할 점은 상대방을 설득하려고 생각한 나머지 내용이 사실에서 벗어나거나, 강하게 상대방에게 문제의식을 호소하려고 한 나머지 비판이 앞선 문장을 쓰거나 해서는 안 된다.

　무엇을 위해 그 문서를 쓰는지 하는 의식은 중요한 것이지만 문서 본래가 가진 「사실을 전한다」「의견을 전한다」는 기본적인 기능을 잊는다면 본전도 못 찾는다. 문서는 어디까지나 회사를 위해 쓰는 것이기 때문에 보는 사람을 의식해야 한다. 보는 사람에게 무엇을 호소할 것인지 생각한다면 더욱이 강한 논조는 피하고 자신의 사고과정을 상대방에게 맞춰서 자연스럽게 상대방에게 의견이 전달되도록 해야 한다.

문서에서 주관성의 균형은 그것을 읽고 난 후의 인상을 크게 좌우하는 중요한 요소라고 할 수 있다. 적당한 균형을 유지하려면 평소 자신의 사고가 어떠한 것인지 냉정히 파악하는 눈을 갖는 것도 좋을 것이다.

7 일정이 좋아야 좋은 글을 쓴다

리포트와 보고서 작성은 계획성이 중요하다. 문서 자체를 신속히 정리하기 위한 포인트는 앞에서도 이야기했지만, 리포트 등을 쓸 때에는 문장을 쓰는 것만이 전부가 아니다. 리포트의 내용을 정하고 자료를 수집하고 비교 분석하고 문장을 쓰고 퇴고하는 단계가 필요하다.

따라서 리포트와 보고서 등은 작업시간을 어림잡기가 어렵다. 그러나 실제로 문장을 써 나가기만 하면 되는 것이 아니라는 것을 염두에 두고 생각한다면 좋을 것이다. 경우에 따라서는 작성 계획을 메모해 두면 좋다. 실제로 쓰기 시작한 후 자료가 필요해서 조사를 시작해서는 늦다. 또 퇴고에 충분한 시간을 쏟지 못하면 말하고 싶은 것이 잘 전달되지 않거나 생각지 못한 실수를 남긴 채 제출하게 되는 일도 있다.

평소 업무는 리포트를 쓰는 것만이 아니다. 리포트 작성 등은 가능한 한 짧게 끝내버려야지 하고 생각할 것이다. 그래서 계획을 세움으로써 실제 작업 시간을 단축할 필요가 있는 것이다. 리포트를 작성할 시간만을 갖고 컴퓨터 앞에서 끙끙 된다고 해도 그 시간은 일하지 않는 것과 같다. 쓰기 시작할 때에는 이미 내용이 정해져 있지 않으면 쓸데없는 시간을 보내게 된다.

제출 기한까지 여유를 갖고 자료 수집을 시작하고 어느 정도 훑어보고 난 후 구상을 한다. 머릿속에서 구상하는데 실제 작업 시간은 필요 없다. 하지만, 기한은 충분히 있는 것이 좋다. 그것이 정리되면 실제로 작성을 시작한다. 내용만 결정되어 있다면 집필 자체는 별로 시간이 안 든다. 작성을 마치면 제출까지 남은 시간 동안 다시 한 번 퇴고하고 완성도를 높인다.

이렇게 하여 계획적으로 진행하면 질질 끌지도 않고 많은 시간을 리포트 쓰는데 소모할 필요도 없이 더 나은 리포트가 완성될 것이다.

⑧ 문서는 구상으로 결정된다

글을 쓸 때 무계획적으로 쓰면 뒤죽박죽이 되어 이해하기가 어려운 글이 되어 버릴 우려가 있다.

가령 아무리 훌륭한 주장이 있어도 거기에 이르기까지의 설득력 있는 설명이 없다면 보는 이는 이해가 가질 않는다. 이해하게 하려고 장황하게 설명을 늘어놓아서는 결론에 이르기 전에 질리고 만다. 그렇게 되지 않으려면 쓰는 것을 시작하기 전에 무엇을 기술할 것인지 초점을 정하고, 필요한 결론에 이르기까지 어떠한 과정을 거칠지를 생각하여, 어떤 순서로 쓸지를 정해야만 한다. 그것이 구상(plot)이다.

작가 등 글을 쓰는 전문가만이 하는 것이 구상이라는 이미지가 있을지도 모른다. 그러나 실제로 글을 쓰는데 익숙한 사람일수록 문장 전체를 파악할 수 있기 때문에 구상이 필요하다. 만약 글을 쓰는데 익숙하지 않거나, 서툴다고 한다면, 처음부터 글쓰기 줄거리를 균형 있게 배치하면 효과적이다. 문서를 구성하는 데 필요한 자료, 결론에 도달하기 위한 논리의 전개 등을 항목별로 작성하여, 어떤 순서로 써나갈지를 생각하고 열거한다. 다음으로, 각각의 요소에 배분할 글자 수를 대략 정해 놓는다.

여기까지 준비가 끝나면 문서는 완성된 것과 다름없다.

이렇게 하여 조립한 구상대로 기술해 나감으로써 내용의 중복과 탈락 등 단순해져서 글을 쓰는 사람이 자신도 모르는 실수를 방지할 수 있다. 작성하는 문서의 목표에 따라 결론을 논할 장소와, 전개 방식 등을 바꿔 나갈 필요가 있다. 매번 구상을 확실하게 세워 놓으면 같은 종류의 문서를 쓸 때에는 신속히 내용을 정리할 수 있게 된다.

9 배열을 생각하며 구상을 써라

    문서를 작성할 때 내용을 알기 쉬운 배열로 작성하여 제출해야 한다. 보고서 등은 소정의 서식이 존재하기도 하지만, 리포트 등은 개인의 재량에 맡기는 경우도 많다. 배열까지 생각하는 만큼 부담이 클 수도 있지만, 거꾸로 생각하면 자신이 작성한 문서를 보다 효과적으로 보이는 기회이기도 하다.

    인쇄된 문서를 한 번 훑어보았을 때 눈에 잘 들어오는 배열은 매우 중요하며, 문장을 읽기 쉽게 하는 것보다 그 중요도가 위라고 할 수 있다. 단지 제목을 붙이고 내용을 장황하게 기술하는 식의 배열을 해서는 안 된다. 우선 전체의 문장 양에 따라 단락을 바꿔 나간다. 문서는 옆으로 너무 퍼지면 보기 어렵다. 전개 방식에 따라 단락을 나누고 경우에 따라서는 제목을 붙인다. 이 부분은 구상(plot)단계에서 생각해 두면 좋다. 적절한 제목을 붙여 나가면 보는 사람의 흥미를 끌고, 읽기 전에 막연했던 내용을 전달할 수도 있다.

    필요한 자료를 그림, 표, 그래프(graph)로 삽입할 경우는 내용과의 관련성을 알기 쉽게 배치하도록 하자. 어느 정도 문장의 양이 있는 경우에는 무리하게 집어넣지 말고 몇 페이지(page)로 나누어 쓰는 것이 좋다. 여유를 가진 배치가 호감을 높인다. 몇 페이지에 이를 경우에는 페이지를 넘기면 새로운 전개에 들어간다는 것이 이상적이다.

    배열을 하는 것은 어쨌든 보기 편하게 하는 것이 제일이다.

보고서 등에서 서식이 정해져 있는 경우에는 소정의 문자 수 등을 넘기지 않도록 해야 잘 짜 놓은 구성이 손색없어지므로 주의하자. 문서의 내용은 구성으로 결정되지만, 첫인상을 좌우하는 것은 배열이라고 해도 과언이 아니다. 귀찮아하지 말고 시행착오를 거쳐 자신의 패턴(pattern)을 익힌다면 좋을 것이다.

한 눈에 알 수 있는 그림과 표가 효과적이다

리포트나 보고서는 간단하게 알기 쉽게 쓴 것일수록 뛰어난 것이라고 할 수 있다. 따라서 도표와 그래프로 설명하는 것은 효과적이다. 가령 각 점포의 복수 상품의 매출액 등을 비교할 때에는 표로 나타내는 것이 좋다. 매출액의 추이라면 꺾은 선 그래프를 사용할 것이다. 또한 조직도 등 문장으로 설명하면 길어져 복잡하고 파악하기 어려운 것도 그림으로 나타내 보이면 일목요연한 일도 있다.

또한 도표를 삽입함으로써 글자뿐이어서 단조로운 지면에 변화를 주거나 문장에서는 주의를 끌기 어려운 데이터(data)에 주목시키거나 하는 등의 효과가 있다. 그러나 뭐든지 표로 정리하면 좋다는 것은 물론 아니다. 너무 난잡하게 도표를 늘어놓으면 요점이 명확하지 않고 알기 어렵다.

도표는 내용에 필요한 것만을 선택하고 비교하는데 최소한이 될 수 있도록 정리해야 한다. 그래프는 막대그래프, 원그래프 등 각각의 특징을 파악해 가장 적합하다고 생각되는 것을 서야 한다. 그래프도 도표도 시각적인 효과가 큰 만큼 같은 것을 작성하여도 어떻게 돋보이도록 할지가 중요하다. 사용한 소프트웨어(software)로 조정할 수 있는 점 등을 정확하게 파악하여 최선이라고 할 수 있는 것을 작성해야겠다.

또한 편리하다고 해서 도표만 눈에 띄지 않도록 신경 쓰자. 숫자가 드러나면 보는 사람도 어느 것이 무엇을 가리키는지 파악하는 것이 곤란하고, 문장이 너무 적은 문서는 오히려 빈약하게 보이기 마련이다. 중요한 것은 무엇을 보고하고 싶은가 하는 점이므로, 도표는 어디까지나 그것을 보조하는 것이다. 효과적인 만큼이나 사용법에 주의가 필요하다.

그래프 사용 포인트

그래프는 기본적으로 표를 시각화한 것이다. 그중에서 막대그래프는 가장 많이 이용되고 있으며 세로막대와 가로막대 2종류의 그래프가 있다. 원그래프는 전체에 대해 각 데이터를 면으로 분할하여 각각이 차지하는 비율을 비교하는데 적합하다. 방사형 그래프는 다각적인 기준 축으로 분석할 때 이용한다. 그 데이터에 가장 적합한 것을 선택하는 것이 기본이다.

원그래프

● 상품 구성 비율

■ 가습기 10%

▨ 선풍기 25%

TV 35%

▨ 냉장고 45%

가로막대 그래프

● 판매점 판매 동향

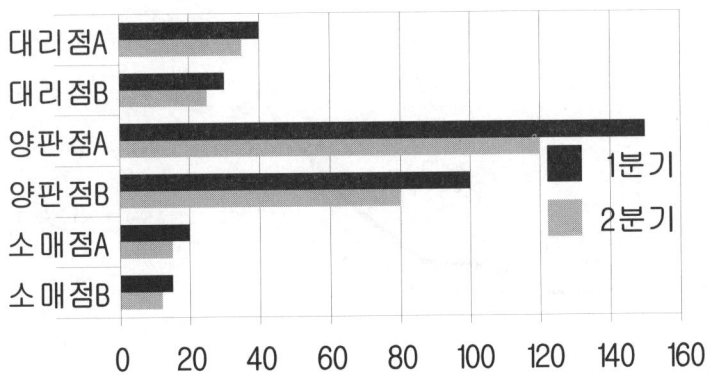

세로막대 그래프

● 상품별 판매 동향

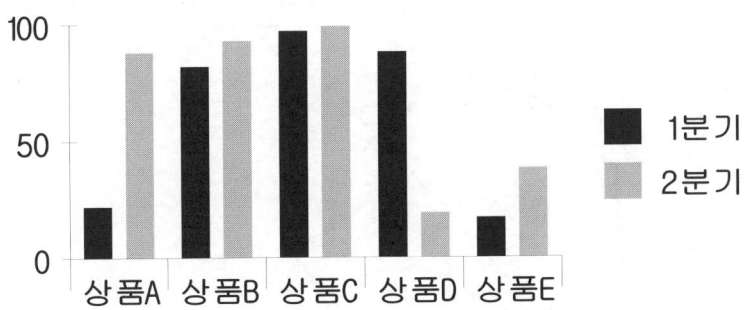

꺽은 선 그래프

● 월별 판매 동향

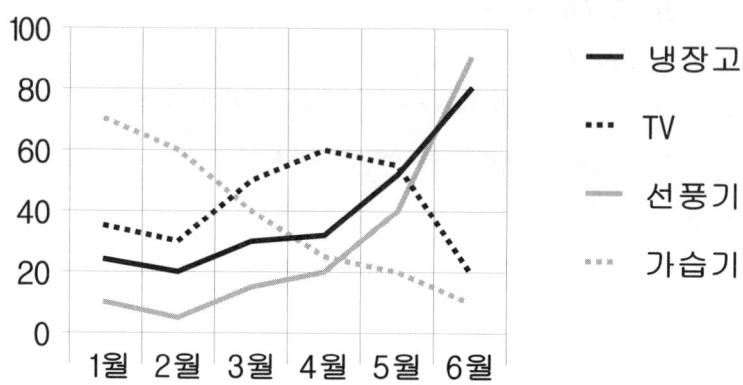

방사형 그래프

● 판매점별 A상품 소화율

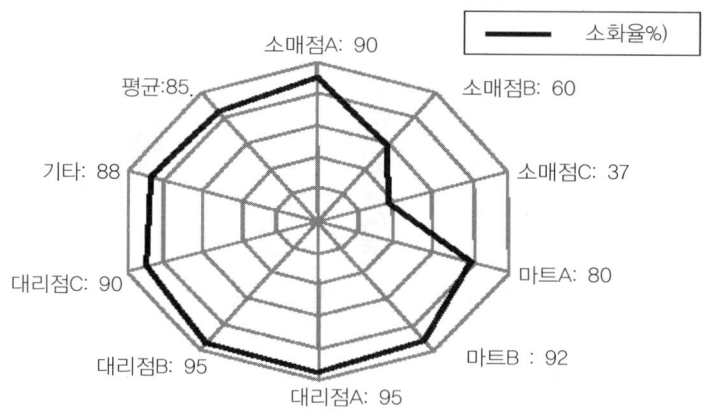

2부

보고서 작성사례

1장 일일보고서 작성사례   37

2장 정기보고서 작성사례   65

3장 출장보고서 작성사례   88

4장 영업보고서 작성사례   106

5장 조사보고서 작성사례   120

6장 사업보고서 작성사례   153

7장 조직활동 보고서 작성사례   176

8장 연수보고서 작성사례   190

9장 회의보고서 작성사례   200

10장 사고·재해·클레임 보고서 작성사례   210

기록과 보고의 차이

문서 중에서 가장 객관적으로 기술하는 것이 「기록」이다. 기록이란 다음 세대에게 전하려는 목적으로 사실을 기재하는 문서라고 할 수 있다. 사료로서의 일기나 자서전 등이 그렇다. 한편 「보고서」의 경우는 어떤 임무를 맡은 사람이 그 수행 상황과 체험, 결과에 대해 임무를 준 사람에게 전하는 문서이다.

「기록」은 어쨌든 자신이 보고 들은 사실을 가능한 한 충실하게 기재하는 데 비해서, 보고서는 기본적으로 사내 혹은 부서 내 등에서의 규정된 서식에 기초하여 직접 보고 들은 사실을 가능한 한 객관적으로 기술해야 한다. 보는 사람은 그 사업부서 직속 상사나 부의 과장 혹은 관련된 프로젝트팀 등에 한정되는 경우가 많고, 사실에 매우 가까운 객관적인 문장이 높은 평가를 받게 된다.

보고서와 비슷한 것에 「리포트」가 있는데, 리포트는 보고서보다 서식 등에서 자유롭고 또한 객관적인 사실에 따라 자신이 보고 들은 것에 대해 기술할 뿐만 아니라, 그 사실을 스스로 주관적으로 판단·분석해 자신의 의견을 정리해 상세히 알리기 위한 문서로서 정리해 나간다고 하는 차이가 있다. 보고서가 더 객관적인 표현을 중시하는 데 반해, 리포트는 그 사실에 기초해 주관적인 입장에서 추론하고 의견이나 전망을 전개하는 문서가 될 것이다.

그 차이를 머릿속에 넣어 둔다면, 보고서는 서식이 정형화되어 있으므로 필요사항을 기재하면 되고, 어떠한 항목에 대해 쓰면 좋을지 일목요연하게 알 수 있다. 또한 문장을 조립하거나 쓰는 순서에 대해서도 각각의 난에 필요한 내용을 채워나가면 되므로, 쓸데없는 것을 생각하지 않아도 되어서 쓰는 번거로움을 줄일 수 있다는 장점도 있다. 단, 그것이 역효과가 나서 내용이 틀에 박힌 문장이나 새롭지 못한 내용이 되지 않도록 주의하는 것이 중요하다.

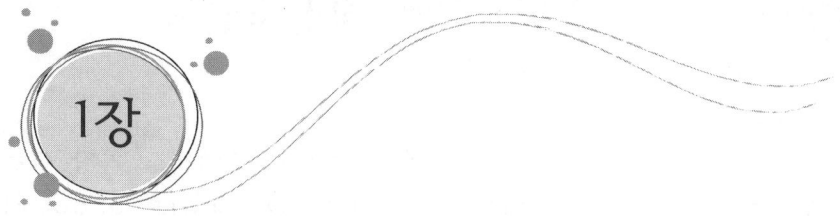

일일보고서 작성사례

1. 영업일보 (일반)   40
2. 영업일보 (실적)   42
3. 점포관리일보   44
4. 점포개발일보   46
5. 업무일보 (부서)   48
6. 업무일보 (개인)   50
7. 업무일보 (소매업/점장)   52
8. 업무일보 (외식업/점장)   54
9. 작업일보 (공장)   56
10. 작업일보 (점포)   58
11. 배송일보   60
12. 매출일보   62

 **일일보고서 작성포인트**

보고서는 정기적으로 제출하는 사례가 많다. 그중에서도 가장 빈번하게 보고해야 하는 의무가 있는 것이 그날의 활동보고다. 이것이 이른바 「일일보고서」 또는 줄여서 「일보」라고 한다.

일보는 일상 사업활동을 뒷받침하는 기본이 되는 보고서다. 일보라는 단어 그대로 사업 활동의 결과와 경과를, 그날 동안에 기재하여 제출하는 것이 원칙이다. 정보는 빠르면 빠를수록 가치가 있다. 무슨 일이 있을 때 그것만 빠른 대응을 할 수 있고 그것이 다른 회사와의 경쟁에서 승리하는 길로 이어지기 때문이다. 물론 대응이 늦으면 그와 반대되는 일도 있을 수 있다.

가령 서비스업의 POS(판매정보관리시스템) 데이터 등이 그 전형적인 예다. 판매정보관리시스템은 상품을 판매할 때마다 즉시 판매상품에 대한 판매정보를 시스템 등을 통해 저장되어, 그날의 매출액뿐만 아니라 상품별 시간대별 매출량별 점포별 등의 매출정보를 모두 파악할 수 있게 된다. 그것은 다음 날의 매입상품에 반영되어 영업 활성화로 이어지게 된다.

POS의 데이터가 일보의 역할을 다할 수는 없다. 그러므로 사원은 POS가 하지 못하는 가치가 있는 일보를 작성하여야 한다.

그럼 일보를 쓸 때 기본이 되는 포인트(point)를 알아보자.

• 그날의 일보는 그날 작성한다.

당연하지만, 이것은 꼭 지키자.

• 정확하게 작성한다.

영업일보를 작성할 때는 일시, 장소, 거래처명, 매매금액, 상품명 등을 기재한다.

• 거짓으로 쓰지 않는다.

당연하지만, 거래처를 방문하지 않았으면서 방문한 것처럼 쓰지 말
자.

- 메모를 습관화 한다.

그날의 활동에서 알게 된 점을 무엇이든지 메모(memo)하는 습관을
갖자.

영업일보 (일반)

작성포인트

영업일보는 그날 영업활동의 행동과 발자취, 성과를 보고하는 것. 자신의 매일 활동을 기록함으로써 업무를 재평가하는 귀중한 자료가 된다. 또한 상사에게는 부하의 행동을 파악하여 보다 정확한 조언과 지시를 내릴 수가 있다.

방문처, 일시, 상담자, 영업내용, 성과 등을 정확하고 간결하게 기록한다. 성과가 없어도 거짓말이나 허위 내용을 쓰는 것은 절대로 피한다. 또한 특기사항으로 영업의 과정과 담당자와의 잡담에서 알게 된 것, 들은 것 등을 기재해 둔다. 앞으로의 영업 확대로 이어질 수도 있다.

체크포인트

- 일보는 그날의 정보를 재빨리 정확하게 보고하는 것이 원칙이다. 과제가 있다면 그것만 빨리 대응할 수 있고 그것을 해결하기 위한 묘안을 생각해, 신속하게 선후책을 강구할 수 있다.
- 기억보다 기록이 중요하다. 방문처마다 요점을 간단히 메모하는 등 기록하는 습관을 들이면 좋다. 그렇게 하면 더 정확하고 짧은 시간에 쓸 수 있을 것이다.

영업일보 (일반형)

일 자			결재	담당	팀장	이사	사장
부 서							
성 명							

방문처	방문시간	담당자	영업내용	성과 및 특기 사항
E마트 목동점	10:00	○○○ 점장	점포의 개장 오픈에 맞춘 신규상품 및 특판 상품의 내용, 견적을 제출	점장으로부터 좋은 느낌 받았다. 점장 회의에 따라 내일 중에 연락하기로.함. 거의 결정된 것이므로 준비를 서둘러야 함.
신세계 백화점 본점	14:30	○○○ 슈퍼바이저	1.규상품 샘플을 갖고 방문 2.TVCF 등을 포함한 대대적인 상품 광고와 홍보 사항을 전달.	타사도 같은 광고와 홍보 활동이 시작한다고 함. .타사와 차별화를 위해 진열대 분할 등 고안할 필요가 있을 것 같다.
하이마트 서초점	16:00	○○○ 점장	잘 팔리는 상품의 진열대 분할과 증설을 요구함	타사도 입점을 검토하고 있음. 경쟁사인 ○○도 진열대 증설을 요청한 상태임. 내일도 다시 방문 예정.

【귀사시간】 17:00

【특기사항】 E마트는 연내에 3점포를 신규 개점할 계획이라는 이야기를 점장에게서 들음. 신규 매장 입점을 위한 프로젝트팀을 구성하여 공격적인 입점 활동을 하여야 할 것 같다.

영업일보 (실적)

✎ 작성포인트

목표중시형 영업일보는 그날의 매상고와 입금액 등의 숫자를 정확히 기재한다. 그날그날의 기록(특히 매상고)을 누계해 나감으로써 월간 매상 목표를 달성하기 위한 기준을 파악할 수 있다.

단순히 실적으로서 매일의 매상고와 입금액만을 기재해도 되지만, 당월 누계와 달성률 등의 기재란이 있으면 편리할 것이다.

✓ 체크포인트

- 실적중시형 영업 일보는 당월 목표를 달성하고자 각 영업담당자가 어떻게 움직이고 어떠한 실적을 올렸는지를 정확히 파악할 필요가 있다.

- 따라서 영업 일보는 필연적으로 현재의 영업 관리자가 어느 단계에 있는지를 상세하게 직접 파악해 그것을 기록해야 하며, 계약한 단계에서의 매상액, 또한 입금액 등을 정확하게 기재할 필요가 있다.

영업일보 (실적중시형)

일자 : 200 년   월   일
부서 :
성명 :

결재	담당	대리	과장	팀장

방문처	담당	전화	방문	계약	입금	매상액 (천원)	입금액 (천원)	의견사항
○○상회	○○○ 부장			○		3,000		
○○전기	○○○ 부장				○		5,000	
○○마트	○○○ 점장	○						내일 방문할 때에 수금예정
일성상사			○					2일 후 견적서 제출
합 계						3,000	5,000	
○월 누계						18,000	25,000	
달성률							52%	

【귀사시간】 21:00

【특기사항】 일성상사는 느낌이 좋다. 상품에 대해 높게 평가하고 있으며, 견적에 따라 확실히 계약할 수 있을 가능성이 크다.

점포관리일보

📝 작성포인트

서식의 형식은 영업일보와 같거나 비슷하다. 거래처, 방문시간, 담당자(면담자), 지도내용 그리고 결과가 필수항목이다. 여기에서도 지도 내용과 결과가 중요하다. 지도한 결과 어떻게 개선되었는지, 거래처와 고객의 반응은 어떠한지 등을 간단하게 기재한다.

✅ 체크포인트

- 점포 지도를 할 때는 지도 내용뿐만 아니라, 그 결과 어떻게 되었는지가 중요하므로 필수항목을 정확히 기재한다.
- 지도 외 상담이나 의뢰를 받은 때는 비고란이나 연락란에 그 내용을 기재하여 영업담당자에게 연락한다.

점포관리 지도일보

일자 :			결 재	담당	대리	과장	부장
부서 :							
성명 :							

점포명	시간	담당자	관리내용	결과
A마트	10:00	김○○	이 상점의 개장 오픈에 어울리는 신규상품 및 특판 상품의 기획과 진열작업을 지켜봄.	전부터 개장을 제안했고, 예상보다 더 상점 내부가 쾌적해지고, 진열 상품도 잘 보이게 되었다. 점장도 기뻐함.
B상점	14:00	박○○	이 상점의 신규상품 및 특판 상품을 컴퓨터에 등록하는 작업함. 또한 반품 회수 작업도 함.	상품등록 작업종료. 특판 상품에 대해 매입 가격을 더 낮게 할 수 없는지 타진하자고 함. 상사와 상담해 연락한다고 함.
C대리점	16:00	이○○	매장의 활성화에 입각한 신규 상품의 도입과 선반 분할 기획을 제안.	인기 상품 및 기획 제안에 의한 공세를 강화.
D백화점	18:00	유○○	잘못 발송된 상품 인수.	반대로 지도를 받았다. 바이어와의 관계를 긴밀히 하고 서로에게 신뢰할 수 있는 관계로 발전함.

【귀사시간】 22:00
【특기사항】 D백화점 건 : 수주하지 않은 상품이 왜 발송되었는지. 단순한 실수로 보이지 않는다. 컴퓨터 등록상의 미스인지, 혹은 배송 시스템상의 문제인지 담당부서의 원인을 철저히 파악 바람.

45

점포개발일보

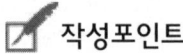

작성포인트

항목으로서는 클라이언트, 일시, 상대편 담당자, 동행자, 업무내용, 경과·성과 등. 일보이기는 하지만 점포 개발이라는 오랜 시간이 걸리는 일이므로, 기록으로서 보존하므로 정확히 써서 남겨 두는 것이 필요하다. 클라이언트와 정보를 공유하고, 신뢰관계를 구축하는데 중요하다.

✓ 체크포인트

- 점포 개발은 프로젝트팀으로 움직이는 경우가 많으므로 서로 정보를 공유하는 것이 바람직하다.
- 일보라고 해도 자신만 알아볼 수 있게 써서는 안 되며 다른 스태프(staff)가 경과와 요점을 파악하기 쉽도록 간결하고 정확하게 기재할 것. 그중에서 자신의 의사를 잘 전달하는 노력도 해야 한다.

점포개발 지도일보

일자: 200 년 월 일				결 재	과장	부장	상무	사장
부서: 성명:								

거래처	시간	상담자	업무내용	경과 / 성과
신규점포 입지조사	9:00	김○○	신규점포 입지조사에 동행.	후보지 3곳을 돌며 각각의 입지, 환경, 자동차와 사람의 통행량, 상권의 경합 상점, 가장 가까운 역 등을 직접 눈으로 확인하면서 상대편의 느낌을 파악한다.
상품리뷰	17:00	박○○	신규점포 상품 리뷰	영업담당자를 만나 김○○ 주임과 함께 후보지 3곳의 평가를 하고, 대략적인 선정 작업을 함. 내가 추천한 A시가 제1후보로. 이에 기초하여 김주임은 품의서를 제출한다고 함.
스텝회의	19:00	이○○	프로젝트팀 5명으로 구성 (김 팀장, 박팀장, 이대리, 최사원, 김사원)	프로젝트 담당 스텝을 모아 향후 대략적인 스케줄을 상담한다.
스케줄	21:00	최○○	스케줄표 작성	회의 후에 프로젝트 스텝에게 배포할 스케줄 표를 작성.

【귀사시간】 22:30

【특기사항】 신규점포의 후보지가 좀처럼 정해지지 않고 오픈 예정일에 맞출 수 있을지 걱정되었지만, 거의 결정될 것 같다. 앞으로가 중요하므로 프로젝트팀원의 사기를 높여나가려고 한다.

업무일보 (부서)

✍ 작성포인트

인사부나 총무부 등 관리업무에 종사하여 영업 일보처럼 특히 숫자적인 성과를 반영시키지 않아도 되는 업무일 경우에는, 그날에 한 업무내용에 대해 항목별로 시간, 담당자, 업무내용, 경과·적요(摘要 : 중요한 부분을 뽑아내어 적음)를 시간에 따라 기재해 나간다.

지도 이외의 일로 상담이나 의뢰를 받았을 때는 우선 이야기를 듣고 비고란이나 연락 란에 그 내용을 기입하여 영업담당자에게 연락한다.

✔ 체크포인트

* 섹션의 경우는 기표자(起票者)를 기재한다.
* 또 동행한 섹션의 스태프의 이름, 취재, 회의 등에 참석한 사람의 이름, 부서, 인원수 등도 기재한다.

인사업무일보

일자			결재	담당	과장	팀장	본부장
부서	인사팀						
담당							

항목	시간	담당자	업무내용	경과·적요
채용 면접	9:00	○○○ 팀장	기술자 중도 채용을 위한 면접을 함.	총 15명의 응모자 중에서 서류 제출자 3명을 면접함
취재	13:00	○○○ 팀원	대졸 신입채용에 대비하여 웹사이트 게시를 위한 선배의 취업 성공담 취재하고, 광고대리점 스태프를 도움.	(취재 대상자 : 3명) 1.개발본부 : ○○○ 2.시스템사업부 : ○○○ 3.소프트사업부 : ○○○ 3명 모두 기술자 선배로서 의욕적인 이야기를 해 주었다. 사원채용 웹페이지에 게시하면 입사준비자에게 좋은 인상을 줄 것으로 생각된다.
사진 촬영	16:00	○○○ 팀원	위와 동일.	각 부서의 스태프를 만나면서 사진 촬영. 상사를 비롯해 많은 사람들이 협력해 주어 감사.(사전에 각 부서장에게 사진 촬영을 의뢰해 놓음)
정기 회의	18:00	○○○ 팀장 ○○○ 과장 ○○○ 팀원	기술자 채용면접 리뷰와 평가. HP 작성 스케줄 확인.	면접자 3명 중 2명을 2차 면접. 다음번에는 직속 장이 면접하기 때문에 그날의 조정을 내일까지 완료. 웹사이트의 광고 스케줄에 대해서는 광고대리점으로부터 재차 제출받게 된다.

【소 감】 중도 채용에서는 기대 이상의 인재가 있어서 꼭 확보하고 싶다. 채용 HP에 대해서는 상당히 주력하고 있으므로 대리점에 전면적으로 협력해 좋은 것을 만들고자 한다. 앞으로도 취재가 있으므로 관계 각 부서가 협력해 달라고 재차 부탁할 예정.

업무일보 (개인)

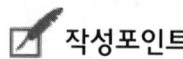

작성포인트

경리업무일보(개인)의 경우도 인사업무일보(섹션)의 경우와 마찬가지로 그날에 행한 업무내용에 대해 시간, 항목, 업무내용, 적요를 시간에 따라 기재한다.

체크포인트

- 시간 중시형 일보에서는 기본적으로 스스로 관련된 그날 업무 기록을 철저히 할 것. 시간에 따라 어떤 일을 했는지 기록하는 것이 가장 중요하다.
- 소감에 대해서는 단순한 감상에 그치지 않고 업무상의 문제점, 개선점 등 긍정적인 의견을 논하는 것이 좋다.

경리업무일보

일자	년 월 일	결재	담당	과장	부장
부서	경리과				
성명					

시각	항목	업무내용	적요
09:00	정례회의	결산기가 다가오므로 각자가 담당하고 있는 진척상황 보고	
10:00	연결결산서류 작성	증권거래소에 제출하는 연결결산서류작성을 위한 준비	개정 법률에 대응
11:00	위와 동일	위와 동일	
12:00	점심		
13:00	연결결산서류 작성	관련회사의 서류에 일부 미비가 있어서 상대편에 연락해 수정을 의뢰	
14:00	위와 동일	해외 자회사 3곳의 경리담당자에게 결산서를 ○월○일까지 보내도록 메일을 보냄.	3사로부터 양해를 구하는 답변을 보냄
15:00	연결결산서류 작성	계산기로 결산숫자 확인 작업	
16:00	위와 동일	위와 동일	
시간 외	친목회	국내 자회사로부터 출장 나온 경리 담당자와 친목회	경리과 사원 ○○○, ○○○ 참석

【소 감】 국내 자회사의 경리담당자와 의견을 나눔. 연결결산이 되므로 본사의 경리 업무량이 늘어날 것으로 예측된다. 단순화할 수 있는 것은 가능한 한 단순화하고, 효율화를 도모해 나가는 것이 바람직할 것이다.

업무일보 (소매업/점장)

작성포인트

기본적으로는 그날 개점부터 폐점 때까지 실시한 업무에 대해 시각, 항목, 적요, 업무내용을 시간에 따라 기록한다. 그중에서 점장으로서 새롭게 떠오른 점 등을 메모해 두면 경영에 도움이 되는 정보를 얻을 수 있을 것이다.

체크포인트

- 타성에 빠지지 않고 항상 신선한 눈으로 보자. 일상적인 작업이므로 매너리즘을 느끼기 쉽지만, 고객과 상품을 보는 눈을 키우는데 업무 일보를 쓴다는 의미는 크다.
- 티끌 모아 태산이라는 말처럼 일보를 리뷰(review)해 보자. 생각지 못한 것을 발견할 수 있을 것이다.

소매점 업무일보

일자		소매점		점장	

시각	항목	적요	업무내용
06	상품 반입	신선식품 중심	반입 상품을 체크
07	장사 준비	아침장사 준비	아침장사 준비를 위한 회의 정착화
08	개점	아침장사 시작	단골손님이 찾아옴 오늘은 방금 들여온 채소가 인기 상품
09		통상 업무	
10 11 12 13	점장 회의	월례회의	A지구지역 매니저 및 점장 8명이 참가 [의제] 1. 전월 판매 실적에 대해 2. 리뷰와 향후 재평가 3. 지역 합동 이벤트 전략 실시를 위한 역할 분담에 대하여 4. 차기 과제에 대해
14	점심 식사		각 점장과 간담회
15	면접	파트 보충	3명을 면접, 다음 달부터 파트 업무를 의뢰
16 17 18	정기적으로 점내 순찰		TV에서 소개된 상품의 판매가 눈에 띄게 판매되어 품귀 매입 담당에게 추가 발주를 의뢰
19 20 21	생선, 채소 등 할인 판매		
22	폐점		매상집계, 판매 실적 리뷰
비고			

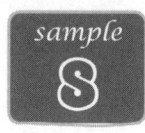

업무일보 (외식업/점장)

작성포인트

기본적으로는 소매업과 마찬가지로 개점부터 폐점 때까지 실시한 업무에 대해 시각, 항목, 업무내용, 적요를 시간에 따라 기록한다. 여기에서는 패밀리 레스토랑 등 24시간 영업하는 상점을 모델로 하였다.

체크포인트

- 일상적인 업무는 기본이므로 평가하는 의미에서도 시간마다 기록하자.
- 본인의 업무뿐만 아니라 점포 내에서 일어난 일 등도 간결하게 기재한다.
- 특기사항에서는 평소와는 다른 점, 불만대응, 문제점 지적 등을 구체적으로 기재한다.

외식업 업무일보

점포		점장		일자	

시각	항목	적요	업무내용
09	출근	부점장으로부터 인수	문제없음 점내 및 주방을 살핌
10	시식회	신 메뉴 대응	다음 주부터 계절감 넘치는 런치타임 메뉴를 내놓아 조리법 습득과 시식
11	점심 준비		
12	점심 장사	접객 서비스	
13	매상 체크		현재 시각 매상 확인
14	점심 장사		
15	식재 반입	조리 스태프 반입 도움	
16	요리사 교대		멤버 결원 없음 교대하며 제의사항 체크
17	내정자 점포 연수	점포업무 설명	신년도부터 신입 2명 배속 예정
18 19 20	저녁 장사	점내 업무 돕기	근처 절에서 저녁 축제가 있어 혼잡. 요리사 총출동해 쩔쩔맴.
21	시식회	신 메뉴 대응	현시점의 매상확인 현금체크. 통상적인 제의 사항을 인계하고 퇴근.

【특기사항】 축제 덕분에 저녁부터 만석. 접객 서비스가 제대로 되는지 배려. 혼잡할 때 취객이 가게에 들어와 축제에 마음이 들떴는지 주변에 피해를 주기 때문에 돌아가게 했다. 신 메뉴를 시식한 스태프도 좋은 평가를 하여 고객도 좋아할 것 같음

작업일보 (공장)

작성포인트

　공장의 작업은 제조에서 품질관리, 검사 등 다양한 부서가 있다. 여기에서는 제조부문을 예로 들었다. 기본적으로는 생산품목, 품목번호, 생산예정량, 생산량, 불량 수, 불량률 등 숫자를 중심으로 기입해 나간다. 이 숫자를 파악함으로써 그 공정의 문제점이나 개선점 등을 파악할 수 있게 된다. 항목에 ·대해서는 부서에 준하여 변경하기 바란다.

체크포인트

* 공장 등에서 사용되는 작업일보는 기본적인 포맷이 있으므로 그에 따라 기입한다.
* 품목번호를 비롯해 각 항목에 기입하는 숫자는 어디까지나 정확하게. 비고란에는 트러블 대처내용과 불량 원인 등에서 알게 된 점을 기재한다.

	담당	팀장	공장장
작업 일보			
일자 :	소속 :		

공장(라인)	공정					설비명
제3프레스G	형틀 제거 프레스					트랜스퍼 250

생산품목	품목 번호	예상 수량	생산 실적	불량 수량	불량 율(%)	적요
펌프커버	123-456	3,000	3,000	30	1	종전보다 불량률은 하락 되었음.
플로어모터	234-567	4,000	3,900	100	2.5	종전보다 개선되지 않고 불량 대책을 다시금 검토할 필요 있음.
에어서스펜션	345-678	2,000	2,000	0	0	공법을 개선한 결과 불량률이 0으로.
와이퍼	456-789	4,000	4,000	0	0	위와 같음.
파워스티어링	567-890	3,000	1,500	0	0	생산도중에 중앙부에 편차가 발생하여 생산을 정지. 프레스기 수리에 시간이 걸려 예정보다 반 정도의 생산량에 그침.

【비고】 567-890에 대해서는 어제도 트러블이 발생해 수리를 하였지만 오늘 재차 트러블이 발생했다. 사내적인 대응으로는 불가능하므로 프레스기 업체에 수리를 의뢰했다. 내일 오기로 함. 따라서 파워스티어링의 생산은 대체기가 필요. 프레스G회의에서 내일까지 검토 요망·조정.

작업일보 (점포)

sample
10

✍ 작성포인트

당일에 한 주된 작업을 시간에 따라 기입해 나간다. 이것은 주류 판매 체인점의 예. 실제로 행한 작업을 기록함으로써 당일에 재평가·반성하고, 내일에 대한 대책을 모색할 수 있다.

✅ 체크포인트

- 점포의 작업일보는 매상고와 재고관계 등 숫자적인 건은 POS로 파악할 수 있으므로, 실제의 작업과 그 내용을 기입해 나간다.
- 특기항목에는 트러블, 처리내용, 문제점 대책 등을 구체적으로 기입한다.

	담당	팀장	점장
작업일보			

일자 : 200 년 월 일

시각	항목	내용
09:30	조회	판촉물 준비. 스태프는 전원 출근.
10:30	개점	전단지를 본 고객이 일찍 띄엄띄엄 내점. 인기상품은 발포주다. 전단지를 보고 다른 점포와 가격을 비교한 듯 하며 고객도 잘 알고 있다. 접객 돕기.
12:00	납품	영업 중에 10사의 업자가 납품. 상품을 검품하고 매장에 진열. 오후부터 고객이 더 늘어남. 인기상품이 오늘 중으로 없어질 듯. 오후 택배를 아르바이트에 의뢰.
15:30	○○회사 영업담당 방문	상대 회사에 인기상품, 신상품 등의 정보 수집과 선반 분할 확대 등 판매 강화를 부탁 받음. 이쪽에서는 판촉물 부탁도.
17:00	발주 작업	예정보다 매상이 늘고 있으며 재고가 예정보다 없어졌기 때문에 본부에 신속히 발주를 검.
21:00	폐점	택배와 점포 판매 업무 종료.

【특기사항】 예상 이상으로 상품이 움직여 매출이 올랐다. 따라서 일부 상품에 결품(특정 상품이 떨어진 상태)이 나왔다. 반성. 항상 제고정보의 파악, 상품 구성의 재검토, 점내 레이아웃 변경 등을 살피려고 유의한다. 택배에 의한 주문이 많다. 당점만의 고객 서비스이며 호평을 얻고 있다. 단 점포가 바쁠 때 겹치게 되면 인력이 부족하게 되므로 어떻게든 해야 한다.

배송일보

✐ 작성포인트

그 날에 배송할 예정에 있는 배송할 곳, 배송순번, 화물형태, 건수, 금액 등을 배송일보에 기초하여 각각의 배달처의 배달받은 사람에게서 확인을 받는다.

이 배송일보에서는 기재항목이 부족한 경우 비고란을 이용하여 기재한다. 또한 기타 방문처의 질문 및 기타사항을 별지를 이용하여 기재하고 배송일보에 첨부한다.

☑ 체크포인트

- 배송일보의 각 항목에 대해 잘못 기재한 된 것이 없는지 체크한다.
- 납품처(인수처)의 수령자에게서 반드시 수령 확인을 받는다.
- 납품처 인수자의 상품에 대한 코멘트를 "비고"란에 기록한다.
- 운전자는 차량 주행기록, 주유기록, 사고유무, 정비사항, 기타사항 등, 운전관련사항에 대하여 별도의 운전일보를 기재한다.

배송일보			담당	팀장	본부장

(일자 200 년   월   일)   (소속:)

배송자	운전자	배송코스	출발시각	도착시각	차량번호
가나츠 야스키	–	오사카A	09:30	18:30	봉고 52-114
출발 (km)	도착(km)	주행(km)	주유금액	차량정비	사고유무
71,310	71,525	215	8,000	–	–

순번	납품처	물품명	수량	방문시각	확인
1	다나카 약국	A	1		
2	(주)야마다드러거	B	1		
3	미도리 슈퍼	C	4		
4	마츠다약국	A	22		
5	드러그센터	B	3		
6	빅이이즈카점	D	5		

【비고】 1.마츠다약국에서 반품 있음. 반품 수취 표에 기입·제출 완료

　　　　2.드러그센터에서 점장에게 인기상품에 대한 최근 상품 동향을 설명

매출일보

✒ 작성포인트

　매출일보는 상사에게 보고하는 것으로, 영업담당자는 그 성과를 보고하는 것이기도 하다. 이 일보에서는 견적서를 제출한 단계의 「신규거래」에도 대응. 당일 이후의 매출 동향도 상사가 파악할 수 있도록 한다.

　그 날에 수주가 확정되거나 신규 거래에 의해 견적서 등을 제출한 안건에 대해 고객(거래처), 품목, 신규 및 기존 거래처를 확정하고 매출액과 납입월 등을 기재한다.

✓ 체크포인트

* 회사에 따라서 서식은 다르지만 필요사항을 정확히 기재하고 실수로 기재를 하지 않은 부분이 없도록 확인하자.
* 특별사항에는 기재자의 코멘트를 기재하는 것을 잊지 않도록 한다.

		팀장	점장	사장
매출일보				

일자		소속		성명	

거래처명	품목	수주	금액	비고
KO빌딩	PT	기존	100,000	–
H시스템	MW	신규	350,000	견적서 제출
F테크	MW	신규	500,000	견적서 제출
OB조	SC	기존	230,000	–
신규 합계		2	850,000	
기존 합계		2	330,000	
매출 합계		4	1,180,00	

【특기사항】 1. H시스템서비스는 다음 주 중에 수주가 확정될 예정
2. F테크는 견적 건으로 할인 요망. 상사와 상담하여 이틀 안에 연락 예정
3. 신규 확정된 회사 2곳에 대해서는 즉시 본사와 협의하여 납기에 따른 일정을 작성하여 신규 거래처에 제출하여야 한다.

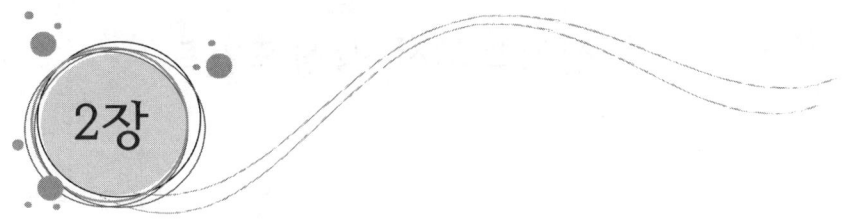

정기보고서 작성사례

1. 주간 보고서 (영업부문/부문)   68
2. 주간 보고서 (영업보고/개인)   70
3. 주간 보고서 (업무보고/부문)   72
4. 월간 보고서 (업무보고/부문)   74
5. 월간 보고서 (업무보고/개인)   76
6. 분기 보고서   78
7. 반기 보고서   80
8. 연간 보고서 (영업부문)   82
9. 연간 보고서 (간접부문)   84
10. 재고조사 보고서   86

정기보고서 작성포인트

정기적으로 작성하는 보고서는 일일보고서(일보)와 비슷한 주간 보고서(주보), 월간보고서(월보), 분기보고서, 반기보고서, 연차보고서(연보), 그리고 재고조사보고서, 판매보고서, 동향보고서, 기타 등이 있다.

● 주간보고서

1주일간의 성과보고서로 정확하고 신속하게 작성한다.

주보는 기본적으로는 일보를 1주일분 정리한 것으로, 업무활동 내용과 경과, 성과를 구체적으로 기재하여 상사에게 보고하는 것이다. 1주일 단위이므로 상사는 부하의 업무 질과 양을 파악하는 데 효과적이다. 정확하고 신속하게 쓰도록 노력하자. 단, 업종이나 업태, 회사와 부문의 성격에 따라서는 일보나 주보 어느 한 쪽만을 선택하여 사용할 수 있다.

● 월간보고서

현황보고와 함께 활동상을 함께 파악하자.

월보는 주보를 1개월분 정리하여 결과와 현황을 보고하는 것이 중심이다. 영업부문이면 전월 매출액과 전년 같은 달과 비교하여 매출액·계약건수 등을 비교하여 보고한다. 또한 다음 달의 매출목표(판매전망) 등을 설정하여 기재하면 상사는 부하의 활동상황과 목표를 알 수 있다. 단, 금액 등의 목표 수치는 결코 대충 기재해서는 안 된다. 그 외에 정확한 데이터, 정리방법, 정보의 비교 분석 등도 빠뜨려서는 안 된다.

● 분기보고서, 연차보고서

분기보고서와 연차보고서는 기본적으로는 부, 과 조직단위의 정식 보고서이므로 전문성이 높다. 기본적으로 보고패턴은 정형화되어 있는 것이 실상이며, 내용은 폭 넓지만 분기별, 또는 연간의 업적과 무엇이 신장되고 무엇이 저조한지 하는 업적 내역, 그 원인, 다음 4분기, 다음 년도의 전망 등을 개략적으로 기술한다. 이른바 유가증권 보고서의 요약편이라고 생각하면 좋을 것이다.

주간 보고서
(영업부문/부문)

작성포인트

주간보고서, 특히 영업 주간보고서는 역시 샘플과 같이 데이터베이스로 수주물품과 신규물품, 거래 중지 및 종료물품 등을 확인한다. 이는 부문별 전체의 영업 상태를 파악할 수 있으며, 각 부문과 사원의 성과가 비교되어 자신의 위치가 명확해지고, 경쟁의식도 생겨난다. 매주 월요일 정기회의 주간보고내용을 사용하면 좋을 것이다.

체크포인트

- 각 담당자별 데이터를 제대로 수집하여, 정확하고 빠짐없이 수록해야 한다.
- 주간보고서는 어디까지나 데이터로서 기록하고, 이 데이터에 기초하여 각 부문의 정기회의에서 검토하고, 경우에 따라서는 해당 주간의 목표설정 수치 등을 변경하여 사원의 의욕을 고취하는 방법을 강구할 수 있다.

		담당	과장	부장
주간 영업보고서				

보고일 : 200 . . ,　　　　보고자 :

1. 수주확정물품 (200 년　월 1일~5일)　　　(만 엔)

번호	담당자	거래처	품목	금액	수주 월	납입 월	신규	비고
1	야마다	A빌딩	SKJ	100	3	3	○	
2	다지마	B병원	TBR	450	3	3	○	
3	시모무라	C건설	MO	550	3	3	○	
4	고바야시	D제작소	SKJ	200	3	3	○	
합계	4	4		1,300			4	

2. 신규거래물품 (200 년　월　1일~ 5일)　　　(만 엔)

번호	담당자	거래처	품목	금액	수주 월	납입 월	평가	비고
1	모리	R제약	WM	250	3	5	B	
2	다지마	F테크노	TBR	150	4	8	A	
3	모리	N보육원	MW	1,050	4	8	A	
4	이이다	K양로원	LW	1,600	4	8	B	
합계	4	4		3,050				

3. 거래 중지·종료 물품 (200 년　월 1일~5일)　　　(만 엔)

번호	담당자	거래처	품목	금액	수주 월	납입 월	평가	비고
1	다지마	M제2빌딩	WM	650	3	3	×	결렬, 단가
2	고바야시	N건재	WM	150	3	5	×	결렬, 단가
3	모리	T시도서관	SL	700	4	4	×	결렬
4	이이다	S정기	BT	250	4	4	×	D사 획득
5	시모무라	M화성	WM	550	4	4	△	중지
합계	5	3		2,300				

【특기사항】

1. 신규거래 물건이 호조로, 확실도 80% 이상인 A 2건은 거의 확정된 상태.
2. 기타 물건에 대해서는 향후 다시 연락하여 수주로 연결하고자 함.
3. M화성은 회사의 사정으로 중지. S정기는 우리보다 단가가 낮은 D사하고 거래한다고 함

주간 보고서
(영업보고/개인)

✍ 작성포인트

개인의 경우 주보는 월간 목표를 달성하기 위해 현재 어떠한 상태에 있는지를 본인 및 상사가 확인하기 위한 것으로, 여기에서는 1주일분의 영업활동 포인트를 다음과 같은 요령으로 기재한다.

☑ 체크포인트

- 요일마다 방문하는 거래처와 영업활동 과정과 결과 등의 포인트를 간결하게 기재한다.
- 금주까지의 수주 누계와 월간 목표에 대한 달성률을 기재한다.
- 달성률과 월간 목표를 고려하여 다음 주의 매상 목표, 행동 예정 등을 기입한다.

주간 업무보고서		담당	과장	팀장

일자: 부서: 성명:

일자	방문거래처	주요업무내용 (결과/전망)
○/○ (월)	• 아사이코프 모리상사 • 다카라야마 체인	• 술집 체인인 아사히코프 점장과 상담, 현재 필요하지 않다고 함. 다른 각도에서 다시 시도 할 예정. • 그밖에는 지금 매주 방문하면서 교섭 중.
○/○ (화)	• 레스토랑 스즈키 • 다치바나	• 이전부터 상담했던 레스토랑 스즈키로부터 와인이 주문. 호주산 와인 납입을 의뢰받음. • 다치바나에 대해서는 일본 술의 명품이 특정되어 있으며 큰 이점이 없는 한 도매업자를 바꾸지 않겠다고 함.
○/○ (수)	• 야마다야 야부아키 • 술집 기쿠치	• 야마다야로부터 토·일 배달이 가능하다면 계약해도 좋다는 답변. 이미 다른 지역에서 실례가 있으므로 이 지역에서도 가능한지 이야기를 듣고 있는 중. • 술집 기쿠치는 신규 어택. 느낌은 양호.
○/○ (목)	지몬-오오하시야 브룩클린	지몬에는 양주 이외에 와인 구입을 어택. 와인 화물로 반입할 수 있다면 생각해 본다고 함.
○/○ (금)	넘버원호텔 빅키친	신규 개점한 빅키친에서는 당일 접수, 당일 배송을 원하고 있으며 그러한 니즈에 대응할 수 있는 당사에 호감을 갖고 있다. 다시 어택.
금주의 수주액		7,850천 엔
금주까지의 누계 수주액		14,310천 엔
월간 목표 수주액		30,000천 엔
달성률		47.7%
다음 주 매상목표		9,000천 엔

【특기사항】 특히 대기업 체인점에서는 가격 서비스로부터 가격도 포함한 부가가치 서비스가 요구되게 된다. 고객의 니즈에 어떻게 부응해 나갈 것인가가 매출 향상 포인트. 상품을 파는 것이 아니라 서비스를 팔도록 노력하자.

주간 보고서
(업무보고/부문)

☑ 작성포인트

요일마다 실시한 업무내용과 미팅 등에 대해 포인트를 간결하게 기재한다. 비고란에는 업무의 진척상황과 성과, 전달사항 등을 요령 있게 기재한다.

☑ 체크포인트

- 각 요일마다 그 날의 주요업무를 기재하는데 각 부문이나 부서에 따라서 내용과 기재 방법을 달리 할 수 있다.
- 단순히 업무를 나열하는 식이 아닌, 업무에 대한 대처방법과 개선안 등을 제안한다.

주간 업무보고서	담당	과장	팀장
○월○일(월)부터 ○월○일(금)까지			

부서:　　　　　　성명:　　　　　　　일자:

요일	업무내용	업무진척상황
○/○ (월)	• 신제품의 발표용 보도자료를 작성하기 위해 골프 사업부를 방문하여 골프 볼 담당하는 A씨에게 주요사항에 대하여 설명을 들음. • 귀사 후에 보도자료 작성 • 저녁에 ○○신문사 ○○○기자가 기사거리를 찾으러왔기에 프레스룸에서 면담함	기자발표회 전일 및 당일에는 스태프 전원이서 대응할 예정
○/○ (화)	• 이번 사업기의 실적발표에 사장의 기자회견 직접 발표를 확정하고 보도자료 배포함. 각 분야에서 취재 전화가 있어 홍보부 스태프가 총출동해 대응. • 고객 상담실에서 클레임에 관하여 담당자와 협의.	
○/○ (수)	• 사내보 편집회의에 출석. • 홍보부장을 포함하여 스태프 전원이 신제품 발표회에 대하여 최종 협의. • 자료의 파일링, 골프 볼, 명패 체크, 회장 설치 준비 등을 지시함.	기자에 따르면 당사의 업적발표에 모두 관심을 가지고 있다 함.
○/○ (목)	• 오후 1시부터 본사 쇼룸에서 골프 볼 신제품 발표회 개최. 스포츠기자, 골프전문지 기자 등 50명 이상이 모임. 전속 프로 3명을 초대해 시타를 함. 볼의 방향성이 정확하다고 함.	
○/○ (금)	• 신문기사를 스크랩해 정리. • 판매촉진부로부터 신제품 발표 의뢰가 있어 판촉회의에 참석. • 밤에 골프기자와의 간담회.	스포츠신문에서 대대적으로 취급하여 화제가 될 듯하다.
비고		

월간 보고서
(업무보고/부문)

✍ 작성포인트

월간보고서(부문)의 경우는 특히 그 부서에서 월간 목표가 달성되었는지가 중요하므로, 우선 숫자적인 데이터를 중심으로 기재하고, 목표 대비, 전월 대비 등도 기재하여 객관적으로 성과를 파악할 수 있도록 한다. 또한 보고할 때에는 개략적인 상황을 검토(재평가·반성)하여 다음 달의 노력 및 목표 등을 기재한다.

☑ 체크포인트

- 월보는 1개월의 업무활동 보고서로, 목표와 실적 등을 숫자로 정확하게 기술한다.
- 단순한 개별 보고서와 달리 공적인 데이터로서 회사의 실적에 반영되기 때문에 정확한 실적과 함께 업무내용도 확실히 분석해야 한다.

○월 영업보고서

(200 년 ○○월 ○일 ~ ○○월 ○○일)

영업소 ○○○○   작성자 ○○○   작성일 200 년 월 일

◎ 이번 달의 수주실적과 목표 달성률

이번 달의 수주실적 및 목표 달성률은 다음과 같습니다.

내역	수주목표		수주실적		달성률 전월 대비
	물건 수	수주금액 (천 엔)	물건 수	수주금액 (천 엔)	
신규거래	13		10		
신규수주	25	30,000	22	23,400	
중지·타결			3		
합계	38	30,000	35	23,400	78%
다음 달 수주목표	50	35,000			+12(117%)

◎ 특기사항

1. 목표 달성률이 예상보다 낮은 것은, 예상했던 신규거래가 불황의 영향으로 중지된 점, 또 중지 혹은 타사 결정이 3건으로 오른 점이 주된 요인이다.
2. 타결 3안건은 A사가 상당히 할인한 모양. 가격 할인 공격에 어떻게 대응할 수 있을지, 방침을 굳히길 바란다.
3. 신규 거래로부터 신규 수주에 결부된 물건이 10건에 이른 것은, 전사 전원의 판촉 캠페인의 성과를 볼 수 있다.
4. 다음 달은 신규 거래 고객을 중심으로 어택하면서 캠페인 때에 방문한 고객에게 공세를 가할 예정.

◎ 다음 달 목표

1. 10건의 신규 거래에 공세를 가해 그 중의 반을 목표로 수주를 준비한다.
2. 이전에 중지한 고객에 대한 재차 어프로치를 가한다.
3. 새로이 발주된 신상품을 판매하여 수주 확대로 이어진다.

월간 보고서
(업무보고/개인)

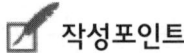 **작성포인트**

개인의 업무월보에서는 활동방침과 계획 및 그 수행업무 상황과 그 결과로서의 실적을 데이터로 정리한다. 특히 영업의 경우는 매월 활동보고는 상사에게 자신을 어필하는 기회이기도 하다. 비고란 등에는 영업에 대처하는 자세와 제안, 그 성과 등도 기재한다.

✔ 체크포인트

- 개인용 월보도 우선 업무활동 보고서로서 목표와 실적 등 회사에서 정한 보고서에 정확하게 기재한다.
- 특히 영업부의 사원은 영업실적이 평가 대상이 되는 사례가 많으므로 그 실적에 따른 이유와 분석, 나아가 영업상의 포인트와 문제점 등을 기재하는 열의를 보여야 한다.

월간 영업보고서

받   음 :   보고일 : ○○○○년 ○○월 ○○일
                        보고자 : ○○○ 부서 : ○○○○ 직위 : ○○

● 금월 영업목표와 실적

　　　　　이 달의 수주실적 및 목표 달성률은 다음과 같다.

내역	목표		실적		달성률
	건 수	금액(천 엔)	건 수	금액(천 엔)	(%)
신규 개척	2건	2,000	3건	2,600	130.0
기존 루트	8건	6,200	7건	6,000	96.8
대 리 점	8건	7,000	10건	8,200	117.1
합 계	18건	15,200	20건	16,800	104.4
다음 달 수주목표	40건	30,000	–	–	–

● 코멘트

1. 불황에 의한 기존 고객의 구매 욕구 저하로 신규 고객을 개척하는 영업을 전 개하였으며, 그 결과 3건의 신규 고객이 첫 수주로 이어졌다.
2. 상기와 같이 대리점이 전월 대비 17% 증가한 매출로 이 달에 영업목표치를 달성했다.
3. 현재는 대리점의 마진 취득이 낮아지고 있어 이대로 가면 대리점이 떨어져 나 갈 가능성이 있어, 향후 이에 대한 대응책을 신속히 세워야 한다.
4. 기존 루트는 여전히 확실한 거래처로, 경쟁업체와 코스트 경쟁이다. 가격 할 인으로 대응해야 할 지, 신제품 발매 때까지 기존 상품에 대한 전략을 부서회 의에서 세워야 한다.

● 다음 달 목표

1. 다음 달은 판촉 캠페인 월로 우선 신규 개척에 적극적인 공세를 취하여 수주 로 이어지게 한다. 기존 루트는 어시스턴트를 활용하여 전화 등으로 캠페인을 공세적으로 취하여 고객은 이득이 된다는 느낌을 조성한다.
2. 대리점이 판촉 캠페인에 적극적으로 나서도록 원활하게 판촉물 등을 적극적으 로 제공한다.

분기 보고서

✏️ 작성포인트

　분기 보고서의 기술은 공적인 문서로 전문성도 매우 강조되지만, 기본적으로는 보고서의 패턴이 각 기업 모두 정형화되어 있으므로 그에 맞춰서 기재하면 된다. 실적에 대해서는 이미 통계적인 숫자를 파악하였으므로, 서식에 잘못된 것이 없도록 숫자를 기재하고. 또한 그 실적에 기초하여 그 개략적인 상황과 분석을 하면서 다음 분기의 계획·시책과 실적예상 등도 기술한다.

✔️ 체크포인트

- 4분기 이상의 장기적인 보고서에서는 올해 사업기와 전년 동기 비율의 실적 숫자를 비교할 수 있도록 표로 나타내어 한눈에 이해할 수 있도록 하자.
- 　작성자의 코멘트에 대해서는 목표 달성의 유무, 그 원인과 이유 등도 기술한다.
- 다음 분기의 전망과 향후의 계획과·대책에 대하여 명확히 기재한다.

[2] 분기 보고서

2009년 3월 1일 ~ 6월 30일

제출일 :   부 서 :   담당자 :

● 2분기 실적

구분		전년실적 (백만 엔)	금기목표 (백만 엔)	금기실적 (백만 엔)	목표달성률 (%)	방문고객 구매율 (%)
매출액		31.2	40.0	50.6	127	
내 역	A점	7.8	10.5	15.0	143	51.1
	B점	10.3	12.0	15.0	127	43.5
	C점	5.5	7.5	9.3	124	35.2
	D점	7.6	10.0	10.7	107	38.3

● 2분기 분석

 영업수익은 전년 동기 비율 162%로 큰 폭으로 증가하고, 금기 목표 달성률도 127%로 호조의 추이를 보였다. 또 각 점포 모두 금기 목표를 웃돌고 있으며, 특히 A점은 목표 달성률이 143%에 이르러 건투를 보인 것이 눈에 띈다. 그리고 작년부터 가동한 C점, D점에 대해서도 2년째부터 서서히 가동율이 향상되었다.

● 3분기 예상

 2분기 매출액이 신장될 전망이다. 그러나 C점, D점의 방문고객 구매률을 A·B점 정도로 향상시키기 위한 대책을 세워야 한다. 3분기 여름부터 가을에 걸친 수요를 창출하기 위한 노력이 필요하다.

● 4분기 계획

금년 가을을 목표로 E점을 오픈을 할 계획이며, 준비에 만전을 기해야 한다.

반기 보고서

작성포인트

　기업의 영업과 관리 부문이 전기 또는 후기별로 반기분의 업무 실적 등을 정리해 보고하는 것이 반기 보고서다. 주식시장에 상장한 기업은 주식시장에 제출하는 "반기실적보고서"의 간약한 요약보고서라 할 수 있다.

체크포인트

- 기본적으로 월보를 반기분 정리한 것이 반기보고서이다.　월별 데이터 6개월분을 정리한 형태로 보고서를 작성한다.
- 사업부별 혹은 부문별의 보고서이지만, 최종적으로는 감사 및 감독 기관 등에 제출하는 보조 자료로 사용되므로 데이터의 정확성과 진실성이 요구되므로 제대로 작성하자.
- 향후 전망 및 ·계획은 기본적인 사항을 간결하게 표기한다.

200 년도 팩시밀리사업부 상반기 사업보고서

(○○○○년 4월 1일부터 9월 30일까지)

보고일 :   부서 :   성명 :

1. 현황

현재 신제품으로서 투입된 다기능 팩시밀리의 판매 실적은 당초 계획보다 3
0%이상이나 호조를 보이고 있다.

한편, 차기 주력 기종으로 개발 중인 TS1에 관해서는 메인 상품이 되는 ○○
의 개발이 예정보다 늦어지고 있어, 현재 기술개발부서에서 개발에 전력을 다
하고 있다.

이 개발 중인 제품은 종전에 없는 획기적인 기능을 탑재한 것으로 시장에 투
입하면 화제가 될 것이다. 하반기까지 시장에 투입할 계획이다.

2. 판매 · 재고 상황

현재의 판매 상황은 같이 전년 동기를 웃돌고 있으며 호조의 추이를 보인다.
단 PS시리즈는 판매 계획이 예상보다 높게 나타나고 일부 기종에서는 재고가
부족한 상황이어서, 신속하게 생산 계획을 변경해야 한다.

상반기 판매 실적은 다음과 같다.

단위 : (천 엔)

당기	상반기	전년 동기	증감
매상고	8,914,500	8,235,772	+678,728

3. 향후 전망 · 계획

차기 제품의 생산은 ○월 중순에 개시할 예정이지만, PS시리즈가 호조를 보
이기 때문에 현재는 설비가 풀가동 상태로 신기종 투입을 위해 다시금 생산라
인을 신설할 필요가 있는지 검토한다. 판매 전략과 연계하여 생산 투입의 적
절한 타이밍을 보고자 한다.

또한 이 신제품 투입에 의해 제품 라인업이 강화되고 하반기 매상고는 상반기
매상고 비교 15% 향상이 예상된다.

연간 보고서
(영업부문)

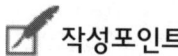 **작성포인트**

영업연보는 영업부문의 연간보고서이다. 서식은 반기보고서와 거의 동일하며 1년간의 영업실적의 개황 및 사업별·제품별 매상 고, 영업이익, 순이익 등의 수치를 기입해 보고한다. 또한 당기 의 실적에 입각하여 향후 과제와 전망 등을 기술해 나간다.

✅ **체크포인트**

- 거의 유가증권보고서의 「영업 개황」에 준한 서식으로 기입하 면 된다.
- 가능하면 월별 매상고의 추이 등도 그래프화해서 보면 더욱 알기 쉽다.

제○○기 영업보고서

2008년 4월 1일부터 2009 3월 31일까지

1. 당기의 개황

후반기에 들어서 수출 저조의 영향으로 경기는 악화 경향에 이르게 되어 당 전자기기 사업부에서는 업적의 유지·향상을 목표로 경영체질 개선과 영업력 강화를 위해 노력하여 그 결과 당기는 다음과 같습니다.

내역	금액	전년 동기 대비
매 상 고	205억 43백만 엔	112%
영업이익	5억 65백만 엔	94%
순 이 익	1억 79백만 엔	95%

2. 제품별 매상고

당사의 주요 시장인 일본 및 아시아 지역에서 전반은 고전하였습니다만, 후반 에는 전자기기의 수요가 호조를 띠어 매상고 목표를 달성하게 되었습니다.

● 전자기기

작년도는 세계적인 IT불황에 있었습니다만, 금년에는 회복 기조를 보이고 전 자기기도 순조로운 추이를 보인 결과, 매상고는 100억 21백만 엔(전년 동기비 120%)으로 큰 폭으로 증가했습니다.

● 전자부품

한편 전자부품은 유저의 재고가 줄지 않는 경향에 있었기 때문에 전자기기보 다 회복기조가 늦어진 결과, 매상고는 53억 80백만 엔(전년 동기비 91%)로 전년을 밑돌았습니다.

● 반도체관련

큰 타격을 입은 반도체시장은 아직 본격적인 회복은 기대할 수 없으며 반도체 관련에 있어서는 매상고가 51억 42백만 엔(전년동기비 86%)로 저조했습니다.

3. 향후 과제와 전망

글로벌 네트워크의 한 층 강화를 도모하고 각 부문의 특색과 독자성을 지닌 사업을 전개하여 체질을 강화해 갑니다. 또한 차기 업적 전망은 다음과 같습 니다.

내역	금액	당기대비
전자기기	110억 50백만 엔	110%
전자부품	60억 30백만 엔	112%
반도체 관련	59억 60백만 엔	116%

연간 보고서
(간접부문)

☑ 작성포인트

간접부문의 연간보고서에 대해서도 영업보고서와 동일하게 그 부문의 1년간의 업무활동의 개황 및 그 성과 등을 숫자를 섞어서 보고한다. 또 당기 실적에 입각하여 향후 과제와 전망 등을 기술해 나간다.

☑ 체크포인트

- 보고서의 목적이 무엇인지, 누구에게 보일 것인지를 명확히 의식하여 기재한다.
- 숫자에 대해서는 잘못이 없도록 반드시 체크한다.
- 결과에 대하여 당사자의 발표 내용도 기록한다.

제○○기 인재 채용 보고서

○○○년 4월 1일부터 ○○○○년 3월 31일까지

일　자 : ○○○○년 ○월 ○일
부　서 : 인사부 인사기획과
작성자 : ○ ○ ○

1. 당기의 목표 및 실적

당사는 고객 제일주의에 입각한 SI(System Integrator)로서 높은 평가를 얻고 있다. 향후 IT업계의 취업자의 다양한 니즈를 파악하여, 각 사업부문으로부터 뛰어난 인재를 채용해야 한다는 요구가 높아져 가고 있다. 인사기획과는 각 사업부문의 채용 요구를 파악하여 다음과 같이 신규 대졸 및 중도 채용 활동을 하였다. 채용 예정 및 결과는 다음과 같다.

● 채용상황 (신규채용 / 신입 대졸자)

직종	채용예정(명)	응모자(명)	채용실적(명)	입사실적(명)
컨설팅 영업	50	283	63	48
시스템 엔지니어	30	152	33	25
커스터머 엔지니어	30	96	45	32
인스트럭터	20	76	25	20
합계	130	607	166	125

● 채용상황 (중도채용 / 경력자)

직종	채용예정(명)	응모자(명)	채용내정(명)	입사실적(명)
컨설팅 영업	20	150	20	20
시스템 엔지니어	20	230	20	18
커스터머 엔지니어	15	186	15	14
인스트럭터	10	30	10	8
합계	65	596	65	60

2. 채용 평가

일찍부터 채용활동을 전개해 온 결과 자질에서 우수한 인재가 직종별로 거의 균등한 레벨 이상의 인재를 채용할 수 있었다. 단, 입사자 실적은 약간 채용 예정 인원이 감소하였다. 그 중에서 중도 채용자는 엄격한 심사로 약간 예정 저자를 입사자가 감소하였다.

다음 사업기부터 우수한 인재를 채용하기 위하여 직종별로 수시채용을 확대하는 채용전략을 수립하여야 한다.

재고조사 보고서

📝 작성포인트

재고조사 자산(제품, 상품, 원재료, 가공품)에 대하여 실제로 그 수량을 파악하며, 이미 판매와 이용을 할 수 없게 된 재고를 확인한다. 이 실지 재고 조사를 함으로써 장부와의 차이(수량·금액)를 비교하여 재고조사자산의 기말(주말, 월말, 분기말, 반기말, 사업기말) 또는 일일 재고를 보고한다.

✔ 체크포인트

- 실지재고조사를 하기 위해서는 재고조사 실시요령 등의 매뉴얼 정비, 담당자(아르바이트 포함)의 편성 등, 사전에 꼼꼼한 준비를 해 둘 필요가 있다.
- 실지재고조사에서 확정된 수량과 장부로 파악되는 수량의 차이를 계산하여 장부 수량을 수정하는 것은 물론, 그 원인을 분석하는 것이 중요하다.

담당	파트장	팀장	점장

재고조사 보고서

■ 점포명 : 요요기 1호점   ■ 조사일 :   년   월   일   ■ 보고자 : ○ ○ ○

제 ○기말(200 년 ○월 ○일) 재고 현황은 다음과 같다.

분류	장부			현물			차이		
상품	수량	원가금액	판매금액	수량	원가금액	판매금액	수량	원가금액	판매금액
라켓	500	8,750,000	12,500,000	465	8,137,500	11,625,000	−35	−612,500	−875,000
볼(BOX)	48	720,000	1,008,000	48	720,000	1,008,000	0	720,000	1,008,000
거트(gut)	1,000	1,000,000	2,100,000	968	968,000	2,032,800	−32	−32,000	−67,200
슈즈	535	782,000	3,477,500	560	2,912,000	3,640,000	25	130,000	162,500
웨어	150	405,000	525,000	120	324,000	420,000	−30	−81,000	−105,000
소물잡화	200	196,000	240,000	235	230,300	282,000	35	42,000	522,000
점포합계	2,433	13,853,000	19,850,500	2,396	13,291,800	19,007,800	−37	166,500	645,300
참고	볼 1BOX (60개)								

(비고)

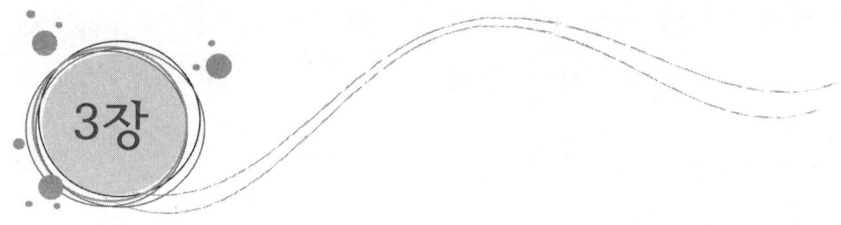

출장보고서 작성사례

1. 출장 보고서 (영업)   90
2. 판촉활동 보고서 (캠페인)   92
3. 회의 보고서 (협상)   94
4. 프로모션 보고서 (기획)   96
5. 설명회 보고서 (상품)   98
6. 협의회 보고서 (거래처)   100
7. 기념식 참석 보고서 (경조사)   102
8. 해외출장 보고서 (전시회)   104

출장보고서 작성포인트

출장에 동반되는 보고서에는 방문서류를 비롯해 정산, 조사, 사고 보고, 클레임 처리, 회의, 프레젠테이션, 교섭, 캠페인, 해외출장 나 아가서는 관혼상제 등 다양한 케이스가 있다. 보고해야 하는 항목으 로는 출장기간, 출장 장소(회사명, 회장명(會場名) 등), 출장목적, 목 적에 입각한 경위와 결과, 혹은 결론, 기타, 여유가 있다면 출장 장 소에서 보고 들은 목적 관련의 주변 정보 등이 있으면 완벽할 것이 다.

그 중에서 포인트가 되는 것을 몇 가지 제시해 두겠다.

● **타이틀은 가능한 한 알기 쉽고 명확하게**

우선 출장목적으로서는 조사, 집금, 선전, 협의, 회의, 계약, 시찰, 인사, 발표회 등 다양하겠지만, 예를 들어 「신제품 IP 2002도쿄지구 발표회에 대하여」등 가능한 한 알기 쉽고 명확하게 타이틀에 반영시 킨다. 결과 보고는 「그 목적에 대해 어떠했는지」에 대하여 결과와 결 론을 구체적으로 보고한다.

● **출장지의 상황과 상대방의 반응·반향도 기입하자**

나아가 상대방의 반응과 반향 등에 대해서도 초점을 맞추어 기입 하면 좋을 것이다. 또 출장지의 상황에 대해 참고 자료 등이 있으면 첨부해 둔다.

그 이외에 기입해야 하는 감상, 소감, 혹은 향후 전망 등이 있다면 의견란이나 비고란에 기입하자.

● **계약 등을 정리한 보고서에서는 의사록 등도 첨부하자**

계약 등 서로 거래조건 등이 주가 되는 보고서에서는 잘못하여 실 수하는 것은 용납되지 않는다. 상대편과의 협의에서 결정된 내용에 대해 의사록을 교환하여 그것을 보고서에 첨부하는 정도의 배려가 필 요할 것이다.

출장 보고서
(영업)

📝 작성포인트

영업 활동으로 사외에서 설명회를 개최하거나 컨퍼런스에 참가하는 경우 보고서는 목적, 기간, 방문한 곳, 영업 경과와 성과 등을 기재한다. 또한 영업활동으로 설명회를 개최하거나 컨퍼런스에 참가하여 제품 및 상품을 전시 및 설명할 경우 그 제품 및 상품에 대한 가격과 성능, 편리성 등에 관한 고객의 반응과 평가 등을 상세하게 기재한다. 향후 영업활동에 크게 도움이 된다.

✔ 체크포인트

상품 설명회는 판매 촉진 활동이기에 판촉과 함께 목표 고객의 반응을 조사하는 것이 주된 목적이다. 따라서 설명회 후의 질의응답 내용이나 모임 등에서 참가자의 의견을 청취하여 생산 및 영업활동에 반영하여야 한다.

	담당	팀장	이사

제품설명회 출장보고서

소속 : ○○○○○   보고자 : ○○○   보고일 : ○○○○년 ○월 ○일

1. 목적

IC카드와 POS단말을 연계한「전자 머니 시스템」설명회

2. 기간

200○년 ○○월 ○일 ~ ○○○○년 ○○월 ○일

3. 방문처

장소 : 삿뽀로시 ABC회관 6F「공작실」

대상 : 홋카이도 삿포로지구 특약점 35사

인원 : ○○○명

4. 성과

이전부터 SS를 겨냥한 업무용 시스템「POS시스템」을 공급해 하였다. 금융결제분야에서 IC카드와 POS단말을 연계시킨 전자머니 시스템을 개발하여 SS유통업계를 겨냥하여 특약점 35사를 대상으로 설명회를 열었다.

5. 성과

SS업계는 지금 힘든 상황에 있으며 어떻게 고객을 연결할지 필사적이다.

새로운 POS시스템에 대한 기대가 커서 관련 업체 전사원이 출석하여 설명회에서 관심을 갖고 제품에 대하여 질의하였으며, 제품 상담을 신청한 회사가 STE사를 비롯하여 ○○개 회사이다.

【비고】

1. 기본적으로는 출석한 분의 대부분이 흥미를 갖고 다양한 질문이 나왔으며, 본격적으로 영업을 전개하는데 참고가 되었다. 질문 내용은 별지와 같다.

2. 시스템 설명회는 당사가 처음으로 많은 기업이 흥미를 갖고,「포스데이터 분석항목에 대하여 어느 정도인지 상황을 보고 싶다」「타사의 기기와 비교해 보고 싶다」는 의견이 가장 많았다.

3. 선발 제품으로서 위험은 있지만, 대체로 참석자와 유통업계가 호감을 갖고 있어 전국적인 설명회를 의욕적으로 전개하면 좋을 것 같다.

판촉활동 보고서
(캠페인)

✍ 작성포인트

판촉을 위하여 캠페인을 펼치는 경우 보고서의 작성포인트는 캠페인 전개 상품, 캠페인을 펼치는 지역과 장소, 캠페인 타깃 대상고객, 캠페인 구매고객 혜택, 캠페인 전개 제품 및 상품, 캠페인 진행 구성원, 캠페인을 진행 과정과 성과를 중심으로 보고서를 작성한다.

✔ 체크포인트

- 판촉 캠페인 대상 상품과 캠페인 기간의 일자별로 그 성과를 기재한다.
- 캠페인 기간에 매시간 또는 매일 판매회의를 개최하여 현황을 토의하고 가장 효과가 있는 캠페인 방법에 대하여 향후 판촉 캠페인을 전개할 툴(tool)로서 활용할 수 있도록 기재하여 보고한다.
- 목표를 훨씬 초과한 것을 "성과"로 표기하고 그 성과를 내게 한 캠페인 전개 방법에서 자신의 역할에 대하여 기록한다.

	담당	팀장	본부장
판촉 캠페인 보고서			

소속 :　　　　　　　성명 :　　　　　　　일자 :

목적	캐릭터 상품 「토토로보」의 캠페인 판매
기간	200○년 ○월 ○일~200○년 ○월 ○일

일자	지역	장소(점명)	성과	
			수주	직매
○월 1일(목)	후쿠시마	에이스 배고하점 장난감 후쿠야	30개 15개	2개 1개
○월 2일(금)	센다이	아오바 백화점 야마다 토이 닥 슈퍼	45개 28개 5개	6개 3개 0개
○월 3일(토)	모리오카	ABC체인 장난감 벤텐도	18개 20개	3개 2개
○월 5일(월)	야마가타	ABC체인	15개	1개
○월 6일(화)	아키타	ABC체인	10개	0개
○월 7일(수)	아오모리	ABC체인	15개	3개
총 합 계			201개	21개

【참고】

1. 애완용 로봇이라는 TV 광고 효과가 있어 백화점과 장난감 전시 판매장에서 많은 사람으로부터 예상보다 큰 인기를 끌고있다. 10개 점포에서 21개 물품이 즉시 팔렸다. 거래처에서도 그 인기를 내다보고 수주하는 수량도 예상 목표를 훨씬 웃돌게 주문하고 있다.

2. 이 상품의 인기를 이어가기 위해 전국 매장을 대상으로 일제히 판촉 캠페인을 전개하여 이 상품의 인기를 이어가야 한다.

회의 보고서
(협상)

✎ 작성포인트

본사 직원과 지점의 협의사항을 회의에 상정하거나 거래처, 발주처, 수주처 등과의 협의 및 회의 사항 등의 보고서는 기본적으로는 협의 사항과 그 내용, 성과 등을 보고한다. 그 밖에 특기사항으로 보고서 작성자의 견해 등을 기재한다.

✓ 체크포인트

- 협의에 관한 주제와 구체적인 내용에 대해 간결하고 명료하게 기재한다.
- 보고서에 기재할 수 없는 「결정사항」에 관한 상세한 내용 등은 별지에 기재하여 첨부한다.

	담당	팀장	이사	사장
[ ] 회의 보고서				

일자		소속		성명	

○○○○ 건의 회의(협의) 결과와 경과과정은 다음과 같다.

1. **협의안건** : 규슈 지점 관할의 대기업 화주(貨主)용 복합 일괄 수송에 대해

2. **출장기간** : 200○년 3월 1일부터 3월 2일까지 2일간

3. **출 장 처** : 규슈지점 영업팀   **협 상 자** : 야마다 영업과장 외 3명

4. **협의사항**

대기업 화주 A사로부터 물류 코스트 삭감을 위해 종전의 육상 수송이 아닌 해상과 육상을 통한 복합일괄수송 의뢰를 받았다. 이에 대해 규슈지점 담당자와 사전준비와 수송일정의 확정과, 수송절차, 수송비용 등에 대해 협의했다.

5. **경과와 내용**

본사에서는 이미 복합일괄수송을 경험했지만 규슈지점에서는 처음이므로 사례에 기초하여 먼저 복합일괄수송 시스템에 관하여 설명하였다. 그 후에 화주가 제안한 조건에 기초해 탱크 컨테이너로 운반하는 방법, 적재 방법, 루트, 품질관리대책, 스케줄 책정 등에 대해 협의하여 *별지와 같이 결정하였다.

6. **기타 특기사항**

물류업계에서는 지금 물류코스트 삭감을 외치고 있으며 대형물건에 대해서는 해상 육상 복합일괄수송이 향후 유망한 시장이 될 것이다. 현 시점에서는 이익이 그다지 기대되지 않지만 업계에 앞서서 대응함으로써 이 시장을 적극적으로 견인·확대해 가능한 한 많은 점유율을 획득해 나가고자 한다.

프로모션 보고서
(기획)

✍ **작성포인트**

거래처에 프로모션을 기획하여 제안한 경우 프로모션의 목적, 대상, 기간, 당사자 등을 기재하고, 프로모션의 기획내용, 경과와 결론 등을 보고자의 주관적 견해와 함께 기재한다.

☑ **체크포인트**

- 보고서는 제안결과에 대해 상대방의 호응도는 「어떠했는지」 에 대해 경과와 결론을 간결하고 명쾌하게 기재한다.
- 보고서는 제안과정에서 사정이나 상대편의 반응 등에 대해 「 보고자의 견해」를 표기하고 그에 대한 의견 등을 첨부하면 회의의 분위기를 더 잘 전달하게 된다.

	담당	팀장	이사
프로모션 제안 보고서			

성명		소속		일자	

다음의 ○○○회사에 제안한 ○○건은 경과과정은 다음과 같다.

1. **목 적** : 200* 년 ○분기 "신상품 홍보"를 위한 정기(계절) 프로모션
2. **방문처** : 아제리아슈퍼(주) 구매본부
3. **일 자** : 200 년 ○월 ○일   제안장소 : 아제리아슈퍼(주) 회의실
4. **대 상** : 사카다 매입부장 외 매입부 스태프 3명

5. 내용

슈퍼아제리아·드러그 부문의 판매를 촉진하기 위한 것으로 계절에 초점을 맞춘 프로모션을 제안하여 기획의 목적과 주제, 주요 상품 아이템의 판매 촉진책 등에 대한 프로모션 기획하였다.

6. 경과

기획은 대체적으로 호평을 얻었지만 이것을 실현하기 위해서는 장소와 인원 확보, 프로모션 비용은 추가 예산 편성이 필요하여 부담된다고 하였다. 이에 대해 부족한 인원에 대해서는 당사가 지원하고, 비용은 부수적 비용항목을 되도록 제외하여 절감된 새로운 견적서를 제출하기로 하였다.

7. 결론

○○○회사는 2/4분기에 매출액과 경상이익 모두가 전기 대비 마이너스가 되었으나, 결제일과 결제금액은 잘 지켜지고 있다. 향후 경기 확대에 대비하여 당사의 상품 비중을 좀 더 확대하기 위하여 지원 대책을 강구하여 지원하도록 하여야 할 것이다.

설명회 보고서
(상품)

✎ 작성포인트

신상품 설명회에 대한 활동 내용과 목적, 기간, 장소 등과 참가 기업과 참석인원, 참석자의 반응에 대하여 활동상황을 보고한다. 기타 관련된 첨부 자료 등에 대해 필요한 것을 보고한다.

☑ 체크포인트

- 설명회에 참가한 기업과 인원수의 출결을 파악하여 보고서에 기재하고 참석자가 많은 경우 별지로 첨부한다.
- 이 보고서의 포인트는 참가한 기업 담당자의 반응을 체크하고 보고서에 반영한다.
- 설명회에서 얻은 정보를 향후 활용하기 위해 참고 의견 등을 기재하여 향후 자료로 활용할 수 있도록 한다.

	담당	팀장	이사
신상품 설명회 보고서			

제출자		부서		일자	

목 적	신상품 「TELETORON」의 특약점 설명회
기 간	200 년 ○월 ○일부터 ○월 ○일까지 ○일간
출장처	후쿠오카, 다카마츠, 오카야마의 특약점
설 명 회 참가사원	판촉부 ○○○팀장, ○○○파트장, ○○○, ○○○, ○○○사원 홍보부 ○○○파트장, ○○○, ○○○, ○○○사원 생산부 ○○○, ○○○파트장 기획부 ○○○ 파트장, ○○○, ○○○ 사원

【설명회 보고】

횟수	일시	장소	참석자
1	○월 ○일 10시~12시	후쿠오카・T호텔	특약점 31사 98명이 참석
2	○월 ○일 11시~13시	다카마츠・다카마츠지점	특약점 13사 32명이 참석
3	○월 ○일 10시~12시	오카야마・오카야마지점	특약점 25사 38명이 참석
비고	설명회 후 Q&A 시간에 참석자와 신상품에 대하여 의견 교환 함		

【현 황】
1. 신상품에 대하여 특약점에서도 특별한 기대를 하고 있음을 상품 설명회장의 상품 현물을 앞에서 「기능이 좋다」「잘 팔릴 것 같다」고 평가를 하는 참가자가 많았으며, 발매일자를 가능한 한 서둘러 달라는 의견도 다수 있었다.
2. 3회째 다카마츠 설명회장에서 소매가격과 도매가격에 대해 질문이 집중적으로 문의가 있었다. 이에 예정가의 자료를 제공하고 인센티브에 대해서도 설명하였다.

【코멘트】
신상품에 대하여 특약점이 크게 기대하고 있으며, 향후 있을 각 지역 설명회에서 판매 가격과 인센티브에 상품별로 구체적으로 제시하여, 전국 단위로 특약점의 의욕을 한꺼번에 끌어올려 신제품의 판매 확대로 이어져야 한다.

【첨 부】
1. 특약점과의 질의응답자료
2. 설명회 참가 특약점과 참가자 명부

협의회 보고서
(거래처)

작성포인트

관련업계, 하도급거래처, 납품거래처, 구매처, 특약점 등의 협의회 및 친목회 등에 출석하였을 때의 보고서로 개최지, 일시, 사유, 내용 등에 대해 간결하게 보고한다. 또한 특기사항 등을 기재한다.

체크포인트

협의회 친목회 등의 모임은 동종 업체와 경합기업 등의 정보를 나누는 중요한 장이다. 구매정보, 가격정보, 상품정보, 재무상태 및 기타 항목에 대해 필요 사항 이외에 대화 등을 통해 도움이 될 만한 정보를 입수한 경우 특기사항에 기재한다.

협의회 출장보고서

	담당	파트장	팀장
성명			
소속			
일자			

제목	관동지구 EC 협의회 상반기 친목회 참석보고
일시	○년 ○월 ○일(금) 17:00~19:00
장소	동양산업기념회관 회의실

(출장보고)

1. 관동지구 EC 협의회가 발족 3주년을 기념하여 당사 구매팀이 친목회에 출석하였음.

2. 참가한 회사는 83개 회사, 약 130명 정도.

3. ○○○ 협의회장의 「인터넷을 이용한 자재조달」이라는 연설에서 게임산업이 5배이상 신장되고 있어 관련업계인 동종업계도 동반성장이 예상되어 이에 대비한 대책이 있어야 동반성장에 참여할 수 있다고 함.

4. EC(일렉트로닉 커머스)사업을 운영하는 협의회 각사의 파트별 담당자와 상견례가 있었으며, 당사의 소개는 ○○○구매팀장이 구매 현황과 물품에 대한 tthro와 함께하였음.

(특기사항)

* 협의회 여러 기업으로부터 상담신청이 있었으며, 구체적인 상담일정과 기타내용은 첨부한 자료와 같다.

(첨　　부)

1. 거래처별 상담일정
2. EC 성장관련 통계자료
3. 협의회 3주년 기념 안내장
4. 협의회 참가기업과 참석자 명부
5. 참가비용 명세서

기념식 참석 보고서
(경조사)

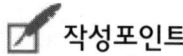 **작성포인트**

관련업체와 주요거래처, 하도급업체와 특약점, 기타 주요인사 등의 점포개설 및 기타 기념식, 또는 장례식, 결혼식 등에 참석했을 때의 보고서로 출장지, 사유, 일시, 내용 등에 대해 간결하게 기재한다.

체크포인트

- 당사의 참석자와 경사 및 조사 당사자 소속, 성명과 직위를 기록한다.
- 관련업계의 동정과 참석자의 정보를 기재한다.
- 참가비용을 기재한다.

경조사 출장보고서

수 신 : 총무부 부장   (보고일 200 년 월 일)

보고자 : ○○○○ 총무부 과장

제 목 : 쿄산 주식회사 50주년 기념식 참석

....

- 출장처 : 요코하마시 마나토센터 빌딩
- 일 시 : ○○○○년 ○월 ○일 (금) 15:00시~17:00시
- 목 적 : 우에다 사장님 보좌
- 보 고 :

(1) 거래처인 쿄산(주) 50주년 기념식전에 당사의 우에다 사장이 축사를 의뢰
받아 총무부서에서 사장님을 수행하게 되어 참석하였다..

(2) 식전 행사는 오후 1시부터 개최하여 쿄산(주) 전체사원 300명을 비롯하
여 참석자는 1000명에 이르며 회의장을 가득 메웠다.

(3) 내빈으로는 ○○국가 ○○대사, ○○국가 총영사, ○○○기업 회장, ○
○○사장, 연예인 ○○○을 비롯하여 ○명, 스포츠 선수 ○○○등이
참석하여 성황을 이루었다.

(4) 행사진행은 쿄산(주) ○○○사장의 인사에 이어 ○○대사, 사장과 친교
가 깊은 경영자와 유명인사의 축하인사를 하였다.

(5) 축사에서 당사 우에다 사장이 업계대표로 쿄산(주) 사장님의 친분관계
와 에피소드 , 경영자 능력 등을 소개하여 큰 박수를 받았다.

(7) 행사는 일본식 북 연주와 악단의 연주가 행사시간 내내 이어졌다.

【특기사항】
- 참석자 : 별첨 참석인사명부 자료참조
- 연회팀 : 일본호텔 외식부 팀 (전화 : 00-000-000)
- 사회자 : 연예인 ○○○(소속 : ○○○ 프로덕션)
- 공연팀 : 코알라 일본 북 연주팀 (소속 : ○○북 기획)
         ○○○심포니 오케스트라 (소속 : 요코하마 시)
- 연회장 : 마나토센터 그랜볼륨 임대처 (전화 : 000-000-000)
         오후 3시간 임차료 (30만 엔)

【첨 부】
(1) 참석자 명단
(2) 공연팀 연락처
(3) 연회장 및 연회팀 안내 자료

해외출장 보고서
(전시회)

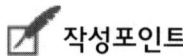 **작성포인트**

　해외 출장의 경우는 반드시 보고서 혹은 리포트를 의무적으로 제출하도록 하는 경우가 많다. 국내 출장 보고서의 연장이라고 생각하고 작성한다. 출장목적, 방문국가, 방문대상, 방문기간, 출장내용, 출장결과, 출장경과, 특기사항 등으로 보고서를 작성한다.

☑ 체크포인트

● 해외출장은 출장목적에 따른 출장내용(사업내용)을 중심으로 작성하고, 사업상 비밀을 요하는 구체적이고 자세한 내용은 별첨 자료로 "대외비"로 표기하여 관련자에게 보고한다.
● 해외출장의 비용, 교통편, 숙박비 등과 출장을 위한 여행사 이용매뉴얼 등을 기재한다

	담당	팀장	이사	사장
해외 출장 보고서				

성명 :　　　　　　소속 :　　　　　　일자 :

목 적	200○년 유럽 의용기기 견본전시회 출전
출장지	독일 밀라노시
기 간	200 년 3월 1일 ～ 200 년 4월 12일, (43일간)

전시회 출전 경과보고	
전시품목	전자내시경 시스템 시리즈(10대)
전시업체	• 의료용기기 전시업체 : 56사 • 부품 전시업체 : 200사 • 서플라이 전시업체 : 40사
제 품 설명회	• 제　목 :「일본의 전자내시경 시스템의 활용사례」 • 강　사 : 이케다 영업부장, 다케시 연구실장, • 장　소 : 전시장 세미나룸 • 일　시 : 200 년 3월 5일 ～ 4월 5일, 14:00시～18:00시 • 참석자 : 태국 ○○병원 ○○○외 112명 별첨 자료 참조
방문자 반 응	견학자의 반응 : 학자, 의학 관계자 및 상사관계자가 많이 방문하여 설명하는 직원에게 전문적인 질문을 던졌다. 특히 세계 톱클래스를 노리는 신 시스템의 해상도에 대해서는 모두 높게 평가하고 팸플릿을 요구하는 사람이 많았다.
경쟁사 동 향	• ○○기업은 "LCD판넬"의 디스플레이가 17인치로 커지고, 로봇수술 및 원격의료 등에 대응한 LAN과 무선을 장착한 시스템을 전시하였다 • ○○업체 : 대당 ○백만엔대의 저가형 기기 출시
계약건수	• 판매계약 : 미국 ○○병원 등 2건 (총판매액: ○백만엔) • 가 계 약 : 태국 ○○병원 등 7건 (총판매액: ○○백만액) • 상담예약 : 싱가폴 ○○병원 등　16건, 당사방문예정
특기사항	독일 ○○대학교수(의학박사)가 산학협력연구로 당사의 ○○의료기기 시스템 연구를 제안
첨 부	• 상담예약 : 16개 병원 및 상담자료 • 카다로그 : ○○사 출품자료 등

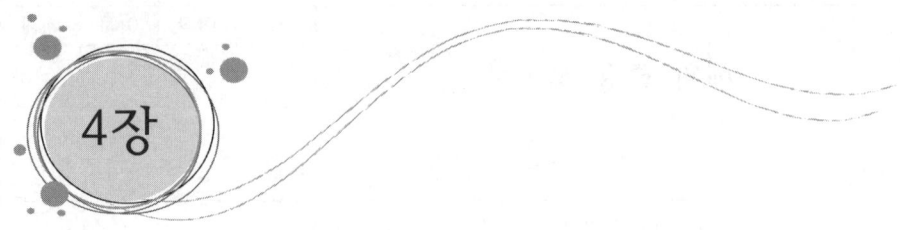

4장

영업보고서 작성사례

1. 신상품 매출동향 보고서   108

2. 이벤트 실시 보고서   110

3. 홍보활동 보고서   112

4. 판매현황 보고서   114

5. 판촉활동 보고서   116

6. 경쟁업체 대책 보고서   118

영업보고서 작성포인트

영업활동에 동반되는 보고서 중 일보, 월보, 4분기보, 반기보, 연보 등에 대해 앞 장에서 설명하였다. 이 장에서는 신상품의 매출상황, 이벤트, 캠페인, 상품별 매출동향, 판촉활동, 경쟁업체대책 등 특정한 영업안건에 초점을 맞춘 보고서에 대해 알아보자.

영업 보고서는 모든 경우에 목적, 내용, 성과(결과), 고찰, 전망과 같은 항목이 필요하고, 그 중에서도 성과(결과)가 포인트가 된다. 또한 그 성과에 기초한 평가, 고찰, 과제 등을 채택하여 다음 단계로 전개해 나갈 자료로 활용하게 된다.

● 타이틀로 차이를 만들자.

어차피 보고서를 쓴다면 제대로 읽어주었으면 하고 바라게 된다. 그러기 위해서는 상대방이 읽어줄 수 있도록 고안도 해야 한다. 예를 들면 이벤트에 관한 보고서라면 서브타이틀로 「○○예상 이상의 큰 반향 예감~ !」이라든지 보고서에 따라서는 약간 화려한 문구를 넣으면 주목을 받을 수 있을 것이다.

● 실적이나 숫자는 실수 없이 정확하게 기재한다.

영업활동에 동반되는 성과와 결과인 실적(숫자)을 정확하게 기재하는 것은 당연하지만 가능하면 숫자는 목표와 실적 모두를 기재해야 한다. 이에 의해 성과를 확실히 판단할 수 있기 때문이다. 그리고 그 성과를 평가하고 왜 그렇게 되었는지 이유를 고찰한다. 성과가 나쁜 경우에는 해명하는 것처럼 되기 쉽지만, 다음번 영업활동을 위한 반성과 제안을 한다는 긍정적인 방향으로 정리해야 한다.

● 이벤트 등의 보고서는 제작물이나 사진 등도 첨부한다.

보고서의 내용이 리포트 형식의 서식이 있다면 다르겠지만, 이에 너무 연연해하지 않아도 된다. 필수기재사항을 염두하고 기승전결을 배려하여 보고한다. 또한 이벤트 등의 보고서는 전단지나 현장의 사진 등을 첨부하면 보는 이가 이해하기 쉬워진다.

신상품 매출동향 보고서

☑ 작성포인트

시장에 출시한 신상품이 어떻게 평가되고 있는지를 파악하기 위해 작성하는 것이 상품매출 동향 보고서이다. 그 상품의 출하 수에 대해 일정한 기간 내에 어디에서 어느 정도 팔렸는지, 그 판매상황을 보고한다. 또한 판매 상황을 분석하고 그 이유 등도 고찰해야 한다.

☑ 체크포인트

- 매출 수치는 정확하게 기재한다. 또 가능하다면 조사 빈도는 1개월이 아닌 10일 또는 1주일, 1일마다 세세하게 체크하면 상품의 움직임을 보다 정확하게 파악할 수 있다.
- 최종적으로 통계를 내어 그래프화해서 보면 소비자의 움직임 등 패턴을 읽을 수 있을 것이다.

200 년 월 매출동향보고서

보고연월일 : ○○○○년 ○○월 ○○일
보 고 자 : 소프트사업팀 영업3과 ○○○

결재	담당	과장	팀장

NS게임소프트 ver.5.0의 2009년 4월 매출동향은 다음과 같다

제 품 명 : NS게임소프트 ver.5.0
공 급 가 : 1300엔 (1250엔, 1200엔, 1150엔, 1100엔, 1050엔)
총거래처 : 616개 점포
발 매 일 : ○○○○○년 ○○월 ○○일

조사기간 : ○○○○년 ○○월 1일부터 30일까지

판매점	판매점 수	출하수량	판매수량	판매율(%)
PC양판점A	45	500	456	9.3
PC양판점B	36	400	238	4.9
PC양판점C	21	300	251	5.1
가전양판점A	232	2,000	1,612	33.0
가전양판점B	211	1,800	1,654	33.8
게임전문점A	18	300	286	5.8
게임전문점B	9	120	114	2.3
게임전문점C	7	80	72	1.5
장난감전문점	5	50	50	1.0
기타	32	183	156	3.2
합계	616	5,733	4,889	100

【성과와 고찰】
1. 신상품의 1개월간 출하 대비 판매 수량의 월간 판매수량이 4,889개(85%)로 예상판매수량 4,000개(70%) 이상으로 판매되고 있다.
2. 광고와 영업을 일찍(출시40일전) 전개하고, 판매점을 일찍 확보(616개 점포)한 것과 점포당 마진율도 판매량에 따라 차이를 두어 많이 판매한 점포에 플러스(+)마진율 제도를 채택한 것도 판매에 효과를 보고 있다. 판매가 저조한 점포 중에서 PC 양판점B,C 2사의 판매방법을 조사하여 판매방법을 찾아야 한다.

이벤트 실시 보고서

☑ 작성포인트

이벤트는 상품 대리점을 위한 설명회를 비롯한 상품전시회, 신제품발표회, 세미나, 연구회, 심포지엄, 강연회, 신제품 쇼 등 업종과 업무 형태에 따라 다양한 형태의 이벤트가 있다. 이벤트 실시 보고서에서는 목적, 이벤트 내용, 성과 등을 중심으로 보고한다.

☑ 체크포인트

매스컴 보도자료, 상품게재기사, 경비명세 등을 첨부한다.

신상품 「스톡 스낵」 시판 이벤트 보고서

보고일 : ○○○○년 ○○월 ○○일
보고자 : 광고부 홍보과 성명 ○○○

결재	담당	과장	부장

우리 회사의 신상품 「스톡 스낵」의 시판 전 이벤트를 다음과 같이 실시하였다.

1. **날짜** : ○년○월○일

2. **장소** : 긴자 4가 광장

3. **목적** : 「스톡 스낵」 시판 전 제품홍보

4. 캠페인 내용

이 제품의 TV광고에 등장하는 탤런트 ○○를 캠페인 걸로 하여금, 선착순 200명에게 신상품을 배포. 동시에 추첨 이벤트를 열어 당첨되면 ○○의 직접 사인을 받을 수 있는 이벤트를 실시하였다.

5. 경과

사전에 TV, 신문사, 잡지사 등에 신상품 광고와 함께 이벤트 내용을 안내하여 사전에 매스콤에 기삿거리를 제공하고 당일 취재가 올 수 있도록 하였다. 신문은 주요 일간지, 스포츠지 등 12개사가 이벤트 전일 또는 당일 이벤트 란에 그 내용이 게재하였다.

6. 성과

매스컴의 이벤트 안내 효과가 있어 ○○월 ○○일 오전 11시에 이벤트가 시작됨에도 이미 10시경부터 ○○광장을 가득 메울 정도의 인파(약 400명 정도)로 입장 번호표를 배부하는 등 성황이었다. 또한 신문사, 주간지, TV방송국 등 14개 언론사 삼품담당 기자의 취재가 있었으며, ○○○신문사 및 TV 방송사 등 8개사의 기사화기 있었다.

7. 효과

광고의 효과를 극대화하기위하여 이벤트로 인기 상승 중인 탤런트 ○○가 등장함으로써 예상보다 더 많은 구경꾼(약 400명)이 모였습니다. 신제품은 신문과 TV 등으로 알려졌기 때문인지 신상품에 대한 청중들의 관심이 대단히 하였다. 이벤트가 끝난 뒤 이벤트 참가자들의 승용차로 도로가 한때 정체되어 이를 정리하는데 많은 노력을 기울였으며, 향후 이에 대한 대책이 필요하다.

8. **첨부자료** : 1. 이벤트비용명세서 2. 이벤트진행 사원 3. 신문사별 기사내용, TV이벤트뉴스내용

홍보활동 보고서

✍ 작성포인트

홍보는 일정 기간에 신문이나 TV 등의 매스미디어를 이용하여 여론을 환기시키는 광고활동이다. 최근에는 인터넷을 활용한 판촉 홍보도 늘고 있다. 홍보활동 보고서에서는 보고서 타이틀과 홍보 목적, 실시요령, 성과 등을 기재한다.

✔ 체크포인트

홍보비용 등의 명세는 별지로 기재하여 제출한다.

신상품 홍보활동 보고서

보고일 : ○○○○년 ○○월 ○○일

보고자 : ○○○

소 속 :

결재	담당	과장	부장

 신상품「카레 일품요리 최고 맛」발매에 따라, 소비자에게「말 인형」선물 등을 보내는 홍보를 실시하였습니다.

1. 목적

우리 회사의 올해 기대주 신상품「카레 일품요리 최고 맛」의 지명도를 높이고 판매촉진과 장기적으로는 당사의 이미지 향상과 고객 확대에 따라 홍보활동을 전개하였다.

2. 활동내용

주요 포털사이트의 메일 매거진을 통한 홍보를 실시하여, 홍보 전개내용은 소비자에게「카레 일품요리 최고 맛」의 메뉴에서「당신이 좋아하는 카레 맛」을 한 가지 선택하도록 하였다. 그 중에서 가장 많은 선택을 받은 카레 맛을 선택한 참여자를 추첨을 통해 2000명에게「카레 일품요리 최고 맛」과「말 인형」을 선물하였다. 1000명에게「카레 일품요리 최고 맛」을 보내주었다.

3. 기간

일정 : ○○○○년 ○월 ○일 ~○○○○년 ○월 ○일 (1개월간)

4. 결과

(총 응모자는 약 3,000명)

* ○○인터넷 포털사이트를 통한 참여자 : 1200명
* △△△인터넷 포털사이트를 통한 참여자 : 800명
* ㅁㅁ인터넷 포털사이트를 통한 참여자 : 400명
* 메일 매거진을 통한 당사 홈페이지에 직접 가입한 참여자 : 600명

5. 성과

인터넷을 포털사이트와 메일 매거진을 통한 홍보에 예상을 인원이 참여하였다. 응모자 가운데 당사의 홈페이지 회원에 신규 등록한 사람이 400명이나 되었다. 신규 회원에 대해 향후 지속적인 관리를 통하여 당사 구매 고객으로 유도하는 지속적인 관리가 필요하다.

판매현황 보고서

작성포인트

상품마다 매출수량과 매출금액 등의 상황을 보고하는 것으로, 1일 단위, 주 단위, 월 단위 등, 목적에 따라 집계하여 보고한다. 보고 항목으로는 발매일, 출하수량, 매출수량, 통산매출수량 등을 가능하면 상품별로 기재하여 매출동향분석을 한다.

체크포인트

숫자로 본 매출 동향을 분석함으로써 마케팅에 도움이 되는 정보를 제공한다.

200 년   월 CD 판매현황 보고서

보고일 : 200 년 월 일
소 속 : 마케팅팀 뮤직파트
성 명 :

결 재	담당	파트장	팀장

　　　「서브마린 레벨」CD 200 년 6월분 판매 현황은 다음과 같다.

1. CD판매 현황

	타이틀(코드NO.)	발매일	09출하수량 (통산출하량)	6월분 판매수량	통산 판매수량
A	어드벤처(SF-P235)	09.01	500,000 (500,000)	160,000	480,000
B	럭키 하트(SF-K089)	09.01	300,000 (300,000)	45,000	145,000
C	체인지글러브(SF-P798)	07.01	80,000 (300,000)	70,000	210,000
D	꿈 속(SE-B198)	07.01	90,000 (800,000)	80,000	190,000
E	BIG HITS(SF-T635)	08.10	150,000 (750,000)	120,000	720,000
	합계		600,000 (2,650,000)	475,000	1,745,000

2.판매 분석

(A) "어드벤처"가 6월에 48만장의 판매를 한 것은 아사이TV 히트차트에 5위로 올라와 6월 한 달간 매주 TV에 등장한 것이 기폭제가 되었으며, 이에 5월부터 전국투어콘서트로 "붐"을 이어 간 것이 판매에 기여한 분석된다.

(B) 신인가수 ○○의 싱글 "럭키하트"가 (A)의 전국투어 콘서트에 참여함으로서 콘서트 입장객이 콘서트 현장에서 구매하고 입소문으로 전파하여 인터넷의 구매로 연결되어 일본아마존에서 판매량이 많았다.

(C) "체인지글로브"는 가수에 대한 특정 팬층이 형성되어 올해 신규 팬 회원모집에 따라 CD를 구매한 경우와 꾸준한 구매로 월간 6~7만장의 판매가 6월에도 이어지고 있다.

(D) "꿈 속"은 판매수량이 발매일이 2년여가 되고 있어 매월 줄어들고 있다. 5월의 판매량은 7만장이다.

(E) 'BIG"은 5월에 10만장 판매되었으나 6월에 2만장이 더 판매되었다. 이는 가수의 소극장 공연이 6월 한 달 동안의 계속되어 공연관람자의 현장판매와 입소문으로 신규 구매층이 형성되어 판매량 증가로 이어졌다.

판촉활동 보고서

✒ 작성포인트

판촉 활동 보고서는 판촉 활동의 목적을 비롯하여 기간, 활동 내용, 결과, 효과와 분석 등에 대해 보고한다. 또한 전년도 대비 판매 실적 등 구체적인 수치를 기재한 참고 자료 등을 첨부한다.

☑ 체크포인트

매상고 등의 판촉활동 상품의 집계자료를 첨부하고, 판촉활동에서 취득한 고객의 의견과 반응, 불만 및 요청 사항 등을 정리하여 보고한다.

세일즈 프로모션 활동 보고서

보고일 : ○○○○년 ○○월 ○○일
보고자 : ○○○○
소　속 : 판매촉진부 2과 야마노

결재	담당	파트장	팀장

「 ○○아이스크림 사고 야구 키즈 인형을 받자」는 세일즈 프로모션 활동은 다음과 같다.

1. 제목

「아이스크림 사고 야구 키즈 인형을 받자」

2. 목적

여름시즌의 시작의 '아이스크림' 주 고객층인 어린이를 대상으로 ○○아이스크림의 구매층 확대와 지명도 향상에 역점을 두고 판촉활동을 전개한다.

3. 기간

 200 년 6월 1일부터 6월 30일까지 (1달간)

4. 내용

인기 프로야구 선수의 ○○ ○○의 다양한 키즈 인형을 ○○아이스크림과 함께 팩으로 구성하여 판매한다. ○○아이스크림 포장지에 있는 캐릭터 5개, 10개 15개, 20개를 모아오면 아이스크림 키즈인형팩 A, B, C, D를 받을 수 있도록 구성하였다. 이 판촉 활동은 TVCF, 신문광고, 버스광고, 전철광고, 인터넷 홈페이지 등을 통하여 홍보 및 안내 한다.

5. 결과

2009년 6월 1개월간 판매(15만개) 실적이 전년(10만개)대비 1.5배를 기록하여, 동사 타 빙과 제품보다 월등한 판매 실적을 보였다. 또한 타사의 빙과제품 판매량에 비하여 당사 모든 빙과제품의 6월 1달간 10%이상 더 판매실적을 보인 것은 ○○아이스크림의 판촉활동으로 동반실적을 보인 것으로 판단된다.

6. 비고

판매점에 판매량 대비 출하단가 단계별 하향 조정의 판매동기를 부여하여, 판매점주가 판촉활동기간에 당사 제품 판매에 우선을 두도록 하여, 판촉활동 품목외 당사 다른 빙과제품도 예상을 훨씬 웃도는 동반상승 효과를 올렸다.

경쟁업체 대책 보고서

작성포인트

업계에서 살아남기 위해서는 경쟁업체 대책을 빠뜨릴 수 없다. 경제업체의 특징과 장점, 단점은 무엇인지? 경쟁업체를 조사하고 분석하여 그 결과를 경쟁업체의 실태를 파악하여 보고한다. 또한 조사 담당자로서 경합하고 있는 부분 및 점포에 대한 대책과 의견을 보고한다.

체크포인트

- 경쟁업체의 조사 항목은 상권특성, 고객, 매장구성, 상품, 가격정책, 기타 등으로 한다.
- 경쟁업체를 객관적으로 조사하여 일반적인 상황을 알기 위한 현황조사, 당사 상권에 진입한 경쟁업체의 신규 점포에 대한 대응전략을 세우기 위한 대책조사 등의 항목 등을 구체적으로 기재한다.
- 당사가 신규 진출하기 위하여 기존 경쟁업체의 점포를 조사할 때는 경쟁업체의 비즈니스모델에 대하여 조사한다.

M점에 관한 대책 보고서

보고일 : 200 년 월 일
보고자 : ○○○ ○○
소 속 : ○○○점 지원팀 기획파트

결재	담당	파트장	팀장	본부장

○○○소재 M점에 대한 조사내용을 다음과 같이 보고합니다.

1. **조사대상** : M점 (야마이치점)

2. **조사목적** : 당사 신규진출예정 점포의 지역 내에 경쟁업체 조사

3. **조사내용** :

• 영업시간 : 10:00시 ~ 21:00시
• 건물개요 : 3층 건물, 건평 ○○○평, 1~2층 매장, 3층 관리사무소, 2층 에스컬레이터운행, 지하층 없음
• 매장구성 : (1층) 식료품, 신선식품(생선), 제과점 등으로 구성
(2층) 양품, 잡화, 100엔숍, 양품은 종류 다양, 100엔 숍 실적저조
• 가격정책 : 평균적인 가격체계, 재 구매고객 포인트 서비스 없음
• 주 차 장 : 1층에 나대지에 있고 부지도 넓어 100~150대 이상 주차
• 고객동향 : 1일간 1,000명, 주로 1층 식료품점 내방고객이며, 2층 양품 및 생활용품점은 수는 내방고객의 일간 300명 미만 정도

4. **대책** :

M점포 주변의 고객은 ○○아파트 주민과, 근처 회사에 근무하는 샐러리맨이다. 당사는 다음과 같은 상품으로 경쟁업체와 차별화하여 출점하면 판매에 효과적일 것으로 예상된다.

• 식료품점 : 산지 직송 신선한 채소
• 고객대책 : 포인트 카드 서비스
• 차 별 화 : 사무용품(회사), 제화 및 운동화(회사원), 조식 및 중식 식품
• 개장시간 : 8:00시 ~ 22:00시

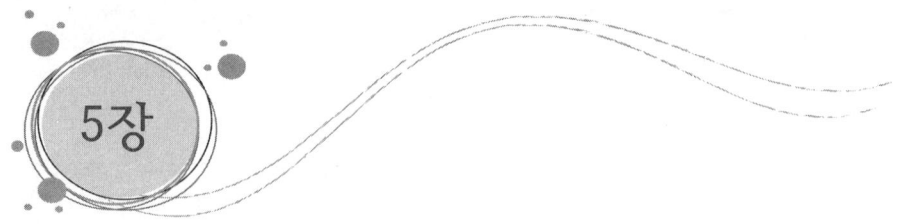

조사보고서 작성사례

1. 신상품개발 시장조사 보고서   122
2. 상거래형태 시장조사 보고서   124
3. 상권 시장조사 보고서   126
4. 소비동향 시장조사 보고서   128
5. 고객 시장조사 보고서   130
6. 기업이미지 시장조사 보고서   132
7. 상품 시장조사 보고서   135
8. 경합기업 시장조사 보고서(1)   138
9. 경합기업 시장조사 보고서(2)   140
10. 상품평가 조사 보고서   143
11. 앙케이트 조사 보고서   145
12. 기업 신용조사 보고서   147
13. 경영자 신용조사 보고서   149
14. 개인 신용조사 보고서   151

조사보고서 작성포인트

현대 마케팅은 팔리는 구조를 구축하는 것이 포인트다. 그러나 자신들만의 생각으로 구조나 계획을 만들면 의미가 없다. 주관이 앞서 시장의 실태를 파악하지 못하기 때문이다. 이런 경우 실시하는 것이 시장이나 고객, 자신의 회사를 객관적으로 파악하기 위해 하는 것이 조사이다.

● **조사절차**

조사 대상은 상품이나 시장, 상권, 소비동향, 고객조사, 기업이미지, 상품, 경쟁업체 등 다양하다. 기본적으로는 우선 목적이나 조사대상, 조사방법, 조사스케줄 등을 결정한다. 그것이 결정되고 나면 구체적인 조사에 따른 정보를 수집하여 그 정보를 모아서 분석해 나가는 일련의 흐름이 된다. 그 목적과 일련의 흐름을 모두 기재한다.

● **조사결과**

조사전문 회사에 의뢰하는 경우 조사회사에서 제공한 자료를 바탕으로 보고서를 제출하는 경우 자사가 필요로 하는 조사결과를 분석하고 평가하여 마케팅에 어떻게 반영시켜 나갈 것인가를 보고하는 것이 중요하다.

신상품개발 시장조사 보고서

조사의 목적, 조사개요, 조사결과, 그것에 기초한 분석과 고찰을 보고한다. 시장 조사로 수집한 자료는 본문에 기재한 내용 중에서 표나 그래프로 간결하게 표기한다.

☑ **체크포인트**

• 조사대상, 조사목적, 조사내용, 조사결과 등은 필수적 기재 항목이다.

• 조사결과에 따른 문제점과 소견 및 제안 사항은 간결하게 본문에 기재하고 그에 따른 내용은 별도로 자료로 첨부한다.

여성용 디지털카메라 시장조사 보고서

보고일 : ○ ○○○년 ○월 ○일
작성자 : ○ ○ ○ ○
소 속 : 개발부 기획파트

결 재	담당	과장	부장	본부장

여성용 디지털카메라 개발을 위한 시장조사 내용을 다음과 같이 보고합니다.

1. 조사목적

여성용 디지털 카메라 개발을 위한 시장조사 및 사양 등의 검토

2. 조사대상

20대부터 50대의 여성

3. 시장규모

2009년 전체디지털카메라 국내시장 규모는 연간 약 300만 대. 2010년도는 전년 대비 80% 증가된 550만 대 예상된다. 시장포화상태에 대비하여 여성용 디지털카메라 시장이 새로운 시장으로 부각되고 있다.

   * 첨부 : 자료1 (2006~2008 디지털카메라 판매추이 및 구매층 분석)

4. 업계동향

• 출점업체 : 장난감회사 ○○, ○○○ 2개사의 4개 품목이 있다.
• 판 매 가 : 4품목 모두 ○만 엔대 미만의 저가형
• 판매대상 : 여고생, 여중생 용
   * 첨부 : 자료2

5. 조사결과

• 시장규모 : 여성용 디지털카메라 시장은 아직 형성이 되어 있지 않다.
• 관   심 : 조사 여성 중에서 80%가 필요성 인정
• 기 능 성 : 현재 3배 줌 이하 제품만 판매 중이다.
• 판 매 가 : 5배 줌 이상의 기능성이 있으며, ○만엔 이상도 구매의사 표시
• 디 자 인 : 브랜드가 아닌 귀여움, 소형, 심플, 독특함을 추구함
   * 첨부 : 자료3

6. 개발방향

• 사양은 고기능·고정밀인 것
• 디자인 면에서는 패셔너블하고 액세서리로 즐길 수 있는 외견과 모양.
• 디지털카메라를 여성의 필수품으로 사용할 수 있도록 기능을 추가 한다.

상거래형태 시장조사 보고서

✍ 작성포인트

상거래 등의 전문분야 조사는 조사전문 기업에 의뢰하는 경우가 많다. 기업 및 부서에서 조사할 경우 기본사항을 파악하여 시장 진입 및 마케팅 관련 사항을 해결하기 위한 목적으로 조사하는 경우 조사목적, 조사사항, 조사결과 조사자의 코멘트 등을 기본적으로 기재한다. 기타 자료는 첨부 자료로 보고한다.

☑ 체크포인트

조사 사항별로 객관적 사실을 작성하고, 조사대상의 현황을 상세하게 기재한다. 조사 시 발견한 문제점에 대한 항목을 기재하고, 조사담당자의 의견을 기재한다.

전자상거래에 관한 시장조사 보고서

보고자 : 200 년 월 일
소 속 : 사업개발팀 기획파트
보고자 : ○○○

결 재	담당	과장	부장	본부장

신규 사업개발팀에서 실시한 「전자상거래에 관한 시장조사」를 한 결과를 다음과 같이 보고합니다. 조사 데이터에 다른 자료는 별도 첨부합니다.

1. 조사목적

일본의 기업간전자상거래(BtoB)의 실태 파악 및 현재의 시장규모, 또한 장래의 시장규모를 파악하기 위하여 조사하였다.

2. 조사기간 : 200 년 1월 1일부터 1월 31일까지

3. 조사범위

전자상거래 전년도 주요전자상거래 업체를 대상으로. BtoB 상거래에 대하여 기업별 업종별로 시장규모에 대하여 조사하였다.

4. 조사방법

　　총 조사업체 : 485개 (조사대상 업체 : 950개사)
- 우편회신조사 : 150개 사업자 (발송 : 250개 사)
- 전자메일조사 : 250개 사업자 (발신 : 600개 사)
- 전화상담조사 : 85개 사업자 (상담 : 100개 사)

5. 2009 BtoB 시장규모

- 2007년도 시장규모 : 약 28조 엔
- 2008연도 시장규모 : 약 40조 엔
- 전자·정보 관련기기 : 약 15조 엔
- 자동차 관련 품목 : 약 12조
- 화학, 산업기계 : 약 3조 엔
- 종이·사무용품 : 약 10조 엔

6. BtoB 시장의 전망

조사대상 업체의 전년도 대비 매출 신장률은 20%~140%, 평균 70%의 급성정을 보이고 있어 5년 후에는 BtoB 시장규모가 약 130조 엔에 달 할 것으로 예상된다. 업종별로 건설 자재와 의류, 사무용품의 신장이 매년 100% 이상의 신장이 예상된다.

상권 시장조사 보고서

✍️ 작성포인트

상권조사는 기본적으로 상권 전체의 구매 실태와 수요를 조사하여 상권을 분석 및 평가하는 것이다. 작성할 때는 조사목적, 실시 기간 및 시간, 조사범위, 조사대상, 조사방법, 조사내용, 조사결과 등에 조사담당자의 기초한 코멘트 등을 기재한다.

✔️ 체크포인트

- 조사 지역, 기간, 시간, 장소를 정확하게 기재한다.
- 조사 근거가 되는 자료를 되도록 숫자로 표기한다.
- 조사 대상, 지역, 장소 등의 사진을 첨부한다.

N시 상권 시장조사 보고서

보고일 : ○년○월○일
소　속 : 조사기획부
제출자 : 다카노 야스오

결 재	담당	팀장	이사	사장

　　　N시의 상권조사에 대하여 다음과 같이 조사 개요를 보고합니다.

1. 조사목적

N시는 ○○아파트 단지의 입주로 3만명 인구의 대폭적인 증가로 최근 대형점과 교외형 점포의 출점이 활발해지고 있으며, 인구 증가로 인한 상업 환경이 크게 대형화와 시장이 활성화되고 있다. 이 조사는 N시의 상업 환경과 소비자의 동향을 파악하여 당사의 점포 출점에 검토를 위한 조사이다.

2. 조사기간 : ○○○○년 ○○월 ○○일 ~○○○○년 ○○월 ○○일

3. 조사대상 : 가구 : 1,023세대,　지역 :　○○지구, ○○지구, ○○지구

　　　　　　　점포 : 할인점 ○○마트, 편의점 ○○, 일반 ○○

4. 조사방법 : 조사가구 : 1,023세대, 조사응답가구 : 653세대 (응답율 : 63.8%)

　　　　　　　* 가구별로 자료를 배포하여 1~7일까지 회수

5. 조사품목 : 생활용품, 가구, 철물점, 의류 등 15품목

6. 조사결과 :

- 인구의 추이 : N시 인구 5만명(2006)에서 8만명(2008)으로 증가, 대규모 맨션과 신흥주택의 건설로 3만명이 증가하고, 2009년 ○○단지 아파트가 완공되면 2만명이 더 증가하여 N시는 인구 10만명의 도시가 된다.
- 상권의 변화 : 주택지역의 A,B상업지역은 인구감소로 상권이 쇠퇴하고, 아파트지역 C, D, E 상업지역이 새로운 상건으로 급격히 이동하고 있음
- 점포의 변화 : 주택지역에서 기존소매점이 생활용품을 취급하고, 아파트 단지는 할인점 1곳, 편의점 10곳, 가구전문점 4곳 등 전문점이 계속 출점하고 있으며, 대형식당(300㎡이상) 6곳 출점이 크게 증가하고 있음

7.고찰

N시는 지역개발에 의해 주택단지의 인구가 감소하고 신아파트단지로 인구가 급격히 이동하고 있음, 주택단지도 향후 2015년 까지 아파트 단지로 재개발예정에 있음, 인구는 2015년 20만명이 예상되고 있음, 상권은 신주거지역(아파트단지)와 (구주거지역)주택단지의 2개의 상권으로 형성되어 있어, 향후 주택단지 개발을 계획을 참조하여 신주거지역의 주택지역 가까운 C상업지역에 출점이 유리하다 판단됨

소비동향 시장조사 보고서

작성포인트

소비(구매)동향은 판매상품의 POS시스템의 고객별 구매동향을 파악하여 조사하는 방법과 구매자를 전화 또는 판매 현장에서 조사항목별로 조사하는 방법, 특정한 상품과 고객을 대상으로 조사하는 방법이 있다. 작성포인트는 조사목적, 조사상품, 조사대상, 조사방법, 조사결과 등의 기본적 사항을 작성하고 그에 다른 조사자의 고찰을 기재한다.

체크포인트

조사 자료는 조사응답자가 판단하기에 애매한 질의사항을 포함하지 말고 응답자 누구나 판단하기 쉬운 질의사항을 기재한다. 예를 들면 '이 상품을 어떻습니까?'가 아니라 '최근에 ○○상품을 구매하신적이 있습니까?' 등으로 '네' '아니요'로 판단하기 쉬운 표현을 쓴다.

보고서는 숫자로 표기되는 그래프로 표기하면 보는 이가 이해하기 쉽다.

화훼소비 시장조사 보고서

보고일 : ○○○○년 ○○월 ○○일
소　속 : ○○화훼판매장
보고자 : ○○○

결 재	담당	팀장	이사	사장

　　S현의 ○○○주민을 대상으로 소비(구매) 동향을 다음과 같다.

1. 조사목적

S현의 ○○화훼판매장의 화훼수요확대를 위하여 S현의 ○○○주민을 대상으로 화훼에 대한 관심과 구매의향, 좋아하는 것, 구매하는 것, 가정에필요한 것 등을 파악하여 수요확대 및 판매 촉진에 기여하고자 조사하였다.

2. 조사방법

S현 내 S현의 주민 A지역 100명, B지역 150명, C지역 250명 합계 500명을 직접대면 조사하였다.

3. 조사기간

 200 년 3월 1일 ~ ○○○○년 3월 30일 (30일간)

4. 조사내용

● 화훼를 구매할 때 포인트는?

품종	프리지아	장미	서양 난	칼라
계절	봄 250명 (50%)	여름 100명 (20%)	가을 200명 (40%)	겨울 50명 (10%)
가격	3천엔 미만 (60%)	3천엔~5천엔 (20%)	5천엔~1만엔 (15%)	1만엔 이상 (5%)
색상	노랑 (20%)	붉은색 (15%)	흰색 (10%)	기타 (55%)
선물	합격 (40%)	승진(30%)	합격 (20%)	기타 (10%

● 화훼 구입처는?

꽃집	200명 (40%)		노상	60명 (12%)
전문 원예점	100명 (20%)		할인점	40명 (8%)
수퍼마켓	80명 (16%)		농장	20명 (4%)

고객 시장조사 보고서

✏️ 작성포인트

　고객의 정보를 대상으로 고객의 구매기회를 분석하고 니즈를 찾아, 판매촉진으로 이어지도록 하기 위해 조사하는 것으로, 조사 고객의 구매상품과 이에 대한 사항을 작성하는 것이 포인트이다. 조사의 목적, 방법, 기간, 내용, 조사자의 고찰 등을 기재한다.

✔️ 체크포인트

* 고객의 상품에 대한 반응에 대하여 체크한다.
* 고객이 지적하는 문제점에 대하여 기재한다.

고객만족도 시장조사 보고서

보고일 : ○○○○년 ○○월 ○○일
소 속 : ○○ 회원사업부
보고자 : ○○○

결재	담당	팀장	이사	사장

당사의 구매카드 회원에 가입한 고객을 대상으로 고객 만족도 조사를 다음과 같이 하였다.

1. 조사목적

당사의 서비스에 대해 문제점 파악하고 고객 서비스를 전개하기 위하여 조사한다.

2. 조사 대상과 방법

당사의 회원 중에서 최근 당사의 물품을 구매한 고객 1,000명을 무차별 추출하여 전화로 조사하였다.

3. 조사기간 :

  ○○○○년 ○월 ○일~ ○월 ○일

4. 조사내용

(1) 구매물품에 「만족한다」「거의 만족한다」는 고객이 60%
 이 중 「만족하는 고객」의 50%는 10년 이상된 고객이다.
(2) 「만족하지 않는다」혹은 「별로 만족하지 않는다」는 고객은 40%
이 중 「만족하지 않는다」는 불만고객의 40%는 재구매를 하지 않았다.
(3) 쇼핑에 대해 전화 등으로 클레임을 말한 적이 있는 고객은 18%.
 이 중에 「해결했다」는 고객은 7%, 나머지는 「납득 못한 채」「그 이후 이용하지 않는다」는 고객이 9%에 이르고 있다.(2%는 무응답)

5. 고찰

고객의 30%는 10년 된 우수 고객이지만, 그 이외의 고객은 고정 고객이 되지 않고 유동적이다. 또한 클레임을 말한 적이 있는 고객으로 「납득할 수 없다」는 고객은 회사와 상품에 대한 불만을 타인에게 불매를 권한다. 고객의 클레임 처리의 대응이 나쁘면 판촉활동에 애로점이 되어 그에 대한 대책을 세워야 한다.

기업이미지 시장조사 보고서

✍️ 작성포인트

산업재편이나 경영개혁이 추진되고 있는 오늘날 「기업이미지」는 기업의 장래에 영향을 끼치는 중요하다. 기업이미지 조사는 광고 및 홍보 전문회사 또는 리서치 기업에서 업무를 대행하기도 한다. 이때 담당자는 위탁조사의 처음에서 끝까지 업무일지를 기록하여 조사위탁용역에 대한 보고서를 제출한다.

회사에서 자체적으로 조사를 하는 경우 조사목적, 조사대상, 조사항목, 조사결과, 담당자의 의견 등으로 작성한다.

☑️ 체크포인트

- 조사항목의 구성을 조사목적에 맞게 구성한다.
- 조사결과에 대한 담당자의 코멘트는 선입견을 배제하고 견해를 작성한다.
- 조사 자료를 첨부한다.

야마토전기 기업이미지 조사보고서

보고일 : ○○○○년 ○○월 ○○일
소 속 : ○○○○팀 대리
성 명 :

결 재	담당	팀장	이사	사장

당사의 하반기 기업이미지 조사는 다음과 같습니다.

1. 조사목적

당사의 ○○상품 출시에 따른 경영전략를 수립하기 위하여 기업의 인지도, 광고접촉도, 이미지 등을 조사를 하여 제품전략, 브랜드전략, 마케팅전략, 기타 전략 등을 재점검하여 출시전략을 수립하기 위하여 조사하였다.

2. 조사 대상 및 방법

「월간전기산업」의 독자를 대상으로 10,000명을 대상으로, 월간지에 조사표 첨부하여 회신자료로 조사 데이터를 추출한다. "월간전기산업"은 관련업체와 전문가 및 실무자 들이 주로 구독하는 전문잡지로 당사와 동일한 기능을 가진 제품을 사용하는 기업들이 주 구독자이다. 이에 따라 "월간전기산업"의 협조로 본 조사를 실시한다.

3. 조사항목

● 인지도 ● 호감도 ● 광고접촉도 ● 품질도

4. 조사기간

○○○○년 ○○월 ○○일 ~ ○○월 ○○일

5. 조사결과 (조사 참여자 : 8,500명 : 85%)

● 당사를 얼마나 알고 있습니까?

조사항목	조사인원	인지도	비고
회사와 규모를 안다	260명	3%	
회사와 제품을 안다	2,360명	28%	
회사명만 안다	5,630명	66%	
전혀 모른다	250명	3%	

● 당사에 대한 호감은 어느 정도입니까?

조사항목	조사인원	호감도	비고
매우 친숙하다	210명	3%	
조금 친숙하다	1,140명	13%	
보통이다	6,130명	72%	
친숙하지 않다	1,020명	12%	

● 당사의 광고・CF를 본적이 있습니까?

조사항목	조사인원	접촉도	비고
자주 보았다	2,610명	31%	
가끔 보았다	4,230명	50%	
한번쯤 보았다	1,300명	15%	
전혀 본적이 없다	360명	4%	

● 당사의 제품에 대하여 얼마나 알고 있습니까?

조사항목	조사인원	제품인지도	비고
5 품목 이상 알고 있다	3,250명	38%	
2 품목 이상 알고 있다	4,510명	51%	
1 품목은 알고 있다	160명	2%	
전혀 모fms다	580명	9%	

6.고찰

조사에 응답한 사람 중 66%가 당사의 회사명을 알고 있다. 하지만 이는 월간 전기산업 구독자의 80%가 전기산업 종사자인 것을 감안하면 인지도 낮은 상태이며, 일반인을 대상으로 할 때는 인지로가 더욱 낮은 기업으로 평가 될 것이다. 또한 호감도의 조사에서 그저 보통이라고 대답한 사람이 72%인 것은 그저 평범한 회사로 전기산업업체에 알려져 있다는 것이 이번 조사의 결과이다. 회사 제품의 품질과 디자인을 혁신하고, 브랜드전략을 도입하여 거래업체에게 특별한 기업으로 인지되도록 하여야 한다. 또한 이 조사를 바탕으로 거래업체를 대상으로 "품질도, 디자인, 애프터서비스"등의 고객만족도 조사를 해서 개선점을 찾아야 한다.

상품 시장조사 보고서

작성포인트

상품에 관한 마켓 리서치도 목적에 따라 다양한 방법이 있다. 여기에서는 한 상품에 대해 그 이용 경험과 이용 상황, 선택 시의 포인트 등을 인터넷 등을 통해 조사하는 경우이다. 보고서의 작성은 기본적 조사항목이다.

체크포인트

- 인터넷을 통하여 조사하는 경우 조사항목은 조사담당 팀원의 의견을 수렴하여 다수의 의견을 종합하여 조사항목을 5가지 이내로 조사항목으로 한다.
- 인터넷을 통한 조사를 하는 경우 관련 상품에 따라 조사대상을 학생, 주부, 일반인, 회사원, 전문인 등, 조사에 응한 사람의 나이, 직업, 직책, 직위 등을 파악할 수 있어야 조사의 신뢰도를 높일 수 있다.
- 조사항목의 구성에서 조사에 응하는 사람이 습관적으로 체크하는 항목은 조사데이터의 분석에서 저평가 하여야 한다.

영양드링크제품의 이용에 관한 시장조사 보고서

보고일 : ○년○월○일
소 속 : 판매기획부
성 명 : 사토 에츠노부 주임

결재	담당	과장	부장	이사	사장

영양드링크제 시장에 대한 조사내용은 다음과 같습니다.

1. 조사 목적 :

당사의 영양드링크제 음료의 신규 진출을 앞두고 최근의 음료시장 소비자 동향 파악을 위한 조사이다.

2. 조사내용 :

소비자의 영양드링크제 이용경험, 이용목적, 선택포인트, 이용자의 희망사항 등에 대한 조사

3. 조사기간 : (30일간)

○○○○년 ○○월 ○○일 ~ ○○○○년 ○○월 ○○일

4. 조사대상 :

● 나이 : 성인 19세 ~ 60세 포털사이트
● 인원 : 23,450명
● 방법 : ○○ 포털사이트 등록회원 중 회신 회원

5. 조사비용 : ○○○만엔

6. 조사내용 :

● 영양드링크의 이용경험은?		
1	항상 이용하고 있다	9%
2	가끔 이용하고 있다	35%
3	이용하지 않는다	56%

● 영양드링크의 이용목적은?(복수답변)		
1	건강을 유지하기 위해	54%
2	피로를 풀기 위해	76%
3	몸에 좋은 느낌이 들어서	42%
4	그냥 마신다	13%

● 영양드링크를 선택하는 포인트는?		
1	브랜드로 고른다	23%
2	업체를 보고 고른다	10%
3	CF를 보고	34%
4	가격으로 고른다	28%
5	판매점에서 권해서	5%

● 어떤 영양드링크를 바라나요?		
1	효과가 빨리 나타난다	46%
2	효과가 오래 지속된다	28%
3	마시고 상쾌하다	18%
4	매일 마셔도 질리지 않는다	8%

7. 코멘트

영양드링크제를 이용하는 사람은 조사내용과 같이 44%가 1번 이상은 이용하고
있어, 영양드링크제 시장은 정착되었다. 이용하는 목적은 「피로를 풀기 위해」
가 1위이며 이어서 「건강」이어서 영양드링크에 대한 기대는 크다. 선택하는 포
인트로는 브랜드를 보고 선택하고 있어 광고 효과가 크다는 것을 알 수 있다.
영양드링크제를 선택하는 요구사항은 「효과」로 이에 대한 효과 포지션이 중요
하다.

경합기업 시장조사 보고서(1)

작성포인트

규제완화와 구조개혁 등의 영향으로 종래의 시장이 개방되어 감에 따라, 동종 업체만아니라 다른 업종에서도 속속 시장에 진출함으로서 업종을 불문하고 시장에서 경쟁하게 되었다. 경합기업을 조사는 조사상품의 매출액규모, 시장에서의 위치, 시장진입 기간, 상품의 종류, 상품의 경쟁우위 등의 조사내용을 작성한다.

체크포인트

① 경합기업의 경영전략
② 경합기업의 영업전략
③ 경합기업의 상품전략
④ 경합기업의 최근동향

MS에이스(주) ○○점 동향조사 보고서

SC본부장 귀하

보고자 : 하타노 테츠야
소   속 : 영업부 마케팅과
보고일 : ○○○○년 ○○월 ○○일

MS에이스(주) 점포에 관한 실태와 최근 동향에 대한 조사를 다음과 같이 보고합니다.

1. **조사목적** : 경합점 MS 에이스의 최근 동향

2. **조사방법** : 현지조사(자료수집, 현지관계자, 고객 등으로부터 청취 외)

3. **조사시기** : ○○○○년 ○월 ○일 ~ ○월 ○일

4. **조사내용** : 당사 출점에 대응한 MS 에이스의 경합 대책에 대하여

5. **조사결과** :

● 경영 방침
 • 권내 최대의 슈퍼마켓으로 경합점에 좌우되는 영업전략을 취하지 않는다.
 • 바른 경영이념과 강한 기업체질을 구축한다.

● 최근 동향
(1) 주력 점포의 대규모 리모델링 실시
작년 ○월에 약 1억 엔을 투자하여 주력 점포인 사쿠라SC를 리뉴얼. 외장 전면을 새로 바르고 에스컬레이터를 설치, 리모델링에 동반되는 판매촉진활동을 실시(리모델링 특별 판매), 양품 매장의 확대(○○○㎡)에 의한 유아·아동복 상품 구성을 하여, 당사 점포의 진출 및 오픈에 맞춘 대응이다.
(2) 포인트 카드제도 도입
작년 ○월부터 쇼핑고객에게 할인해 주는 쇼핑 포인트 카드제를 도입했다.
 • POS시스템에 의한 고객정보수집과 고정고객확보 점포전략을 구사함.
 • 금년 ○월까지 6개월간 4만 명 가입, 권내 세대의 5분의 3를 차지한다.

● 향후 예정
 • 금년 ○월에 식품 최대의 메이커인 카에데SC를 입점할 예정이다.
 • 금년 ○월에 고객확대 전략으로 생활 및 문화 강좌을 위한 문화센터를 개설한다 함

6. **첨부** : 점포 사진, 진열상태, 사원의 표정, 기타,

경합기업 시장조사 보고서(2)

작성포인트

당사와 경합점을 비교하는 조사는 조사항목, 조사내용이 필수항목 이며 필요에 따라 비교항목을 추가 할 수 있다.

✔ 체크포인트

체크 포인트는 당사에 없는 경합점포의 비교우위는 무엇인가에 있다. 정해진 조사항목도 중요하지만 경합점포만이 가지고 있는 고유한 고객유치 포인트가 무엇인가를 유형이든 무형이든 체크하여야 한다.

• 경합기업의 장점
• 당점에 없는 경합기업의 특징

슈퍼 「마운틴 우와마치점」에 관한 시장조사 보고서

○○ 영업본부장

(보고일) ○○○○년 ○○월 ○○일
(소 속) 영업부 조사과
(보고자) ○○○ ○○○

● 조사목적

당사 「트림 나카마치점」과 상권이 겹치는 경합점 「마운틴 우와마치점」이 6개월 전에 오픈했다. 그 영향으로 개점 시에는 매출 면에서는 상당한 타격을 받았지만 현재는 거의 회복되었다. 앞으로 동점과는 경합관계가 이어질 것으로 예측되므로, 동점의 영업실태를 조사하고 우위성을 유지하는 점포 전략 입안을 위한 자료로 삼는다.

● 조사내용

구분	트림 나카마치점	마운틴 우와마치점
개점	○○년 ○○월○○일 (개점 5년째)	○○년 ○○월○○일 (개점 1년째)
매장규모	○○○○㎡ (2층)	○○○○㎡ (3층)
상권	○○시 ○○현 구 주택단지	○○시 ○○현 신 아파트단지
주차장	58대 (옥상)	200대 (지하1층)
영업시간	10:00 ~21:00	10:00~24:00 (○○년 4월1일 시행)
매장구성	1층 : 식품 2층 : 생활용품, 주류, 잡화 주 상품 : 생활용품	1층 : 식품, 주류, 제과점, 약국 2층 : 생활용품 3층 : 잡화 주 상품 : 일반식품, 생선
배달	당일배송	당일배송
포인트 서비스	카드제도. 100엔 당 1포인트. 매주 수·일요일은 포인트 10배로. 현금으로 환원.	카드제도. 평일 오전 중에 매상고의 3%를 포인트로 누적하고, 상품 구매 시에 환원.
서비스	생수 제공(㎟)	생수제공 (100㎟)
가격	생활용품가격 5% 저렴	식품가격 2% 저렴

고객현황	마운틴의 개점으로 식료품의 고객 5%가 감소하고 있지만, 생활용품의 고객은 약 2% 오히려 증가하고 있다.	○○지역의 ○○슈퍼마켓의 폐점으로 식품점의 고객이 10% 정도 증가하였다
진행공사	○○년 ○○월 주차 타워건설 (100대)	*
향후전망	주차 문제가 해결되면 생활용품의 고객이 다서 증가예상	배송 기지가 대규모 맨션이 건설될 계획이 있어 가까운 장래에 고객의 대폭적인 확대가 예상된다.

●정리

• 표를 비교하면 알 수 있듯이 상품, 서비스(포인트 서비스·물의 무료 제공 등)와 함께 확실히 당점을 의식한 전개를 하고 있다는 것을 알 수 있다. 고객 흡입력이 있는 포인트 10배 서비스에서는 당점과 배팅하지 않도록 대응하고 있다.

• 주차장에 대해서는 마운틴이 당점의 배 이상이며, 게다가 당점보다 정비되어 있어 고객이 편리하다.

• 마운틴 우와마치점의 주위에 최근 맨션이 잇따라 건설되고 있으며 입지 면에서 우위. 앞으로도 고객 수의 증대가 예상된다.

6.고찰

이처럼 동점과는 상권에서 경합하고 있다. 단 그 이외에는 주변에 주된 슈퍼가 없고 지역의 소비자는 전단지 등에 의해 어느 쪽인가를 선택해 내점하는 경향이 있다. 지금은 서로 고객 서비스 경합을 함으로써 균형을 유지하고 있으며 앞으로 절차탁마함으로써 보다 넓은 상권의 고객을 효과적으로 유치할 수 있지 않을까 생각한다.

공존공영적인 방향성을 가진 전략도 생각할 수 있지만, 오히려 약육강식 시대로 파악하는 것이 정당한 사고방식이며 다시금 전략 면에서의 깊이 의논해 나가는 것이 필요할 것이다.

상품평가 조사 보고서

작성포인트

상품 평가는 자사의 상품을 출시 전에 고객반응을 살피기 위하여 실시하는 경우와 거래처 발굴을 위하여 상품 조사를 하는 경우로 구분할 수 있다.

상품의 평가 또는 사전조사를 목적으로 평가활동의 조사를 하는 경우 조사대상, 조사장소, 조사방법, 조사결과 등의 평가항목에 대하여 정확하게 작성하여야 한다.

체크포인트

거래선 및 상품을 발굴하기 위한 목적일 경우 상품에 대한 프레젠테이션 자료, 평가자료 등을 보고서와 별도로 첨부한다.

호주산 치즈에 대한 조사 보고서

보고처 : ○○점(구매부)장 귀하 　　　보고일 : ○○○○년 ○○월 ○○일
보고자 : ○○○ (구매부 식품파트)

　○○○○년 ○○월 ○○일에 도쿄호텔에서 개최된 「호주산 치즈 페어」 시식회에 참석하여 시식한 치즈에 대한 조사내용은 다음과 같습니다.

1. 목적
당사 유제품의 거래선 및 상품 다양화를 위하여, 호주산 치즈페어에 참가하여 일본에서 지명도가 없어 평가++98987f
d'g;하[ptod;일헤040가 정해져 있지 않는 호주산 치즈의 상품가치와 출품회사별 거래 조건 등에 대한 정보를 수집한다.

2. 출품 상품 및 제조사 : ○○○○(주)외 8개사　　○○사 ○○상품

3. 조사방법 : 시식 (시식자 3명)
　○○○○ (식품파트), ○○○○(유제품가공팀) ○○○(유제품연구소)

4. 조사내용
　호주산치즈페어에서 우선 주최자측은 출품된 치즈와 와인, 빵, 말린무화열매 등을 곁들인 시식회, 도 소개. 실제로 시식했을 때 매우 잘 어울려서 놀랐습니다.

● 하얀 곰팡이 치즈·세미하드치즈·하드치즈류
산양의 우유로 만들어진 치즈와 양 우유 치즈에 식용 라벤다를 알갱이채로 섞은 세미하드치즈 등 독특한 치즈가 있고, 게다가 전자는 적포도주에 적합, 후자는 홍차나 허브티에 잘 어울린다. 그밖에 우유로 만든 양 풍미가 나는 치즈는 파스타에 뿌리면 아주 제격이다. 또한 향기가 좋아 깊이 있는 하드타입 치즈, 우유에 크림을 더해 만든 흰 곰팡이 치즈 등 매우 다양하다.

● 블루치즈, 워시치즈(wash cheese)
9개월 숙성한 하드타입 치즈를 스모크 시킨 고소한 향의 치즈, 베터 카로틴이 가득 있는 노란색 우유로 만든 파란 곰팡이 치즈, 부드럽고 푸른곰팡이의 톡쏘는 맛이 맛있는 푸른곰팡이&워시 타입 치즈 등 다양하다.

5.특기 사항
　치즈로 말하자면 유럽이 주류입니다만, 시식을 통해 호주산 치즈 특유의 질과 좋은 맛을 재확인. 일본 시장에서도 높은 평가를 얻을 것입니다. 긍정적인 검토를 바랍니다.

앙케이트 조사 보고서

작성포인트

　조사목적에 기초하여 그에 최적인 조사내용, 조사방법을 선택하는 것이 중요하다. 조사결과에 대한 고찰 등 가능한 한 객관적으로 기술한다.

✔ 체크포인트

① 조사결과는 표나 그래프로 표시하면 더 보기 편하다.
② 고찰 시에는 조사결과를 객관적으로 평가하는 것이 중요하다.
③ 타 부서의 관련 스텝을 포함하여 의논한다.

새로운 CF에 관한 소비자 호감도 조사

받는자 : 광고홍보부 부장   보고일 : 20○○년 ○○월 ○○일
보고자 : ○○○(홍보부 계장)

1. 조사목적

당사의 TV CF가 소비자에게 어느 정도 인지되고 호감을 얻고 있는지, 또 CF
에 의해 신상품을 갖고 싶어졌거나 구입하고 싶어졌는지를 조사하여 CF효과
를 측정한다.

2. 조사대상/샘플링방법

수도권에 사는 일반 소비자 남녀 1,000명을 대상(인구 구성비에 기초하여 선
정)

3. 조사방법

순수 상기법(想起法)에 의한 직접 앙케이트 조사

4. 조사기간

약 10일간(TV CF 1개월간 방영 후)

5. 조사결과

Q1. 당신은 A사의 신상품 TV CF를 본 적이 있습니까?
* 몇 번이나 본 적이 있다   63%
* 본 적이 있다   24%
* 본 적이 없다   13%

Q2. 본 적이 있는 분은 그 CF에 호감을 가졌습니까?
* 호감을 가졌다   21%
* 보통 호감을 가졌다   37%
* 특별히 호감을 갖지 않았다   35%
* 별로 좋아하지 않는다   7%

Q3. CF를 보고 신상품을 사고 싶다고 생각했습니까?
* 실제로 구입했다   18%
* 사고 싶다   13%
* 별로 사고 싶다고는 생각하지 않는다 39%
* 사고 싶은 마음이 없다   30%

6. 고찰

이번의 신상품 TV CF를 「본 적이 있는」분은 90% 가까이 되며, 많은 소비자
에게 신상품이 인지되었다고 볼 수 있다. 그 중에서 신상품에 「호감을 갖는
분」은 거의 60%가까이 이르며, 「사고 싶은」분은 실제로 구입한 분을 포함해
31%에 이른다. 그런 의미에서 신 CF는 소비자의 구매의욕을 환기시키고 남은
2개월간 CF 방영을 통해 더욱 신상품의 지명도, 구매의욕이 높아질 것이다.

기업 신용조사 보고서

작성포인트

기업의 신용조사로서는 각종 거래와 흡수·합병 등의 경우에 대상이 되는 회사의 "사람, 사물, 금전"에 관한 정보를 취득한다.

기본적으로는 신용조사회사에 위탁하는 경우가 많으므로 보고서는 조사의 주된 조사취지·조사목적, 조사개요, 조사결과, 소감 등 그 요지를 간결하게 정리한다.

체크포인트

조사데이터를 정확히 기술한다. 현황과 전망, 기술력 등을 기술한다.

① 자산, 인원(직원, 임원, 대표), 업적(과거, 현재, 전망)

② 자금, 상품

③ 기술, 노하우

④ 설비 (공장, 사무실, 기계, 기타)

치다테크(주) 신용조사 보고서

◉ 귀　중 : 총무부장　　　　　　　　◉ 보고일:　　년　　월　　일
◉ 보고자 : 총무부 계장　○○○

◉ 회사명 : 치타테크(주)
- 조사목적 : 신규거래에 따른 신용조사.
- 조사기관 : (주) 기업조사연구소

◉ 회사개요
- 설　　립 : 1970년 10월 1일
- 자 본 금 : 1억엔
- 사업내용 : 자동차가전제품 및 통신기기 등 프레스금형설비·제작 및 프레스제품의 제조
- 거 래 처 : 자동차부품업체 및 전자기기업체 30사 (별첨참조)
- 직 원 수 :　268명

◉ 실적
○년 ○월 사업기는 자동차의 국내 수요가 침체되었지만, 통신기기 등의 프레스부품이 호조를 보여, 매출고는 전년대비 3% 증가된 35억 3,000만 엔, 경상이익 5억 2,000만 엔, 순이익 1억 3,000만 엔이었다. 이번 기의 전망은 경기회복이 예상되므로 자동차 및 통신기기의 신장이 기대되고, 매상고 38억 엔, 경상이익 5억 8,000만 엔을 예상한다.

◉ 자금현황과 조달력
매상고 증가에 동반하는 운전자금의 수요증가를 할인하여 보충하여 순조로움. 자동차부품의 수요가 호조를 띠며 설비투자도 활발하고 충분한 담보 전력도 있으며, 주력 N은행으로부터 조달하고 있다.

◉ 기술현황과 향후 전망
금속가공업체로서 30년 이상의 실적이 있으며 거래처와의 관계가 양호하다. 그 중에서도 동사는 금형전용공장을 보유하고 금형 설계제작부터 금형가공까지 일반 생산할 수 있으므로, 품질·납기·가격 면에서도 우위로 대응할 수 있다고 생각된다.

경영자 신용조사 보고서

✍ 작성포인트

기업 대표인 경영자의 신용조사는 기본적으로 조사기관 위탁조사, 자체조사, 기밀조사 등을 한다. 조사기관에 의뢰하는 경우 주된 조사항목의 설정에 주의한다. 자체조사를 실시하는 경우 전문적인 조사는 조사기관에 의뢰하고, 일반적 평가 등을 조사하는 경우이다. 기밀조사의 경우 가족사, 주식보유현황, 불법행위 등이 이에 해당한다.

조사의 주된 취지, 목적, 조사결과, 첨부자료, 소감 등을 기술한다.

✓ 체크포인트

조사목적에 따라 조사내용도 바뀌므로 무엇을 위한 조사인지를 명확하게 한다.

○○기업 ○○사장에 관한 신용조사 보고서
(사내외기밀)

- 귀 중 : 대표이사
- 보고자 : 인사과장   ■ 보고일 : 200 년 월 일

 만다테크 주식회사의 경영자 만다카즈오사장의 경력과 인물에 대한 조사내용은 다음과 같습니다.

1. 조사목적 : 신규 거래에 따른 경영자 신용조사

2. 조사대상 : 만다테크(주) 사장 (만다카즈오)

3. 조사기관 : (주)기업조사 시스템즈

4. 조사내용 :

- 성명   : 만다 카즈오
- 생년월일 : 1940년 10월 1일
- 현주소   : 도쿄도 치요다구 ○○의 ○ 전화 03-○○○-○○○○
- 이력   : 77년 3월 T대학 법학부졸업
            77년 4월 마루히시물산 기획부 입사
            77년 8월 동사를 퇴사하고 만다테크노(주) 입사
            82년 4월 만다테크노(주) 이사로 취임
            93년 4월 동사 대표이사장에 취임
- 사장경력 : 동종업무경험 10년 2개월, 경영자재직: 5년 2개월
- 인   물 : 신중하고 돌다리도 두드리는 성격이지만, 기획력·영업력·실행
            력 있음
- 취   미 : 학생 때는 럭비선수, 현재는 골프, 음주(맥주 4병)
- 인   맥 : 젊은 경영자와의 교제는 많으며 친분을 잘 쌓고 배려심이 좋음
- 가   족 : 아버지·어머니·아내·자녀 2명(1남·1녀)
- 재산 및 소득 : 신고납세액 ○년 1,204만 엔
            자택 보유 상황 자가 소유 토지 150평 건평 112평

5. 평   가 :

회사 및 업계에서 「인간성은 매사에 신중한 편으로 좋은편이고, 경영자로서 신중하고 투명한 한 경영으로 매사에 철두철미하다」고 높게 평가. 현시점에서 거래처 파트너로서 문제는 없다.

개인 신용조사 보고서

✎ 작성포인트

　우수한 기술자와 기획인력, 혹은 기업의 주요인물이 될 만한 인물에 대해 헤드헌팅하는 경우 등의 조사. 본인의 학력이나 경력(직력), 인품 등에 대해 조사한다.

✔ 체크포인트

- 조사기관의 정보에 대하여 정확한 확인을 받고 싶을 경우에는 복수의 조사기관에 의뢰하는 등 필요하다.
- 어디까지나 전체기밀 정보이므로 취급에는 신중을 기하는 것이 필수다.

기술 인력에 관한 신용조사 보고서
(전체 기밀)

- 귀 중 : 사장
- 보고자 : 인사부 과장
- 보고일 : 200 년 ○ 월 ○ 일

　ESU사 히야마 카즈히코씨에 관한 건에 대하여 다음과 같이 조사내용을 보고합니다.

1. **조사목적** : 신규 사업에 동반되는 신규사업부 최고경영자 인재 탐색

2. **조사개요** : ESU사 히야마 카즈히코씨에 관한 전반적인 조사

3. **조사기관** : 탑서치주식회사

4. **조사대상** : **히야마 카즈히코씨**

- 소　속 : ESU사 IT 컨설팅 사업부장 주석 비즈니스 컨설턴트
- 현주소 : 가나가와형 S시 T쵸 ○-○ 전화 ○○○-○○○-○○○○
- 경　력 : 1970년 3월 A대학 정보학부 정보학과 졸업
　　　　　1970년 4월 ESU사 입사
　　　　　1972년 4월 기업 시스템 사업부 과장
　　　　　1982년 4월 SI사업부 시스템부 부장
　　　　　1992년 4월 IT컨설팅 사업부 사업부장 겸 수석 비즈컨설턴트
- 실　적 : IT 시스템의 기획 및 컨설팅 100여건 수행실적
- 인물평 : 도량이 크며 너그럽고 거침없음, 누구든 두려워하지 않고 설득하는 힘이 있다. 그 반면 성격은 세심하고 상대방이 누구라도 공손하게 대한다.

5. **평가**

통신회사를 비롯해 일부 상장기업의 신규 사업에 관련된 사업전략부터 IT인프라 구축에 이르기까지 일관하여 담당하고 있으며 이 분야에서는 업계에서 카리스마적 존재다. 평판대로의 인물로 AAA급 인물로 평가합니다.

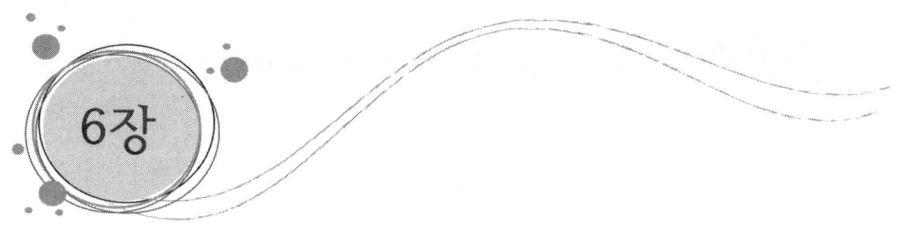

사업보고서 작성사례

1. 생산계획 관리 보고서   156
2. 판매계획 보고서   158
3. 대체계획 보고서   160
4. 상품개발 계획 보고서   162
5. 채용계획 보고서   164
6. 생산계획 실시 보고서   166
7. 판매계획 실시 보고서   168
8. 인사계획 실시 보고서   170
9. 생산 중간보고서   172
10. 출점 중간보고서   174

 # 사업보고서 작성포인트

기업의 사업 활동은 폭 넓다. 여기서는 사업 활동 중에서도 생산계획과 판매계획, 채용계획 등 사업계획에 관련된 사업활동 보고서 사례를 중심으로 하였다.

왜 그 사업을 계획했는지 목적을 정확히 한다.

IT 기술 등의 진전에 의한 기술혁신, 기업 간 경쟁이 활발하고 국내외로부터의 시장에 대한 신규 참여 등 세상은 눈부시게 움직이고 있는 동안에 많은 기업이 장래를 위해 사업 계획을 추진하고 있다. 목적은 무엇인지, 왜 그 사업을 계획하게 되었는지의 내용을 항상 염두에 두면서 보고서를 작성해야 한다.

사업계획의 위치를 분석한다.

그 사업계획을 실시함으로써 그 기업에 어떠한 이점이 생기는가. 다른 기업과 어떻게 차별화할 수 있는가. 이와 같은 분석을 거쳐 사업계획의 위치를 명확히 하는 것이 중요하다.

사업계획을 한 결과를 고찰한다.

그 사업계획은 타사의 계획대로의 성과가 있었는지. 100% 올랐는지, 혹은 50%인지. 그것이 합격점인지 아닌지. 혹은 계획과는 다른 결과가 나왔는지. 그 원인은 무엇인지. 왜 그렇게 되었는지를 조사하여 고찰한다. 그리고 과제가 있다면 장래를 내다보고 그 과제 해결을 위해 제안해 보자.

생산계획 관리 보고서

생산계획관리 보고서는 수요예측과 생산공정관리, 개선제안 등의 보고서가 있다. 여기에서는 생산계획의 관리시스템의 도입 을 다루었다. 현재 상황에서 관리시스템의 도입에 대한 이점, 도입에 의한 효과, 향후 과제 등에 대해서 보고한다.

✓ 체크포인트

도입 전과 도입 후의 개선율 등을 수치로서 비교함으로써 납득할 수 있게 한다.

① 도입을 해야 하는 이유

② 도입에 따른 이점

③ 도입에 의한 효과

④ 도입 전후의 개선율

⑤ 향후 과제

생산계획관리 시스템 도입 보고서

(보고받는 자) : 공장장
(보　　고　　자) : 마츠다 이치로(생산계획부 과장)
(보　　고　　일) : ○○년 ○○월 ○○일

 이번에 다품종 소량 생산에 대응한 「생산계획관리시스템」을 도입하였기에 다음과 같이 보고 드립니다.

1. 현황

 당사에서는 종래 취급하는 제품이 많아 생산계획의 관리가 불충분하였고 다음과 같은 과제가 발생하여 새로운 생산계획관리시스템을 도입하게 되었다.
- 취급 제품이 다양하였기 때문에 제품마다 이익관리·파악이 불충분했다
- 고객에 대한 납기관리가 철저하지 못했다
- 원재료와 부품재고의 과부족을 파악할 수 없어 곤란했다
- 불량품의 발생률이 높아서 이익을 압박했다

2. 「생산계획 관리시스템」도입에 의한 이점
- 불량품의 발생을 피드백할 수 있으므로 품질을 예측할 수 있다
- 작업구분을 상하관계로 운영하던 것을 횡적으로 분담함으로써 불량품 대책이 명확해진다.
- 성형, 가공·마무리, 검사 태세를 유연하게 할 수 있고 납기에 대응할 수 있다.
- 각 공정요원을 최적으로 관리할 수 있으며 효율적이 된다.

3. 도입에 의한 실제 효과
- 고객에 대한 기대관리가 철저히 되며 납기에 맞출 수 있게 되었다.
- 불량품 발생율이 종래의 30%로 저하되었다.
- 자재 구입도 과부족 없이 이루어지고 합리화된 결과 제조원가가 절감되었다.
- 생산의 주요소인 고품질, 저가격, 짧은 납기 실현에 한 발 다가섰다.

4. 향후 과제

 목차 단계에서 개별적으로 제조원가를 파악하고 제품마다 손익관리와 연결시킨다. 또 재고관리를 철저히 하고 항상 적정한 재고량을 유지하도록 한다.

판매계획 보고서

✎ 작성포인트

판매 계획 책정의 전제가 되는 시장환경·영업환경의 내용, 그에 기초한 필요 매출액의 설정, 판매계획과 그 내용, 그것을 실현하기 위한 고찰을 기재한다..

✓ 체크포인트

판매계획보고서는 영업부서, 영업점, 영업담당자, 품목별로 판매목표를 설정한다.

- 회사의 판매계획서
- 영업본부(지역별) 판매계획서
- 영업점의 판매계획서
- 영업사원별 판매계획서
- 품목별 판매계획서

「프린터」 판매계획 보고서

(보고받는 자) 영업담당 이사
(보 고 자) 영업부장 나카노 토오루   (보고일 : ○○○○년 ○월 ○일)

　　금번 사업기의 회사의 프린터 판매계획은 다음과 같이 같습니다.

1. 판매계획 개요

　　최근 몇 년 PC수요는 침체된 상황입니다만, 컬러프린터 시장은 "보다 아름답고, 빠르며 싸게"라는 성능과 저가격화 향상을 위해 노력한 결과 재 구입 수요가 증가하였습니다. 제○기의 신제품 투입 등에 의해 10%를 넘는 기세로 수요가 높아질 것으로 예측하고 있기에 다음과 같이 판매계획을 입안하였습니다.

2. 금기(제11기)의 판매계획

상품	전기(제10기)			금기(제11기)		
	수량	단가(엔)	매상고(천엔)	수량	단가(엔)	매상고(천엔)
CP10X	9,000	45,000	405,000	12,000	43,000	516,000
CP20X	6,300	63,000	396,900	7,000	59,000	413,000
CP30X	4,500	85,000	382,500	5,500	78,000	429,000
합계	19,800		1,184,400	24,500		1,358,000

(주1) 금기의 판매계획으로는 매상고 기초로 약 15% 증가 예상
(주2) 단 제품단가는 9%, 저가될 것으로 예측.
(주3) CP시리즈는 전기X=2, 금기X=3으로 버전 업

3. 검토

프린터시장은 향후 경쟁이 심화됨에 따라 저가격이 계속될 것으로 보이며, 판매가격은 예측을 불허하는 상황이다. 금기 후반에는 저가격·고기능의 획기적인 신제품을 투입할 계획이 있으며 그 때까지 판매계획 달성을 위해 노력하여야 한다.

대체계획 보고서
scrap&build

☑️ 작성포인트

계획서에 기초하여 실시한 스크랩&빌드의 현재 진척 상황을 기재하고 지금까지의 리뷰(재평가·반성), 향후 계획 등에 대해 기재해 나간다.

☑️ 체크포인트

신점포의 지도 및 약도, 공사 중인 점포사진 등을 첨부하면 이해가 쉽다.

*scrap &build
: 비능률적인 설비를 폐기하고, 이를 고능률의 새로운 설비로 대체하는 일

점포의 신설 및 통폐합에 관한 보고서

수신자 : 경영기획실 실장 귀하
보고자 : 경영기획실 사원 오카모토 카즈유키
보고일 : 200○년 ○월 ○일

　작년부터 실시하고 있는 「점포의 스크랩&빌드」에 대하여 제1차 계획이 종료
되었으므로 보고하며, 제1차 계획에 대한 개요를 함께 보고 드리겠습니다. 잘
부탁합니다.

1. 현재의 진척상황

유통업계에서는 출점형태의 변화와 사업구조의 전환과 동반된 환경이 변화되
고 있으며 당사에서는 이러한 시대의 조류에 따라 점포의 스크랩&빌드에 착
수. 150평 전후의 소형점을 대상으로 입지 등의 면에서 채산이 맞지 않는 점
포를 폐점하는 한편, "점포의 대형화"와 누구나 편하게 쇼핑을 할 수 있는 "좋
은 점포 환경 조성"을 추진하고 있다.

제1차 계획안으로서 N현 내 점포를 대상으로 다음과 같이 실시하였습니다.
　① 스크랩 대상점　　　　 7점포
　② 스크랩 실시점　　　　 6점포
　③ 미실시 점포　　　　 1점포 (N현○○점)
　　*미실시 점포의 고객요청으로 몇 개월 연기됨으로써 대응
　④ 신설점 : 3점포 (200○년 ○월 이내로 준공 예정)
　⑤ 내　역 : 대형 쇼핑센터　2점포
　　　　　　 DIY센터　　　　 1점포

2. 제2차 계획

제2차 계획에 대해서는 S현 내 점포를 대상으로 실시할 예정입니다. 신설 예
정점에 대해서는 이미 토지를 확보하였으며 착공 준비를 추진하고 있습니다.
① 스크랩 대상점 : 5점포
② 신설 예정점　 : 4점포
③ 내　　　 역　 : 대형 쇼핑센터 : 3점포
　　　　　　　　　 DIY센터　　　 : 1점포

상품개발 계획 보고서

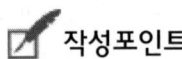

작성포인트

상품개발의 배경과 마켓, 상품의 특징, 연구 노력과 성과, 전망과 과제 등에 대해 작성하고, 상품화 단계에 대하여 작성한다.

체크포인트

① 상품 사양과 개요
② 상품 사진
③ 수요예측
④ 마켓과 경합처의 동향 등

ATM기기 개발계획에 관한 보고서

받는자 : 전자정보네트워크 실장 귀하
보고자 : 전자정보연구실 무라타 히데키
보고일 : ○○○○년 ○○월 ○○일

 당사에서는 이전부터 장래를 내다보고 고속네트워크 관련 연구·상품개발을
실시했습니다. 이번에 제품화될 전망이 보이므로 보고 드리겠습니다.

1. 상품개발의 배경

 IT시대를 맞이하여 영상·음성·데이터 등 다양한 정보가 대량으로 네트워크
상을 오가게 되었고, 고속LAN의 필요성이 높아지고 있습니다. 당 연구실에서
는 장래를 위한 통신 네트워크 구축에 빠질 수 없는 전송기술인 ATM-LAN에
착안하여 고속LAN을 실현하는 ATM 스위칭 HUB의 연구에 노력해 왔습니다.

2. 연구 성과와 상품 특징

 그 연구 성과로서 개발한 것이 ATM 스위칭 HUB 「A200X」입니다. ATM에
의한 고속 155M의 고속 백본(backbone)을 이용하여 12포트의 이사넷 상호,
이사넷이 ATM과 버킷 스위칭을 함으로써 향후 더욱 발전할 인터넷 사회에도
대응할 수 있는 고속LAN시스템을 용이하게 구축할 수 있는 것이 특징입니다.

3. 상품화 전망과 과제

 ATM기술은 향후 더욱 활발한 기술개발 경쟁이 펼쳐질 분야입니다만, 이번에
개발한 ATM 스위칭 HUB 「A200X」은 그 첨단을 달리는 것이며, 당사로서는
업계에 앞서 시장에 투입해 나갈 계획입니다. 따라서 향후 다음과 같이 사내에
상품화 프로젝트를 설치하고 상품개발을 추진해 나갈 예정입니다.

● 상품 개발 프로젝트 「AT프로젝트」(가칭) 개요

① 프로젝트 리더 : 상품개발부 부장
② 스태프 : 연구, 기술개발, 생산, 마케팅, 세일즈, 관리 각 부문에서 각 2명
③ 상품화 스케줄 : 6개월 후(상세한 스케줄은 회의에서 결정)

4. 고 찰

채용계획 보고서

📝 작성포인트

채용목적과 채용전략에 기초하여 채용계획을 책정하고 보고한다. 채용 배경, 채용 직종, 업무내용, 채용 인원, 채용 방법, 대졸 신입·중도 채용별 등을 기입하는 것은 필수 항목이다. 이 보고서는 대졸 신입 채용에 한하여 제시한 예이다.

☑ 체크포인트

- 「각 부문으로부터의 요망을 기초로」등 공평성을 주도록 기술하는 것도 중요.
- 전년도 직종별 채용인원도 기입하면 인재전략 면에서도 비교할 수 있다.

○년도 대졸 신입사원 채용계획 보고서

귀중 : 인사부장 귀하

보고일 : ○○○○년 ○○월○○일
보고자 : 인재채용부 모리 히로시

○○○○년도 대졸 신입 채용에 대해 다음과 같이 채용계획안이 마련되었으므로 보고 드리겠습니다. 검토 부탁드립니다.

1. 대졸 신입 채용의 배경

경제 불황으로 인해 기업 간 경쟁은 심화되고 당사의 업적도 영향을 받고 있습니다만, 네트워크 솔루션 사업의 확대와 함께 그 사업에 필요한 우수한 인재를 확보하는 것을 빠뜨릴 수 없습니다. 금기는 중도 채용을 중심으로 하고 있습니다만, 다음 기는 네트워크의 전문화를 추구하려는 신선하고 기개 있는 인재의 채용을 목적으로 대졸 신입 정기 채용을 실시합니다.

2. 채용직종 · 업무내용 · 채용인원수 · 채용방법

각 부문에서의 인재 요망 및 사내조정을 거쳐 다음 기는 아래와 같이 채용직종 인원수를 결정하였습니다. 검토 부탁드립니다.

채용에 대해서는 학교 추천제(기술계) 및 자유응모(기술계 · 문과계)를 합니다.

채용직종	업무내용	채용예정 인원
개발엔지니어	• 인터넷 서비스를 실현하기 위한 WEB 어플리케이션의 개발 업무 • 네트워크 전체의 설계 · 개발	10명
인터넷 서비스 개발 엔지니어	LAN시스템, WAN시스템에 관련된 각종 서비스 · 시큐리티, 파이어월 시스템의 기획, 개발 · 구축	20명
시스템 엔지니어	업무 시스템 개발, DM시스템 개발	10명
서비스 엔지니어	각종 네트워크 시스템의 기술 서포트, 트러블 슈팅, 운용지원	15명
테크니컬 서포트 엔지니어	• 인터넷, 네트워크 제품의 인스톨 고객으로부터의 질문에 관한 대응 및 문제점 처리	10명
솔루션 비즈니스 요원	법인고객을 중심으로 한 대외적인 절충업무전반 인터넷 서비스 이용에 관한 컨설팅	20명
계		85명

생산계획 실시 보고서

작성포인트

생산계획에 기초하여 실제로 계획을 실시한 시점에서 어떠한 결과에 이르렀는지를 보고한다. 기본적으로는 그 근본이 되는 개요를 간단히 논하고, 이것을 실시한 후의 경과와 결과를 보고한다. 가능하면 구체적인 수치를 들어 그 효과를 표기. 또한 개선이나 향후 과제 등을 정리한다.

체크포인트

평소부터 과제를 의식하면서 보고 있으면 제안 등을 할 때 도움이 된다.
① 구체적인 수치
② 실시효과
③ 개선사항 및 향후 과제

일괄생산체제 도입에 의한 생산계획 실시 보고서

(받는자) 시모무라 공장장 귀하 　　　(보고일) ○○○○년 ○○월 ○○일
　　　　　　　　　　　　　　　　　 (보고자) 생산부 구마모토 아키라

　당사에서는 증산체제에 대응하여 신 공장을 건설하고, 3개월 전부터 일괄생산체제를 도입한 생산계획을 추진해 왔습니다만, 이번에 생산실적이 정리되었으므로 다음과 같이 보고 드립니다.

1. 생산계획 현황

　당사에서는 디지털 통신용 앰프의 왕성한 수요에 대응하여, 고성능, 저가격, 단기 납기를 목표로 사내에서 일괄 생산할 수 있는 체제를 마련해왔습니다. 그 결과 과거 3개월 사이에 다음과 같은 생산실적(1일 생산 평균)을 올릴 수 있게 되었습니다.

제품	신 공장 이전 전	신 공장 이전 후	증산율(%)	이전 후의 생산계획※
GS-1001	48대	96대	200	120대
GS-2001	35대	42대	120	50대
GS-3001	20대	36대	180	40대
GS-4001	12대	30대	250	40대
계	115대	204대	177	350대

　※생산계획은 대/1일 생산

2. 경과 및 결과

- 생산계획 도입 초기는 이전도 하였고 1개월간은 고전하였지만, 그 후에는 순조로운 추이를 보이고, 품질 및 납기도 제대로 지켜지고 있다.
- 증산체제의 실현 및 품질관리에 대해서는 현재 계획대로 성공적이다. 단 이번에는 이전 후이기 때문에 일부에서 대응이 늦어지고 일부를 외주에 의존했다.

3. 향후 과제

- 생산능력은 현 상황에서는 여유가 있지만 앞으로 더욱 생산량이 비약적으로 늘어날 경우에 어떻게 대응해 나갈지 검토가 필요.
- 1년간의 수주에 편차가 있는 것이 애로사항이며 외주에 대한 의뢰를 포함하여 생산체제를 어떻게 마련해 나갈 것인가가 큰 과제라고 여겨진다.

판매계획 실시 보고서

📝 작성포인트

판매계획에 기초하여 실시한 결과에 관한 보고서이다. 판매계획의 개요와 전망, 그것에 대한 실적, 계획의 리뷰(재평가·반성)와 고찰, 향후 전개 등에 대해 보고한다.

✔ 체크포인트

계획과 실시의 차이가 큰 경우는 이유를 명확히 제시한다.

- 판매일정 수치
- 판매실적 수치
- 판매전망 수치
- 문제점 및 개선점

「CP시리즈」 판매계획 실시 보고서

받는자 : 영업부장 귀하 　　　　　　　 보고일 : ○○○○년 ○○월 ○○일
　　　　　　　　　　　　　　　　　　 보고자 : 영업부 아베 토오루

　프린터 「CP시리즈」의 제11기 판매계획에 대해 실적은 다음과 같이 되었습니다.

1. 판매계획 개요

　이전에 판매계획서에서 보고한 바와 같이 시장에서의 재 구매 수요 증가의 기대감으로부터 제11기 판매계획을 전년 대비 15% 증가될 것으로 예측하고, 생산계획을 입안하였습니다만, 예상 외로 재 구매 수요가 늘지 않아 다음과 같이 나타났습니다. 검토 부탁드립니다.

2. 당기(제11기)의 판매계획

상품	전기(제10기)			금기(제11기)		
	수량	단가(엔)	매상고(천 엔)	수량	단가(엔)	매상고(천 엔)
CP103	9,000	45,000	405,000	11,000	43,000	473,000
CP203	6,300	63,000	396,900	7,000	59,000	413,000
CP303	4,500	85,000	382,500	4,200	78,000	327,600
합계	19,800		1,184,400	87,500		1,213,600

당기의 판매계획으로서는 매상고 기초로 전년 대비 약 15% 증가가 전망되었습니다만, 실적에서는 2.5% 증가에 머물렀습니다.

3. 고찰

　금기 계획에서는 재구매수요가 활발해질 것으로 예측되었습니다만, 예상과 달리 여전히 계속되는 경기침체로 인한 소비자의 구매 보류 영향으로 위와 같은 결과가 나타나게 되었습니다. 구체적으로는 저가격 상품이 신장되었으며, 고기능 상품이 예상 이상으로 신장되지 않았던 것이 큰 요인입니다. 이것은 경합하는 타사에서도 마찬가지이므로 경기의 영향이라 사료됩니다.

4. 차기판매계획

　프린터시장은 향후 경쟁이 심화됨에 따라 각사 모두 저가격·고기능의 신제품을 투입할 것으로 보입니다. 차기 주력 상품을 키워나가야 하는 제조 판매 일체가 되어 협력해 나가고자 합니다.

인사계획 실시 보고서

✍ **작성포인트**

사내 활성화 대책으로서 인사제도는 연공서열형에서 실적중시형으로 변화되고 있다. 인사계획을 실시하기 위한 목적, 신인사제도 계획의 개요, 실시 후의 상황, 향후 전망 등을 보고한다.

☑ **체크포인트**

- 신인사제도에 기초한 조직표를 첨부하면 내용이 더욱 충실해진다.
- 사원의 의견을 정리한 조사 리포트를 첨부하면 설득력이 높아질 것이다.

신인사제도 계획 실시 보고서

받는자 : 이사회·인사부장 귀하   보고일 : ○○년 ○○월 ○○일

보고자 : 인사부 고바야시 다카코

지난번 「신인사제도실시계획」에 기초하여 다음과 같이 계획을 실시하였으므로 보고 드리겠습니다. 검토 부탁드립니다.

1. 신인사제도의 목적

이어지는 경기침체로 인하여 기업도 적극적인 대응이 필요해졌습니다. 앞으로는 사내에서의 인재 유동화를 촉진하고 사내 활성화와 실력중시를 백업하기 위해 다음과 같은 「신인사제도계획」을 책정하여 전사적으로 동의를 얻은 후에 ○월○일에 신인사제도로 이행하였습니다.

2. 신인사제도의 개요

종래의 종합직·일반직 구분을 없앰과 동시에 직장과 연공에 기초한 종래의 자격 등급 제도를 폐지. 새로이 직종을 매니지먼트, 프로페셔널, 스페셜리스트, 경영자, 서포터의 5개 직종군으로 분류. 실적에 따른 포인트제인 목표관리 제도에 기초하여 승격 및 승급을 평가하는 방식(성과주의)로 하고 있습니다.

3. 실시 후의 상황

사전에 전 사원에게 고지함과 동시에 각자의 의견을 수집하고 그것을 참고하면서 더욱 필요한 것을 추구하여 대응하였기 때문에 신제도로 원활하게 이동할 수 있었습니다. 도입 당초에는 약간 일부에서 혼란이 있었지만, 6개월이 경과된 현재는 착실히 사내에 뿌리내리게 되었습니다.

4.향후 전망

현재는 기본 노선은 기키면서도 아직 시행착오 기간으로 삼고 있습니다. 향후에는 지금까지의 상황에 따라 다시금 사원에게 앙케이트 조사를 실시하여 이제도에 대한 이점, 단점 등의 의견을 수집하여 사원이 업무의 보람, 일할 맛나는 직장 분위기를 조성하는데 반영시켜 나가려고 합니다.

잘 배려해 주시기를 부탁드립니다.

생산 중간보고서

작성포인트

생산 중간보고서는 생산의 경위, 생산의 질(quality) 목표, 수량목표, 그것에 대한 현재의 생산 현황, 향후 시도, 전망 등의 내용을 담는다.

체크포인트

가능하면 생산계획을 숫자로 표기하면 더 알기 쉬워진다.

- 생산 과정
- 생산의 질
- 생산 수량
- 생산 현황
- 생산 전망

환경을 배려한 접착제 생산에 관한 중간보고서

받음 : 대표이사, 이사, 공장장 귀하

보고일 : ○○○○년 ○○월 ○○일

보고자 : ○○○ (생산부 과장)

 환경을 배려한 접착제 생산에 대하여 현재 상황을 다음과 같이 보고합니다.

1. 환경중시형 접착제 생산에 대하여

 접착제 분야에서는 인체에 영향을 끼치는 화학물질부터 환경중시형 접착제를 원하는 수요가 높아지고 있으며 당사에서도 환경에 대한 배려와 함께 환경중시형 접착제로 이행하는데 적극적으로 노력하고 있습니다. 이미 연구 개발도 진행되어 있으며 생산으로 이행하였습니다.

종래 상품 : 프탈산 목공 접착제

전환 상품 : 수용성 목공 접착제

2. 생산 상황에 대하여

 종전의 상품에서 수용성으로 전환하는 것은 이미 업무용으로 실적을 쌓았기 때문에 기본적으로 용제의 전환 및 생산기술에서 비교적 원활하게 대응할 수 있고, 접착 강도도 종전과 마찬가지로, 혹은 그 이상으로 유지할 수 있다는 시험 결과가 나왔습니다.

 생산 공정도 종전의 설비를 거의 활용할 수 있고 생산효율도 종전과 거의 동일합니다. 따라서 앞으로도 계획대로 생산량을 유지할 수 있을 것이라고 확신합니다.

3. 향후 전망

 접착제는 연내에 업무용·가정용 모두 수용성으로 이행할 예정에 있습니다. 환경을 배려한 당사의 접착제는 업무관계를 비롯해 일반 고객에게도 호평을 얻고 있으며 판매도 호조를 띱니다. 제조 코스트가 약간 높아지는 것이 어려운 점입니다만, 환경을 배려한 기업으로서의 이미지 향상, 그것에 동반하는 신규 수주 획득 효과 등에 의해 접착제의 매출은 확대될 것으로 예측됩니다.

 이러한 배경에서 이번 기 접착제 매상고는 전년 대비 115%로 예상하고 있습니다.

금번 사업기의 접착제 매상고 전망

* 업무용 접착제 전년대비 115% 증가
* 가정용 접착제 전년대비 110% 증가

출점 중간보고서

　슈퍼나 편의점, 혹은 디스카운트 스토어 등의 사업자가 직영 체인이나 FC 전개할 경우를 상정한다. 출점 목적에 대한 현재 상황과 리뷰(재평가·반성), 향후 전개, 전개를 위한 시책 등에 대해 보고한다.

✓ 체크포인트

- 현재의 출점상황과　출점계획의 차이
- 향후 출점계획을 표로 표기하면 이해하기 쉽다.

FC 사업전개에 관한 중간보고서

받음 : 대표이사 귀하   보고일 : 　년　월　일

보고자 : 점포개발부 팀장 ○○○

폐사 FC사업전개에 대해 현재까지의 상황을 다음과 같이 보고 드리겠습니다. 검토 부탁드립니다.

1. 편의점에서 미니맥스로

불황이 장기화되는 속에서 소매업은 어쩔 수 없이 정체되고 있으며, 지금까지 향상을 고수하던 슈퍼나 편의점 경영도 쉽지 않은 상황에 있습니다. 그러한 상황 속에서 당사의 미니맥스 체인이 지금 각지에서 건투하고 있습니다. FC사업의 전개계획은 다음과 같습니다.

제1차 계획 관동지역 일대에 100점포 출점(○년○월까지)

제2차 계획 중경·관서에 350점포 출점(□년○월까지)

2. 현재의 상황에 대하여

현재는 제1차 계획의 중간기에 위치하고 있으며 전개 상황은 다음과 같습니다.

- 직영점 22점포(도쿄를 중심으로 가타가와·사이타마에 전개 중)
- FC점 29점포(관동·고신에츠(甲信越)를 중심으로 전개)

(각 지역의 점포 개요에 대해서는 별첨 자료를 참조해 주십시오.)

FC점에 대해서는 서서히 지명도도 높아지고 있으며 영업전개도 하기 쉬워지는 상황입니다. 현재는 리큐르(liquor) 숍이나 드러그 숍과 결합한 점포 전개를 진행 중입니다.

3. 향후 전개와 시책

주류 판매의 자유화를 눈앞에 두고 주류 전문 판매점이나 주류 디스카운트 스토어는 전전긍긍하고 있으며, 개발부문에서는 이 기회에 주류 판매점에 적극적으로 어택하여 개발 페어 등의 이벤트를 진행하면서 미니맥스가 FC 가입을 추진할 예정입니다. 또 동시에 드러그 스토어 및 편의점 등도 타깃으로 미니슈퍼라고도 할 수 있는 일상품을 취급하는 미니맥스의 고객 동원력, 안정된 판매력, 높은 이익률을 소구(訴求)하고, 제1차 계획의 실현을 목표로 하나가 되어 FC 점포 확대를 추진해 나가겠습니다.

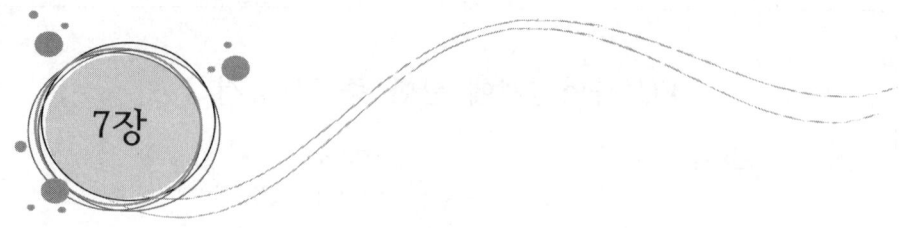

조직활동 보고서 작성사례

1. QC활동 보고서 (생산)　　　　178
2. QC활동 보고서 (점포)　　　　180
3. QC활동 보고서 (간접부문)　　182
4. 사원 복리후생 보고서　　　　184
5. 사회복지사업 활동 보고서　　186
6. 프로젝트 활동 보고서　　　　188

조직활동 보고서 작성포인트

기업의 각 부문인 사업부제조직, 프로젝트조직, 사외활동조직 등 다양한 조직 활동에 대한 업무 등에 대한 보고서이다. 여기서는 QC활동(생산부문·점포·간접부문), 사원여행, 복지활동 등에 대한 사례를 기술한다.

1. QC활동의 PDCA 사이클은 보고서의 기본이다.

PDCA 사이클은 기업에서 QC(품질관리)활동을 하는데 과제를 해결하는 기본적 사항이다. 보고서를 쓰는데 Plan(무엇을 쓰는가) Do(어떻게 쓰는가), Check(쓴 것을 교정하고) Action(고찰과 제안을 한다)이다. 이 일련의 흐름이 되는 사이클이 기본. 우선 활동계획을 짜고 현황 조사를 하며 요인을 분석하여 대책·처리하고 결과를 확인하여 평가한다. QC활동보고서에서는 이 흐름에 따라 보고한다.

2. 과제 해결을 위해 어떻게 임할 것인가를 제안한다.

조직 활동에 동반되는 보고서라고 해도 기본적으로는 종래의 보고서 형식과 그다지 다르지 않다. 요컨대 당신이 소속된 회사(혹은 부서)에서 각각 보고서 형식이 정해져 있는 것에 따라 대응하면 된다. 가장 중요한 것은 내용이며 조직 활동을 한 결과, 어떻게 개선되었는지. 혹은 더욱 필요한 개선점을 지적하고 그 과제 해결을 위해 제안해 보자. 쓴다는 행위가 계기가 되어 의외로 좋은 아이디어가 생길 수도 있다.

QC활동 보고서 (생산)

✏️ 작성포인트

QC(품질관리)활동의 흐름은 P(Plan) D(Do) C(Check) A(Action)의 사이클이 기본이다. 우선 활동계획을 짜고 현황을 조사하여 요인을 해석하고, 대책 및 처리하고, 결과를 확인하여 평가를 한다. QC활동보고서에서는 이 흐름에 따라 보고하면 된다.

✅ 체크포인트

QC활동을 발표할 때에는 구체적인 수치와 그래프를 활용하여 보기 편하게 하는 것이 필수이다

- 현황파악
- 연구회개최
- 요인해석
- 대책 및 검토
- 실시
- 피드백

「범퍼너트부착불량」개선활동에 대한 보고서

(받 음) 제조부장 귀하   (보고일) ○○○○년 ○○월 ○○일
(보고자) 제조부 1과 QC서클 반장 : 오기노 다카시

QC서클에서는 한 층 더 품질 향상을 꾀하기 위해 「자동차용 범퍼너트 부착 불량 제로」을 테마로 개선활동을 하여, 다음과 같이 그 활동을 보고합니다.

1. 주제

저희들은 과의 "항상 품질 향상을 꾀하자"라는 방침에 입각하여 직장 과제를 검토한 결과, 「자동차용 범퍼 너트 부착 불량 박멸」을 서클 활동의 테마로 선정하여 다음과 같이 실시하였습니다.

2. 목적

리어범퍼너트의 불량건수가 매월 20건 정도 발생하여, 이러한 불량원인을 찾아 불량발생을 없앰으로써 작업효율을 높이는 것을 목적으로 삼았다.

3. 활동계획

단계로는 현황파악, 연구회개최, 요인해석, 대책 및 검토·실시까지를 약 3개월 안에 하기로 했다.

4. 현황파악

작업일보에 의해 불량발생상황을 밝혀낸 결과 다음과 같이 판명되었다.
- 주말에 너트 부착 불량이 많다.
- 일부 너트(φ 13mm)에만 발생하고 있다.
- 불량은 너트가 닳아서 너트가 잘 맞지 않는 경우가 압도적으로 많다.

5. 불량요인의 해석

현장에서 현물을 보면서 확인한바 다음과 같은 것이 확인되었다.
- 가이드 핀의 재질이 부드럽기 때문에 시일이 경과할수록 프레스의 중심위치가 밀려난다.
- 너트 부착 구멍 위치에 편차가 있다.

6. 대책 검토

- 잘 부러지지 않고 마모되지 않는 세라믹스 소재로 변경했다.

7. 결과

개선 후에 이 공정의 불량 건수는 거의 0으로 극감했다. 제품별 불량 건수도 종전의 0%로 절감되었다.

QC활동 보고서 (점포)

✍ 작성포인트

점포에서의 QC활동도 앞에서 서술한 생산부문과 거의 동일하다. 테마의 선정, 현황파악, 목표의 설정, 요인·현황제안, 실시, 결과(효과)도 평가, 고찰, 향후 과제 등을 내용에 따라 담아 나간다.

☑ 체크포인트

PDCA를 실행하면서 매장이 어떻게 되었는지가 포인트다.

* 조사기간
* 상품현황
* 상품 회전기간
* 상품상태
* 고객 반응 및 의견
* 판매전망

부식(반찬) 매장 확대판매에 관한 보고

(받음) 야마시타점 점장 귀하 　　　　　(보고일) ○○○○년 ○월 ○일
　　　　　　　　　　　　　　　　　　　(보고자) 반찬사업부 : 다케다 유리코

　야마시타점 소속 「부식(반찬) 서클」이 부식매장의 확대판매를 테마로 QC활동을 실시한 결과를 다음과 같이 보고합니다.

1. 활동 목적

　부식 부문 중에서 가장 업적 향상에 공헌한 것이 야채샐러드입니다. 이번 활동에서는 야채샐러드의 매출 향상에 의한 부식부문의 확대판매를 목적으로 실시하였습니다.

2. 현황 분석 : (200 년　월 일 ~ 200 년 월　일, (15일간)

- 야채샐러드는 무첨가 오리지널 마요네즈를 사용하여 고객으로부터 호평을 얻고 있다.
- 3월에서 5월에 걸쳐 판매량이 정체를 보이고 있으며 이 상황에서 보완조치가 필요하다.
- 2주일 동안 매장을 체크한 결과 매일 거의 매진을 보이며 확대 판매의 가능성이 있음.

3. 고객 의견 청취

- 약간 수분이 새어 나오는 것이 신경이 쓰인다.
- 타점과 비교하여 단가가 높다.(타점의 조사 결과 참조)
- 별로 판로를 확장하려고 하지 않는 것은 아닌지.

4. 개선제안

현황	개선제안
수분이 나온다	아침에 1번 진열하던 것을 하루에 4번 진열로 변경
단가가 높다	평상가격을 100g 당 타점보다 2엔 싸게 한다.
판로 확장이 약하다	고객 모집력이 있는 토요일 일요일 아침, 저녁으로 대면 판매를 실시한다.

4.목표와 실적

　6월의 야채샐러드의 매상은 목표 1톤에 대해 실적은 1.03톤이 되어 목표를 달성하였다. 또한 야채샐러드의 개선 제안으로 다른 부식(반찬)도 분석·개선한 결과 부식부문 전체의 매상고가 향상되고, 매장담당자와 QC에 참여한 사원의 동기부여가 되는 것이 큰 성과입니다.

QC활동 보고서 (간접부문)

간접부문의 큰 과제는 「사무작업의 표준화와 효율화」이다. 보고서에서는 전항과 마찬가지로 현황파악, 목표설정, 개선제안, 실시, 결과(효과)와 평가, 향후과제 등을 내용에 따라 담아 나간다.

가능하면 사무작업의 수고, 생산효율, 경비 등 도입 전과 도입 후의 차이를 수치화하면 좋다.

- 현황파악
- 목표설정
- 개선제안
- 실시과정
- 실행효과
- 평가
- 향후과제

그룹웨어 도입에 의한 사무작업의 효율화 보고서

(받음) 관리부 부장 귀하

(보고일) ○○○○년 ○○월 ○○일

(보고자) IT화 프로젝트 주임 (고마다 유)

지난번부터 실시해 온 IT도입 프로젝트에서 그룹웨어를 도입하여 전사적인 정보네트워크가 구축되었으므로 그에 대한 보고를 합니다.

1. 도입 전의 개요

당사에서는 지금까지 본사와 각 지점을 패킷(packet) 통신망으로 묶은 기간계(基幹系) 네트워크와 본사 내 LAN을 가동하였지만, PC는 사내 각 부서에 1대정도로, 커뮤니케이션 툴로서의 이용 환경은 정비되지 않았다. 따라서 사내 간 연락이나 고객으로부터의 정보 등이 늦어지고, 공유할 수 없다는 등의 불편했다.

2. 개선 제안

사내외의 커뮤니케이션을 공유화·활동화하기 위해 그룹웨어의 도입을 제안. 사내 프로젝트를 짜서 각 벤더의 시스템을 검토한 결과, 운용과 코스트 면에서 더욱 인터넷을 통해 네트워크 할 수 있는 WEB 그룹웨어를 전사적으로 도입하도록 제안했다.

3. 도입에 의한 효과

다음처럼 그룹웨어의 도입은 전사적으로 큰 성과를 올렸다.

- 「회람판」의 활용에 의해 사장 메시지, 경리부로부터의 입금명세, 고객 정보, 수주 정보, 협의, 구매가격 정보 등이 실시간으로 열람·수집할 수 있게 되었다.
- 「WEB메일」을 통해 젊은 사원이 사장이나 임원에게 현장에서의 의견을 발신하고 있다.
- 「스케줄 관리」에서는 본인뿐만 아니라 전 사원의 스케줄을 일람할 수 있어서 조정 작업이 편해졌다.
- 「전자회의실」에서는 당면한 안건에 대해 각자의 의견을 써 넣는 부서마다의 회의실을 설정. 「영업정보수집코너」등도 있고 스태프에 도움을 주고 있다.

4. 고찰과 향후 전개

그룹웨어 도입에 의해 PC도 1명 당 1대를 보유. 전사적으로 커뮤니케이션도 활발해지고, 동기가 높아졌다. 향후에는 사내 서류를 그룹웨어의 업무흐름(work flow)으로 결제·운용하기 위한 준비를 하고 있다.

사원복지 지원 활동 보고서
(전 사원 여행)

📝 작성포인트

보고서의 기본적인 항목인 타이틀, 연월일, 보고자의 소속·이름 외에 목적, 행선지, 숙박 장소, 여행일(일정), 참가자명, 비용, 기타 보고사항 등을 기입한다.

✔ 체크포인트

회사에 기본적인 서식이 있다면 항목에 따라 기입한다.

- 목적
- 여행자(대상, 인원, 직급)
- 여행지
- 숙박 장소
- 여행기간
- 여행비용
- 기타

전 사원 여행 보고서

(받음) 총무부 부장 귀하   (보고일) ○○○○년 ○월 ○일
                                          (보고자) 영업부3과 사토 요시히로

 ○○○○년도 사원 여행을 다음과 같이 실시하였으므로 보고 드리겠습니다.

1.목적	창업 50주년 기념사업의 일환으로서 회사에서 감사의 마음을 담아 전 사원을 대상으로 하와이에 휴양 여행을 실시하였습니다. 단 업무 관계로 인해 3개 반로 나누어 실시하였습니다.
2.여행지	하와이
3.숙박 장소	빅 오션 호텔
4.여행기간	• 기간 : ○○○○년 5월15일~31일(각각 3박4일) • 총인원 : 238명(참가자 명부: 별첨) • 제1반(5월15일~18일) 다나가 야스오(간사)외 77명 • 제2반(5월22일~25일) 하야시 이치로(간사)외 81명 • 제3반(5월28일~31일) 스즈키 사부로(간사)외 80명
5.비용	• 60,000만엔 (1인당) • 영수증을 첨부
6.기타	• 점포를 영업하면서 전원이 여행에 참가한다는 태세를 정비하기 위해 사원의 스케줄 관리에 고심했지만, 점장의 협력 덕분에 해쳐나갈 수 있었다. • 사이판에서 테니스를 하던 중에 사원 1명이 아킬레스건이 절단됨. 현지 병원에서 수술을 받음. 경과도 순조롭고 예정대로 모두 함께 귀국할 수 있었다. • 3반으로 나누어 여행하여, 평소에 얼굴을 대할 기회가 적은 타점포 스태프와도 친목을 도모하고 유익한 사원여행이 되었다.
7.비고	

사회복지 지원 활동 보고서

📝 작성포인트

 기업의 사회적 활동의 일환으로 주목을 끌고 있는 것에 사회복지지원 활동이 있다. 활동보고에서는 목적, 경과, 구체적인 활동 내용, 특기사항, 소감(고찰) 등에 의해 정리한다.

✔ 체크포인트

- 지원 대상
- 지원 활동
- 지원 기간, 지원 일시
- 지원 목록
- 기타

T시 사회복지 지원 활동 보고서

받음: 보고자: 보고일:

　　　회사의 사회복지지원 활동에 대하여 다음과 같이 보고합니다.

1. 사업 목적

지역 사회에 대한 사회복지사업 지원으로 기업이미지 제고

2. 사업기간

제17사업기 (○○년 ○○월 ○○일부터 ○○년 ○○월 ○○일까지)

3. 활동 내용

　K시에서는 이전부터 「주민 한 사람 한 사람의 복지에 대한 니즈에 대응하여 모두가 안심하고 생활할 수 있는 마을 조성」을 실현하기 위해 복지활동에 노력해왔습니다. 당사에서는 이 시의 기업으로서 지역 활동에 협력하기 위해 주택복지를 위한 홈 헬프 서비스사업에 자금을 지원하였습니다.

4. 행사 내용

* 일　시：　○○년 ○월 ○일, 오후 1시부터 2시까지
* 장　소：　본사 회의실
* 참석자：　T시 시청 ○○시장, 복지사업부장
　　　　　　폐사 엔도사장, 총무부 부장, 홍보부 담당 과장

5. 지원 내용

* 　주택복지를 위한 활동자금 1,000만 엔

6. 특기 사항

　목록증정 후에 T시장으로부터 「주택개호자금으로서 유용하게 활용하겠다. 시민을 대표하여 감사드립니다.」라는 인사말이 있었습니다. 이에 대해 폐사 사장은 「앞으로도 이 고장의 기업으로서 문화 활동과 함께 복지활동을 지속적으로 지원해 나가겠습니다.」라고 결의를 보이고, 증정식이 종료되었습니다.

* 증정식장 사진 촬영

프로젝트 활동 보고서

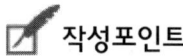 **작성포인트**

　기업에서는 일부조직에서 단독이 아닌 조직을 전체를 대상으로 프로젝트를 시행하는 일이 많아지고 있다. 프로젝트 활동의 의의, 목적, 구체적인 활동내용, 기간, 진척상황, 소감(고찰) 등을 정리하여 작성한다.

✓ **체크포인트**

　가능하다면 구체적인 스케줄을 기재한다. 종료 시까지 경과를 지속적으로 보고한다.

- 활동목적
- 활동내용
- 활동기간
- 활동 상황
- 활동 평가
- 기타

ERP도입 프로젝트 활동 보고서

받음: 보고자: 보고일:

당사에서 이번에 다음과 같이 ERP 도입을 위한 프로젝트 활동을 실시하였으므로, 다음과 같이 그 경과를 보고 드리겠습니다.

1. 목적

기업 전체의 경영상황을 실시간으로 파악하여, 사람·물자·돈·정보를 각 부문에 효율적으로 배분하고 그것을 총체적으로 관리 운용함으로써 효율을 높이고 기업의 이익을 극대화시킨다.

2. 활동 내용

수주로부터 부품조달, 생산, 배송, 판매까지의 과정과 이들 활동을 지원하는 관리업무를 총체적으로 파악하기 위해 대표적인 ERP 패키지인 SAP/R2를 도입하기로 결정. ERP 컨설턴트와 계약하여 동사와 당사의 각 담당부문 스태프가 프로젝트 팀을 편성하고 업무 관리 시스템 도입 활동을 한다.

3. 활동 기간

○○년 4월 1일부터 ○○년 11월30일까지 (약 1년 7개월)

4. 프로젝트팀의 구성

IT사업부장을 팀 리더로, 각 부서로부터 구매, 제조, 판매, 물류(관련회사) 등을 담당하는 각 모듈 팀과, 네트워크 환경 등 기업 인프라 정비를 담당하는 인프라 팀 모두 20명을 선정. 컨설턴트 기업의 스태프와 합동으로 연구해 나갈 예정.

5. 활동 상황

현재 컨설턴트의 제안·조언으로 사내에 업무개혁위원회를 설치하고 각 부서에서 업무의 재평가를 도모하고 있는 중. 이 업무개혁안을 작성하고 사내의 승인을 받은 단계에서 구체적인 시스템을 설계·구축. 그 후에 일부에서 가동 테스트를 거쳐 문제점을 해결한 후 전사적으로 ERP시스템을 도입해 나갈 예정이다.

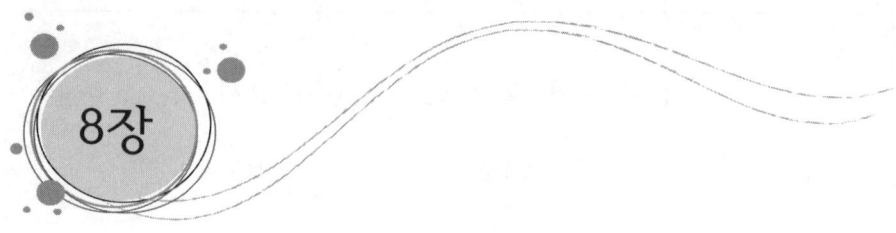

연수보고서 작성사례

1. 사내연수 보고서   192

2. 사외연수 보고서   194

3. 신입사원 연수 보고서   196

4. 중견사원 연수 보고서   198

연수보고서 작성포인트

어떤 기업에서든 다양한 연수를 하고 있다. 기본적으로는 계층별 연수(신입사원·중견사원·관리직·상급관리직 등), 부문별 연수(영업·판매촉진·각종기술·전문분야·IT관련), 그 밖의 영어회화연수나 통신교육, 자기계발 등 다양한 사례가 있다. 보고서를 쓸 때는 다음과 같은 포인트를 인지하고 있어야 한다.

1. 연수에서 얻은 성과와 앞으로의 자세 등을 담는다.

보고서에서는 연수의 목적·테마, 대상자, 인원수, 연수 일정과 강사의 강의내용 외에 연수회에 참가해 얻은 성과와 연수에 임하는 자세, 소감 등을 담으면 좋다. 특히 연수회에서 얻은 성과나 향후 자세 등을 제대로 언급함으로써 보고자에 대한 상사의 평가도 높아질 것이다.

2. 연수 그 자체의 평가도 해 보면 재미있다.

또 실제로 연수를 받은 수강자로부터 연수내용과 강사 평가, 혹은 개개의 요망에 대해 앙케이트 조사를 하여, 연수생의 의견으로서 정리해 제출해 보는 방법도 있다. 내용적으로 천편일률적으로 되어 있거나 강의가 지루하다면 예산 낭비가 된다. 본제와는 다르지만 보다 효과적인 보고서가 될 것이다.

사내연수 보고서

📝 작성포인트

사내 연수의 목적, 대상, 일시, 장소, 연수내용, 특기사항(고찰) 등에 대해 기재한다.

✅ 체크포인트

특기사항이 포인트이다. 천편일률적으로 작성하지 않기 위해서도 담당자의 관찰적인 사항을 개재한다.

- 현황 및 현지 조사
- 설계 및 공정
- 공사 및 일정
- 프로젝트관리

기술사원 사내연수 보고서

받음: 보고자: 보고일:

당사 엔지니어링사업부 시스템 설계 및 공사 담당자의 연수를 다음과 같이 실시하였습니다.

1. 연수목적

인터넷을 핵심으로 한 일련의 네트워크 솔루션 구축에 필요한 최신 기술을 습득한다.

2. 연수대상 및 참석자

①시스템 설계자 ②시스템공정담당자 ③시스템네트워크 엔지니어 등 54명

3. 연수기간 : ○○년 ○월 ○일, 오전 9시부터 오후 6시까지

4. 연수장소 : 본사 기술센터 연수원

5. 연수내용

- 현황·현지 조사 : 시스템 구축 시 기기의 접속 인터페이스, 설비조건, 이행조건 등의 각종 조건 조사에 관한 기술지식의 습득
- 설계 : 기본설계안 및 현황조사결과에 맞춘 시스템의 논리설계, 구성설계, 설비설계의 습득과 공사, 도입이행, 보수운용 등의 각 설계에 관한 지식기술의 습득
- 공사 : 설계 계획에 기초한 기기, 설비공사 및 시스템의 테스트·동작 확인의 습득
- 프로젝트 관리 : 시스템 구축 시 프로젝트 체제의 구축, 스케줄 입안, 프로젝트 관리 습득

6. 특기사항

- 정기적인 연수회의 일환이지만 네트워크 관련 기술은 매일 진보되고 있으며 가장 앞에 선 담당자로서는 항상 최신기술지식을 습득하는 것이 필수적이다. 이번 출석률은 100%에 이르렀다.
- 현재까지는 강의 주체로 이루어졌지만, 참석자가 기기·설비 등의 진보에 발맞추기 위해 실습 훈련도 가미하여 실시하기를 희망함.

사외연수 보고서

✏ 작성포인트

전문적인 교육기관으로서 각 기업을 비롯해 다양한 기업과 단체가 사외연수를 실시하고 있다. 이러한 사외연수를 수강했을 때의 보고서에는 목적, 기간, 수강내용, 성과, 수강자의 코멘트(의의, 포부 등)를 기입한다.

☑ 체크포인트

수강한 개인의 보고서이므로 기본적인 항목을 기입하는 것 외에 수강한 효과 등 개인적인 소감(감상)을 적으면 좋다.

정보처리기술 기초연수 보고서

받음: 보고자: 보고일:

소프트웨어 기술의 기초를 습득하기 위해 KK시스템연수센터에서 정보처리기초연수를 다음과 같이 실시하였습니다.

1. 연수목적

공개 시스템 기술을 습득하고 소프트웨어 기술자로서 전력을 키운다.

2. 연수기간 : 1개월 15일간

○○○○년 ○○월 ○○일부터 ○○월 ○○일까지,

3. 연수장소 : KK시스템연수센터

4. 연수내용

* 정보처리의 기초지식 습득(약1주일간)

  컴퓨터입문, 파일과 데이터베이스 기초, 알고리즘 기초, 컴퓨터 네트워크 입문, 그룹웨어란, 인터넷의 기초지식과 전자 메일 활용기술

* 시스템기술 습득(약 9주일간)

  Windows의 이해와 기본조작, Web기술의 기초지식 습득과 응용, 데이터베이스의 기초지식의 습득과 응용, 클라이언트 어플리케이션의 기본조작, 컴퓨터이용자의 노하우와 위기관리, 클라이언트/서버 시스템 구축 체험, 각종 프로그래밍기술을 사용한 실무연습 등

5. 연수소감(별첨첨부)

(연수생 A) : 컴퓨터에 관해서는 대부분 초심자로 과연 자신이 SE가 될 수 있을지 불안했습니다. 하지만 강의도 실습도 실전적인 면으로 배웠기 때문에 알기 쉬우며, 예상보다도 신속하게 습득할 수 있었습니다. 동기생들과 절차탁마하면서 배운 점도 빠른 실력 향상에 도움을 주었다고 생각합니다. 앞으로도 실무경험을 쌓으면서 능력 있는 SE가 되기 위해 노력하겠습니다.

(연수생 B)

(연수생 C)

신입사원 연수 보고서

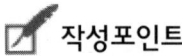 **작성포인트**

사내연수의 대상, 목적, 연수일시·장소, 연수 스케줄과 그 내용, 성과, 고찰 등에 대해 기입한다.

✓ **체크포인트**

연수내용은 간결하게 정리한다. 특기사항에서는 담당자가 느낀 점이나 반성, 개선해야 할 점 등도 기재한다.

- 연수목적
- 연수대상
- 연수과목
- 특강 강사
- 그룹토의 형식 및 내용
- 기타 연수시설에 대한 내용

신입 대졸(간부후보)사원 연수보고서

받음: 보고자: 보고일:

1. **연수기간** : 3일간 (○○년 ○○월 ○○일, 오전 9시부터 오후 6시까지)

2. **연수대상** : ○○년도 대졸 입사 예정자 20명(남15명, 여5명)

3. **연수장소** : 후쿠오카현 아타미시 T연수센터

4. **연수목적**

 학생에서 사회인이 되는 고비에 서서 연수를 통해 기분 전환을 도모함과 함께 회사에 대한 이해도를 높인다. 또한 장래, 간부후보생으로서 필요한 업무지식에 대한 이해, 비즈니스매너 등에 대해서 배운다.

5. **연수내용(상세한 내용은 별지 참조)**

첫째 날 : 연수의 오리엔테이션 후에 임원의 강연 「학생에서 사회인으로의 의식전환」, 그룹토의 「아르바이트시대와 사회인에 되어 하는 업무는 어떻게 다른가」등.

둘째 날 : 사장 강연 「당사가 원하는 인간상」, 강사의 강의 「성공·성장하는 인재의 특성·리더십 발휘법」

셋째 날 : 경리 업무, 비즈니스 매너, 접객 매너 등에 대해.

6. **특기사항**

- 최종일의 그룹 토의는 주로 「회식」

- 3일간의 연수로 사회인의 마인드로 변신한 것 같다. 술잔을 오가며 취기도 돌고 마지막에는 모두 긴장감이 풀어져 즐기는 분위기로 종전에는 호텔의 별실을 빌려 연수를 진행했지만 이번에는 연수센터에서 실시하여 연수설비도 충분히 완비되었고 서비스 상황도 좋아 내년에도 이곳을 이용하고 싶다. 한 명의 탈락자 없이 아무런 사고도 없었던 것이 좋았다.

중견사원 연수 보고서

작성포인트

연수회명, 테마, 대상자, 연수일시·장소, 연수스케줄과 프로그램의 내용, 성과, 고찰 등에 대해 기입한다. 며칠에 걸친 연수에서는 내용을 시간의 흐름에 따라 기입하면 좋다. 또한 보고자는 담당자로서 연수회의 성과와 소감에 대해 적는다.

체크포인트

- 연수내용은 간결하게 정리한다.
- 특기사항에서는 담당자의 고찰이나 코멘트를 기입한다.

중견사원 연수 보고서

받음: 보고자: 보고일:

　다음과 같이 중견사원연수(입사 6년차)를 실시하였으므로 보고합니다.

1. **연수명** : 중견사원(6년차) 연수회

2. **목　적** : 중간관리자 역량강화 목적
　중견사원 6년차의 경력과 실적에 입각하여 향후 더욱 사내 각 부문에서 리더십을 발휘하여 회사의 중심적인 인물로서 활약하기 위해 필요한 지식을 습득하고 능력을 개발한다.

3. **연수기간** : 4일간 (○○○○년 ○월 ○일부터 ○일까지)

4. **연수대상** : 입사 6년차 중견사원 55명(남42명, 여13명)

5. **연수장소** : 하코네 아시노코 연수원

6. **연수내용** : 연수프로그램 별지참조
첫째 날 : 강연 「규제완화에 의한 신규비즈니스에 대한 기대」(강사 : ○○○○)
둘째 날 : 오전 : 테마 「6년간의 성장 행보와 자기실현의 발자취」
　　　　　오후 : 그룹토론 「기대 받는 중견사원상이란」
　　　　　　　 : 조직 내 역할분담에 관한 그룹토론·발표
셋째 날 : 오전 : 문제해결에 필요한 리더십이란(이론·강연·발표)
　　　　　오후 : 위와 같음(저녁에는 친목회)
넷째 날 : 오전 : 프레젠테이션 능력에 관한 리포트 작성
　　　　　오후 : 자기계발계획의 작성

7. **특기사항**

- 　매년 의례적인 중견사원연수로, 이른바 중견사원으로서 하나의 고비를 어떻게 극복해야 하는가를 연수를 통해 실감하게 하고 그 방법을 암시하는 연수이며, 많은 과제를 안고 있는 사원들에게 있어 의의 있는 연수. 전원이 진지한 자세로 임했다.

- 　이번에는 가능한 한 토론이나 발표 형식을 빌어서 중견사원에게 적합한 리더십을 발휘하기 위한 강의를 포함시키고, 그룹에서 각자의 방법론 등을 논하게 하였다.

- 　사내에서는 보통 종적인 사회 속에서 업무를 하고 있지만, 이 연수에서는 횡적인 연결이므로 서로 동기의식과 경쟁의식이라는 양면성이 표면에 나왔다. 이것은 서로가 절차탁마할 수 있는데 절호의 조건이 된 듯하다.

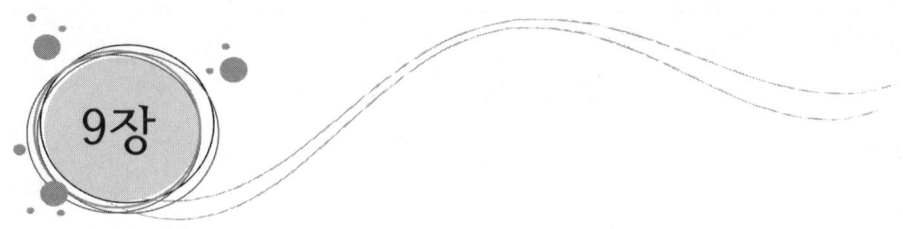

9장

회의보고서 작성사례

1. 부서회의 보고서　　　　　　　202
2. 부문회의 보고서　　　　　　　204
3. 기획회의 보고서　　　　　　　206
4. 설명회 보고서　　　　　　　　208

회의보고서 작성포인트

회의에 관한 보고에는 크게 나누어 회의의사록과 회의보고서 등 2가지로 나뉠 수 있을 것이다. 각각의 작성포인트를 제시하고자 한다.

1. 회의의사록은 회의내용을 정확히 기록하고 보존하는 서류

회의의사록은 부서·부문을 초월하여 일어나는 비교적 중요한 회의의 경우가 많고, 지명을 받은 서기가 회의 내용을 정확히 기록하고 보존하는 서류로서 활용한다. 따라서 종전부터 있는 서식에 따라 필요한 것을 꼼꼼히 기록하는 것이 중요하다.

2. 회의보고서는 레쥐메와 비슷한 것.

한편 회의보고서는 부서 내 또는 과내의 비교적 소인수 회의에서 거론된 의제에 대해 서로 이야기하거나 결정한 내용을 간결하게 정리한 레쥐메resume(이력서; 연기자의 교육배경 경력 등 개인의 신상정보를 기록한 개요서)와 같은 것이다. 대부분 A4 1장 정도로 회의의 요점을 알리는 보고서이다. 보존용이라고 하기보다 확인용이며 또한 회의에 결석한 사람에게 회의 내용도 보고하는데 적합하다.

기본적인 항목으로서는 의제, 일시, 장소, 출석자, 결석자, 회의내용, 결정사항, 특기사항(비고), 배부자료 첨부 등이 있다.

부서회의 보고서

작성포인트

소속부서의 회의는 일상다반사처럼 이루어지므로 보고서 자체도 기본적인 서식이 있을 것이다. 항목으로서는 의제, 일시, 장소, 참석자, 결석자, 회의내용, 결정사항, 특기사항(비고) 등을 생각할 수 있다.

체크포인트

* 회의에서의 개개인의 발언은 집약하여 정리한다.
* 결정사항은 조항별로 간결하게 작성한다.

	담당	팀장	이사

부서회의 보고서

보고자:

의 제	새로이 도입하는 「일원화관리시스템」에 대한 검토
일 시	○○년 ○월 ○일, 9시부터 10시까지 (1시간)
장 소	회의실 103호
참석자	12명 (부서장 및 부서사원 전원출석)
회의내용	☐ 종전부터 전사적으로 검토했던 휴대전화용 부품 수주로부터 생산·판매·출하까지의 일원관리시스템이 다음 달부터 가동하기로 결정. 이에 대해 영업부문에서는 이 일원관리시스템 도입에 대응하여 어떻게 운용해 나갈 것인가에 대해 검토한 결과, 다음과 같은 의견으로 집약되었다. • 다음 달 가동으로는 기간이 너무 짧아 대응하지 못하는 것은 아닌지 • 전사적인 결정사항이므로 어차피 대처해야만 한다. • 고객에게 미리 설명해 납득할 수 있도록 한다. 이에 대해 활발히 논문이 오갔지만, 최종적으로는 과로서 「제조 판매 스케줄을 통일 포맷으로 관리」하는 방향으로 대응한다는 결론에 이르렀다.
결정사항	1. 부서내에서의 대응 : 통일 포맷에 의한 스케줄 관리 2. 통일 포맷의 작성담당자 : 영업 야마시타 다츠오 다치가와 야스히로 3. 작성 마감 일시 : ○○○○년 ○월 ○일, 12시 엄수
비 고	• 통일 포맷은 과원 전원 분을 작성. • 샘플 포맷에 대해 모두 검토할 수 있도록 협력 부탁합니다.

부문회의 보고서

✏️ 작성포인트

부문관련 회의에서도 항목으로서는 의제, 일시, 장소, 부문별 참석자, 부문별 결석자, 회의내용, 결정사항, 특기사항(비고) 등. 회의 내용에 대해서는 각 부문의 의견을 각각 정확히 표기해 두는 것이 바람직하다.

✔️ 체크포인트

결정사항은 정확히 명기하고 배부자료가 있다면 첨부한다.

담당	팀장	이사	사장

ISO9001도입에 관한 회의 보고서

보고일 :

다음과 같이 ISO9001 도입에 관한 회의를 개최하고 스케줄 확인과 각 부문의 향후 대처계획을 정리하였으므로 보고합니다.

1. 의제 : ISO9001 도입 스케줄의 확정과 각 부문의 대처 계획 확인

2. 참석자 :

　○○사장 ○○담당상무 영업부장 생산부○○공장장 총무부장 관리부장

3. 회의 내용 :

우선 사장으로부터 ISO9001인증 취득의 대처에 대해 전사적인 협력 체제를 조직하도록 명을 받았다. 그 후에 구체적인 스케줄과 각 부문의 대처방안에 대해 토의했다. 결정한 사항은 다음과 같습니다.

4. ISO9001 도입 스케줄(별첨자료 참조)

5. 각 부문의 구체적인 대처방안

이것을 받아 회의에서는 각 부문의 역할에 대해 토의하고, 각각 도입까지의 스케줄을 작성하여 ○월○일까지 관리부 환경 프로젝트에 제출하게 되었다. 각 부문의 대처에 대한 결정사항은 다음과 같습니다.

- 관리부 : ISO도입 프로젝트 팀을 발족시켜, 운영본부로서의 조직을 조성한다.
- 생산부 : 품질을 만들어 내는 조직 조성 실천과 원가 절감을 추구한다.
- 영업부 : 고객을 포함한 대외 면에서 기업 이미지 향상을 위해 노력
- 총무부 : 업무의 효율화 추진과 채산성 향상, 종업원의 모럴 향상을 꾀한다.

6. 특기사항 :

　ISO에 대한 사원 교육에 대해 검토 요망. 신속히 담당부문을 결정하고 대응할 필요 있음. ISO9001에 이어 환경관리규격인 ISO14000 인증도 취득할 계획이므로 이쪽도 프로젝트 팀 편성도 포함하여 신속히 검토를 요한다.

기획회의 보고서

작성포인트

기획이라고 해도 경영기획에서 사업기획, 물류기획, 상품기획, 시스템 개발, 광고·판매촉진·마케팅기획, 영업기획 등 실로 다방면에 걸쳐있기 때문에 정해진 서식은 없다. 기본적으로는 다른 서식과 마찬가지로 의제, 일시, 장소, 참석자, 진행, 기획테마에 대한 아이디어와 의견, 그 정리, 결정사항, 특기사항 등을 기입한다.

✔ 체크포인트

- 각자의 의견 등에 대해서는 대표적인 것을 집약한다. 필요하다면 개개인의 의견은 별지에 기입한다.
- 회의결과는 정리하거나 혹은 특기사항으로서 보고자가 정리한다.

신상품 기획에 관한 경과보고

받음: 보고자: 보고일:

애완사업의 신상품기획에 관한 회의를 개최하였기에 경과를 보고합니다.

1. 의 제 : 애완용 상품의 No.1 브랜드를 확립하기 위한 구체적인 신상품
           기획에 대하여

2. 일 시 : ○○○○년 ○○월 ○○일, 오전 10:00시~12:00시

3. 장 소 : 본사 소회의실

4. 참석자 : 총 6명

부서	직위	성명
기획과	아이다과장	다치바나 지로
수입과	구마키과장	나오이 요리코
판매과	나카무라과장	고미야 케이코

5. 의제에 대한 의견(발췌, 상세한 내용은 별지 참조)

- 넘버원 브랜드란 무엇인가를 명확히 할 필요가 있지 않을까.(NK)
  예) 점유율, 매상고, 품질, 종류, 취향…
- 기본적으로는 종전대로 신상품을 기획하고, 시장에 적극적으로 투입하면 좋
  지 않을까.(AK)
- 애완시장에 참여하는 기업이 늘고 있으며 기획이 승부를 가늠한다.(K)
- 국내뿐만 아니라 해외로부터의 애완 정보를 수집하여 상품기획에 노력하고
  싶다.(N)
- 애완용 상품에 힐링(치유)계 잡화와 액세서리를 도입하면 좋다.(T)
- 브랜드 운운하기 보다도 더 영업에 힘을 넣어야 한다.(KK)

6. 정리

상기의 의견에 거의 집약되었지만, 최종적으로 당사의 상품이 유통 나아가서
는 소비자에게 어떻게 평가되고 있는지에 대해 시장조사를 할 필요가 있지 않
을까 하는 의견이 대세를 차지했다. 이번 회의에서는 그 조사결과를 보고 재차
검토해야 한다는 결론에 이르렀다.

설명회 보고서

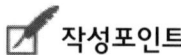 **작성포인트**

신상품에 대해 영업부문을 소집하여 설명회를 열거나 하는 경우도 적지 않다. 이러한 설명회의 개요를 보고하는 케이스가 그 예. 의제, 설명회 일시, 장소, 대상자(경우에 따라서는 참석자), 설명회 내용, 질의응답, 특기사항 등을 기입한다.

✓ **체크포인트**

• 설명회의 개요는 간결하게 기입한다.

• 특기사항은 객관적인 내용뿐만 아니라 주관적인 것도 기입자의 재량으로 기입해도 좋다.

신정보지 발간에 관한 설명회 보고

받음: 보고자: 보고일:

신정보지 발간에 즈음하여 다음과 같이 사내 관련 부문에 설명회를 개최하였
으므로 보고합니다.

1. **의제** : 도쿄 23구를 대상으로 한 「마이타운정보지」의 발간에 대하여

2. **일시** : ○○○○년 ○월 ○일

3. **장소** : 본사 대회의실

4. **대상** :

- 동구 마이타운 사업부   제1영업부・제2영업부・제3영업부・기획제작부
- 서구 마이타운 사업부   제1영업부・제2영업부・제3영업부・기획제작부
- 기타 사업부   시스템부・교열부

5. **설명회 개요**

　　　참석자 전원에게 배부 자료를 첨부하여 설명회를 개최하였습니다.
- 우선 정보지 사업부장으로부터 「불황의 시기이기 때문에 사람들에게 보다
많은 정보를 발신하고 즐거운 생활과 보다 좋은 인간관계를 구축할 수 있도
록 충실한 정보지를 목표로 한다」는 취지의 인사가 있었다.
- 양 사업부에서 이번 정보지 발간의 기획의도, 신 기획 내용의 설명, 광고주
에 대한 기획의도, 제작스케줄, 시스템의 흐름 등에 대해 설명.
 −제작 부문 : 이번 정보지에 대한 광고주에 대한 구체적인 어필 포인트를 소
구(訴求).
 −시스템 부문 : 제작의 진척상황을 파악하기 위한 데이터 입력에 관한 설명
을 한다.

6. **특기사항 외**

이번에는 정보지의 쇄신, 신 시스템에 이관이라는 것도 있고 관계자 전원을 대상
으로 설명회를 개최했다. 마지막에는 정보부 부장에 의한 호령으로 「열심히 해야
지!」의 대구호가 되어 회장은 결기집회 양상으로 무르익었다. 관계자의 건투를 빌
고 싶다.

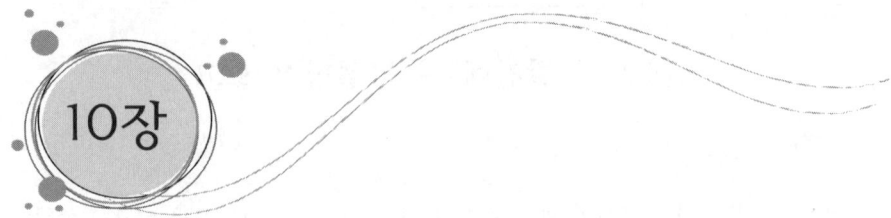

사고 · 재해 · 클레임 보고서 작성사례

1. 불량품 납품사고 보고서   212
2. 상품 폭발사고 보고서   214
3. 영업사원 부주의사고 보고서   216
4. 차량사고 보고서   218
5. 업무상 재해사고 보고서   220
6. 화재사고 보고서   222
7. 상품 클레임 보고서   224
8. 영업 클레임 보고서   226
9. 접객 클레임 보고서   228
10. 상품 클레임 보고서   230

사고 · 재해 · 클레임보고서 작성포인트

사고나 재해 혹은 고객과 거래처로부터의 클레임 등이 발생한 경우에는 무엇보다도 먼저 관계자와 연락을 취하여 신속하게 대처해야 한다. 최근에는 이러한 경우에 대비하여 「위기관리 매뉴얼」을 책정해 놓은 기업도 많다. 위기관리 매뉴얼에는 당연히 보고서의 작성법도 쓰여 있으므로 확인해 두면 좋을 것이다. 여기에서는 사과, 재해, 클레임이 발생한 경우의 포인트를 언급하도록 하겠다.

1. "정확히 신속히 객관적으로"가 기본이 된다.

사고나 재해에 대해서는 우선 구두로 보고한 후에 보고서를 제출하게 된다. 중요한 것은 피해상황을 가능한 한 신속하게 또한 정확하고 객관적으로 보고할 것. 당사자로서는 놀라서 어찌할 바를 모르겠지만, 가능한 한 냉정하게 보고할 수 있도록 대처하자. 그렇게 함으로써 이러한 사고나 재해를 막기 위한 참고자료로서 활용할 수 있다.

2. 여유가 있다면 향후 대책도 포함하여 기입한다.

기본적인 항목으로서는 표제(「재해·사고보고서」등), 당사자명, 사고내용, 사고 상황, 사고 원인, 사고처리·대응, 반성점 등. 또한 향후 대책 등이 생각난다면 기입한다.

불량품 납품사고 보고서

✍️ **작성포인트**

　표제, 발생일시, 당사자명(기본적으로는 당사자가 기입), 사고
내용, 사고상황, 사고원인, 사고처리 · 대응, 반성점 등. 또한 향
후 대책 등에 대해 기재한다.

☑️ **체크포인트**

- 개인적인 감정을 섞지 않고 가능한 한 객관적으로 평가 · 대응
  할 것.
- 포맷이 있는 경우에는 그것에 따라 기입한다.

불량품 납품사고 보고서

	담당	팀장	이사	사장

보고일자
소　　속
보 고 자

발생일시	200 년 ○월 ○일, 15시
발 생 처	상　호 : TNT 오사카 공장 담당자 : 연락처 : 주　소 :
사고내용	T사에 납품한 전자기기용 커터 유니트의 납품분을 체크한 결과 유니트의 일부에 규격외 제품이 혼입되어 있다고 T사 제조과장으로부터 폐사에 연락이 왔다.
사고원인	커터 유니트의 일부에 규격 외 커터 유니트가 혼입된 것은 모터 부착 시에 T사 전용 모터가 아닌 잘못하여 표준사양 모터를 장착하여 출하하였다는 것을 알게 되었다.
사고처리	T사의 클레임에 대응하여 제품과 과장에게 연락하여 과장과 둘이서 T사를 방문, 사죄하고 조속히 원인을 조사해 보고하겠다고 약속했다. 또 동시에 부족분에 대해서 T사에 3일치 재고가 있으므로 내일 납품으로 대응해도 좋다는 허가를 받았다. 다음 날 원인을 구명한 후 T사를 방문해 사죄. 사고원인과 향후 대책에 대해 설명하고 납득시켰다.
사고대책	기본적으로는 제조 및 검사의 체크 미스가 원인이며, 조립 및 검사공정의 재 체크와 재교육이 필요하다고 보인다. 제조과를 중심으로 프로젝트 팀을 편성하여 생산부문의 전 공정에 대해 체크포인트를 밝혀내어 불량 사고율 0을 추구한다.
특기사항	T사에는 재차 폐사 사장이 사죄하고 불량품 납입 사죄서를 제출. 동시에 사고를 없애기 위한 관리체제를 개선하겠다고 약속했다.

상품 폭발사고 보고서

✍ 작성포인트

가령 가연성 상품이나 액화가스가 들어 있는 상품 등을 소비자의 부주의로 폭발시킨 사고가 발생하는 경우도 적지 않다. 이러한 경우의 사고보고서로서는 표제(타이틀), 보고자명, 사고내용, 사고 원인, 사고처리·대응, 향후 대책 등에 대해 논한다.

☑ 체크포인트

- 업체 측의 책임이 없는 경우에도 사고처리에는 꼼꼼히 대응해 보고할 것.
- 동시에 대책에 대해서도 검토하는 방향으로 보고서에 기입한다.

카세트봄베 폭발사고 보고서

받음: 보고자: 보고일:

지난번에 당사의 카세트 봄베를 구입한 고객이 폭발사고를 일으킨 건에 대해 조사하였으므로 보고합니다.

1. 발생일시 : ○년○월○일 오후 7시 경

2. 사고 내용

H시의 남성이 바비큐 그릴용 숯을 휴대용 카세트 그릴을 사용해 불을 지핀 결과 카세트 그릴 봄베가 폭발. 사용자의 요청으로 T시 소방국의 소방차가 현장에 투입되어 소화·구급활동을 했다고 소방서로부터 보고를 받았다.

3. 사고 원인

바비큐 파티용 숯의 불을 지피려고 금속제 통에 숯을 넣어 그것을 카세트 그릴 위에 놓고 점화. 당사자가 약 10분 후에 통의 숯을 바비큐 그릴에 옮기기 위해 접근하자 폭발해 화상을 입게 되었다.

원인은 그릴 위에 놓아 둔 숯의 열에 의해 가스봄베 안의 압력이 급속히 높아져 폭발한 것이며 사고는 분명히 사용자의 부주의로 인한 것이다.

4. 사고 처리·대응

다음 날 담당자(하타케야마)가 현지에 나와 소방서에 인사 겸 정보를 수집했다. 소방서에서 이야기를 들은 후 화상을 입은 당사자를 병문안하고 대면 조사를 했다.

본인의 화상은 경미하여 불행 중의 다행. 본인 자신이 소방서로부터 휴대용 그릴의 사용법으로 비상식적인 것이라고 심하게 훈계를 받았다고 하며 미안해했다.

5. 향후 대책

기본적으로는 종전부터 사용법에 대해서는 제품 등에 명기했지만, 사고를 없애기 위해서 앞으로는 업체에서는 물론 업계 모두가 카세트 봄베의 특성과 「사용상의 주의와 경고」등에 대해 광고, 캠페인을 통해 전개해 나갈 필요가 있지 않을까.

영업사원 부주의사고 보고서

✍ 작성포인트

부주의 보고서는 본인 또는 부하의 실수를 보고하는 문서. 수신처(소속장 또는 부장, 사장), 부주의의 사실과 그 이유·경위, 사죄와 반성, 향후 결의와 맹세를 기입한다. 특히 본인이 보고할 경우에는 변명하듯이 하지 않고 간결하게 사죄하는 자세가 중요하다.

✔ 체크포인트

특기사항은 객관적인 것만이 아닌 주관적인 것도 기입자의 재량으로 기입해 둔다.

○○○부품 견적오류 손해발생 경위서

받음: 보고자: 보고일:

- 제 출 처 : (주)테크노상사

- 발생내용 : ○○부품 산정 오류

- 손해금액 :

저 ○○○는 ○년○월○일, (주)테크노상사에 전자부품 견적서를 제출하였을 때 견적금액을 실적 금액을 잘못 산정했습니다. 따라서 당사에 막대한 손해를 발생시켰습니다.

(주)테크노상사는 제가 1년 전부터 어택했던 회사로 주목을 받는 성장 기업으로서 높이 평가받고 있습니다. 이러한 속에서 동사 구매부로부터 견적 의뢰가 있어 급히 협의를 했습니다.

구매부를 방문해 A씨와의 사이에서 토론한 결과 ○월○일까지 견적서를 제출해 달라는 내용, 요청이 있어 기일까지 제출하기로 약속하고 회사로 돌아왔습니다.

그런데 (주)테크노상사로부터 전화가 와서 사정상 내일모레까지 견적서를 제출해 달라는 연락이 있었습니다. 게다가 이번에는 라이벌사인 A사와 견적한다는 보고를 받았습니다.

저로서는 힘든 상황이었지만 절호의 기회이어서 놓칠 수는 없기에 기일까지 제출한다고 답변하고, 서둘러 견적서를 상대측에 제출하여 채택되었습니다.

그러나 이 견적서의 금액이 적정 납품가 이하로 산정되어 당사에 ○○○천엔의 손해를 발생시키게 되었습니다. 앞으로 이러한 부주의로 회사에 손해를 발생시키는 일은 두 번 다시 일으키지 않을 것을 약속합니다.

특기사항	
팀장	잘못된 견적서는 영업인으로서 있어서는 안 되는 경우로, 엄중 처벌해야 하지만, 영업성적도 좋고 신규 고객 개척을 위해 열심히 임한 나머지 부주의로 인한 결과로 이번에는 시말서(경위서)만으로 징계처리하기로 했다. 이것을 명심하고 더욱 분발하기를 바랍니다
이사	

차량사고 보고서

 **작성포인트**

회사의 차를 운전 중에 사고가 난 경우. 항목으로서는 사고의 종류, 사고 발생일시·장소, 우리측 정보(운전자·차량NO·차량용건), 상대방 정보(운전자·운전자 주소·전화·소유자 주소·전화·차종·차량NO), 사고의 개요, 부상·손상, 소견(경찰·보험사) 등.

✔ **체크포인트**

• 발생한 사고의 원인이나 상황 등의 내용은 사실에 입각해 객관적으로 기입한다.

• 서식이 있는 경우에는 서식에 따라 가능한 한 자세하게 기입한다. 기입하는 시점에서 내용이 불명확하거나 조사 중일 경우에는 우선 「불명확」혹은 「조사 중」으로 기입한다.

차량사고 보고서

받음:　　　　　　　　보고자:　　　　　　　　보고일:

사고 종류	상대측의 의한 추돌사고
발생일시	○○년 ○월 ○일,　오후 2시 15분
발생장소	도쿄도 ○○구 ○○쵸 3쵸메 ○○교차점
사고 자	운전자 : 영업부 판매2과 호시노 카즈키 차량 : 차종 왜건 차량No.×××××× 차량용건 : 영업활동 중
사고 상대	운전자 : ○○운수주식회사 배송부 다야마 다이이치 운전자 주소·전화 : S현 ○○시 字1-2-3 TEL×××××× 소유자 : ○○운수주식회사 소유자 주소·전화 : 도쿄도 아시다치구 ○○○○ 연락처 : 차종·차량 No. : 핸드 락·차량 No.××××××
사고개요	교차로에서 빨간 신호이므로 정지하자 상대방 차량이 추돌했다.
부상·손상	부상　　우리 측 추돌 시에 약간 경추를 다침. 손상　　우리 측 차량 후부 범퍼 및 라이트 파손 　　　　상대측 전부 범퍼, 헤드라이트 파손
경찰소견	우리 측은 빨간 신호에서 정차 중이며 죄가 없다. 상대측의 전방 부주의에 의한 사고
보험사소견	경찰소견과 동일. 책임은 100% 상대측에 있다.
사후처치	• 우리 측 영업차는 수리 중 • 우리 측 운전자는 병원에서 검사. 엑스레이 검사로는 이상 없지만 현재 상향을 보는 중 • 위와 관련된 비용은 상대측 보험사가 모두 부담.
특기사항	다시금 안전 운전에 대한 의식이 싹텄다. 상대에게 책임이 있는 교통사고도 피할 수 있도록 주의가 필요.

업무상 재해사고 보고서

✍ 작성포인트

업무상 재해사고 보고서의 기본항목은 표제(타이틀), 사고당사자명, 발생일시, 발생장소, 사고내용, 사고원인, 사후 처리와 대응, 향후 대책, 반성할 점, 특기사항 등에 대해 기입한다.

☑ 체크포인트

이러한 재해의 경우 원인과 결과만을 보고하는 것이 아니라, 거기에 이른 경위를 소상하게 함으로써 대응책을 강구할 수 있다. 이것도 보고서의 이점이다.

업무상 재해사고 보고서

받음:	보고자:	보고일:

사고 내용	프레스 가공 공정에서 왼손 검지 골절
피해자	생산부 금속가공과 야마구치 진
발생일시	○○년 ○월 ○일, 오후 2시경
발생장소	프레스 가공 라인, 단동 프레스 가공 2호기
사고원인	프레스한 제품의 일부가 빠져 있었기 때문에 그 파편을 제거하려고 프레스기에 왼손 검지가 끼어 타박 골절되었다.
사고에 의한 영향	• 총무과장(히라야마)이 부상을 입은 야마구치를 차에 태워, 시립병원으로 옮겼다. 진찰 결과 왼손 검지 두 번째 관절이 골절되었다고 함. • 전치 1개월, 휴직 예상 일수 약 10일간. • 본인의 부상은 심하지 않았지만 이 사고 영향으로 약 30분정도 일부 라인 업무를 정지했기 때문에 동 라인에서는 야근을 하고 납입 예정 시간을 약간 오버했다.
수습방법	1. 깜박 실수한 것이 사고 원인이지만, 기계 자체가 낡았기 때문에 이러한 경우의 안전장치가 없어 과거에 2번이나 손상 사고가 일어났다. 2. 직원으로부터도 위험성을 지적하는 목소리가 있었으므로 조속히 안전장치 설치를 검토하는 방향으로 기계 업체와 교섭하고 있다.
재발 방지 조치	• 공장장으로부터 각자의 책임에 대해 안전관리를 철저히 할 것, 훈사를 받았다. • 그 일환으로서 직원에 대한 안전교육 위원회를 설치하고 전 직원에게 안전교육을 철저히 강화하게 되었다. • 설비면에서는 이러한 타입의 기계(10대)를 올해부터 다음 해에 걸쳐 5대씩 안전장치를 부탁한 신규 머신으로 교체하기로 결정했다.
특기사항	이번의 사고는 개인이 아닌 전사적인 방심이 원인이라는, 하나의 경각심을 불러일으켰다. 신규머신을 도입하게 되었지만, 기계의 운전(조작)은 개개인은 물론, 관리면에서 철저한 안전교육이 필요하다.

화재사고 보고서

✍ 작성포인트

화재사고는 사내에서 수습하는 경우와 주변을 끌어들이는 경우가 있다. 어찌되었든 사고보고서를 작성함으로써 피해상황을 정확하고 신속하게 보고하며, 사고를 방지하기 위한 최선의 대책을 검토하고 재발방지에 만전을 기하는 것이 중요하다. 항목은 보고서를 참조할 것.

✔ 체크포인트

가능하면 다음 날 재발방지조치의 실시 재확인을 보고하면 좋다.

화재사고 보고서

받음:	보고자:	보고일:

사고 내용	도장공장에서 불이 붙어 화재 사고
발생일시	○년○월○일 오후 3시경
발생장소	제1공장 내 도장 공정
사고원인	제품 도장 공정에서 어떠한 원인에 의해 불꽃이 시너에 붙어 불길이 솟았다. 원인은 현재 경찰과 소방서에서 조사 중
사고에 의한 영향	근처에 있던 직원 3명이 화상을 입어 구급차로 병원에 호송. 또 도장공정이 불타서 재빨리 직원이 소화 활동을 하였기 때문에 폭발은 피했지만 공장 내에는 연기가 가득하고 또 공장 전체가 물에 잠겼다. 생산을 재개하려면 보름 후가 될 것으로 생각된다.
수습방법	1. 사고 원인·문제점을 찾아내어 그 원인을 확인한 후 선후책을 강구한다. 2. 그것에 기초하여 공장 내의 청소 및 정비 후에 직원과 기계 업체의 기술자에게 의뢰하여 조속히 라인을 복구한다.
재발 방지 조치	공장장을 방재강화 위원장으로 지명, 사내안전대책위원회를 설치하여 다음과 같은 재발방지조치를 실시하게 되었다. 1. 안전성에 관한 사전평가 도장작업의 위험요소를 추출하여 그에 관한 대책을 검토하고 실시한다. 2. 더욱 안전한 설비로 개선과 관리 설비를 재평가하고 설비를 개선하며 설비·기기 등의 점검·관리에 대한 사내 규칙을 확립해 전원에게 대응한다. 3. 안전교육을 한다. 안전 관리자를 배치하여 방재체제를 마련하고 정기적으로 교육 관리한다.
특기사항	부상을 입은 직원은 다행히 가벼운 부상에 그쳤고 3일 후에 직장에 복귀. 인근 주민에게 폐를 끼쳤기 때문에 공장장 및 총무부장이 인근 가정을 방문해 사죄 겸 향후 재발방지책을 설명하고 향후 결코 사고를 발생시키지 않도록 결의를 표명했다.

상품 클레임 보고서

📝 작성포인트

상품에 대한 클레임은 내용 여하를 불문하고 일상다반사처럼 일어난다. 보고서에는 클레임의 내용을 정확히 파악하고 사실을 객관적으로 기입한다. 항목으로는 발생일시, 접수자, 접수방법, 발생장소, 대상사품, 사용상황, 내용, 대응, 상대측 대응, 향후 대책 등을 기재한다.

✔ 체크포인트

- 상품 등에 의해 내용은 다양하지만, 필수항목은 거의 동일하다.
- 고객의 불만은 각색하지 않고 정확하게 쓰는 것이 중요. 필요하다면 특기사항 등으로 코멘트를 추가한다.

상품 클레임 보고서

받음:	보고자:	보고일:

클레임 건	유통기한을 지난 정육 판매에 의한 클레임
발생일시	○년 ○월 ○일, ○시 ○분
접 수 자	소비자상담센터 :
접수방법	전화
발생장소	발생처 :　　　　　　　　　　　연락처 : 주　소 :
클레임 상품	정육(소고기)
틀레임 내용	당점 지하 1층에 있는 식료품 매장의 정육점 ○○점(임대)에서 上 소고기 500g을 구입. 집에 돌아와 조리하려고 개봉하자 가장 위의 고기 1장은 붉고 신선했지만 그 아래의 고기는 모두 검붉게 변색 되어 있었고 아무리 보아도 유통기한을 지난 나머지였다고 한다. 고객이 특히 화가 났던 것은 위의 1장만 신선한 고기를 올려놓았 으므로, 「이것은 엄연히 고객을 속이는 의도적이고 사기적인 행위 라고 생각한다」고 분개했다.
클레임 처리	접수자가 즉시 판매한 정육점에 상황을 확인하여 어쨌든 동점으로 부터 다시금 정육을 확보하여 발생한 곳에 나가 확인한 바, 부인의 말대로 분명히 유통기한이 지난 상품이라는 것을 알고 상품을 교 환. 향후 이러한 일이 없도록 이 상점에 엄중 주의를 시키겠다고 약속하고 사죄했다. 덧붙여 이 집에는 동점에서 자주 구입하고 있 으며 이러한 불상사는 이번이 처음이었기에 어떻게든 용서를 받았 다.
클레인 대책	이것은 임대 문제에 그치지 않고 분명 당점의 신뢰와 연관된 문제 이므로, 점장을 불러 엄중 주의. 한 점원이 한 일이라고 그냥 지 나칠 수 있는 문제가 아니며 향후 이러한 부정한 판매는 절대로 하지 않겠다는 서약서를 받아 놓았다.
특기사항	또한 ○○정육점은 중급 소고기를 취급하고 있는 곳으로 당초에는 단골손님이 많았다. 그러나 최근에는 입점 당시에 비해 고객이 감 소하고 있어서 이러한 행위를 하기에 이르렀다고 여겨진다. 요주 의 상점으로 당분간 감시가 필요.

영업 클레임 보고서

✍ **작성포인트**

거래처로부터 들어온 클레임은 당사자로서는 맥이 풀리는 것이지만 확실히 대응하는 것이 중요하다. 어떤 클레임이 언제, 어느 부서의 누구로부터 들어왔는지를 기입한다. 또한 클레임에 대응하는 조치, 원인 구명, 향후 대책 등을 기입한다. 특기사항에서는 감상이나 정리 등도 쓴다.

✅ **체크포인트**

*   보고자는 담당자라도 상관없다.
*   특기사항을 상사가 정리하는 일도 있다.

영업 클레임 보고서

보고일 :
소 속 :
보고자 :

담당	팀장	이사	사장

건명	영업담 당의 발주 실수에 의한 상품 미 납입
발생일자	○○○○년 ○월 ○○일
클레임 고객	회사명 주식회사 ○○상사 TEL : 책임자 구매부 TEL : 담당자 구매부 TEL :
클레임 대상	○○상품 (○○○○월 ○○일 오전 9시까지 납품하지 않음)
클레임 발생자	에다지마영업소 주임 ○○○
클레임 내용	주식회사○○상사로부터 당영업소 주임·야마구치 마사오가 수주 박은 상품 1만개가 당일까지 납품되지 않아 ○○상사 각 대리점에 출하하지 못하여 판매 기회를 잃게 되었다는 클레임.
클레임 처리	○○상사 구매부에 당영업소장과 담당자가 방문하여 진심으로 사죄하였음. ○○상사 구매부장, 구매과장, 구매담당자가 동석하고 지금까지의 실적을 참작하여 이번의 실수는 불문에 붙이기로 함. 앞으로 이러한 일이 발생하면 거래를 중지한다고 함.
클레임 원인	○월○일 ○○상사 구매부의 다카다씨로부터 발주 의뢰를 받아 수주한 단계에서 회사로 돌아와서 다른 클라이언트로부터 긴급 호출로 외출하게 되어 발주서를 영업관리부에 제출하지 못함
향후 대책	지금까지 영업에서 발주서의 기입·제출까지 모두 담당영업이 하고 있었지만 앞으로는 담당영업에 여성담당자를 붙여 영업보조·클레임 처리 등을 맡겨 발주서나 납품서, 스케줄 관리 등은 모두 여성 담당자가 관리하게 되었다.
특기 사항	영업소장 ○○○○ : 클레임을 발생시킨 ○○○주임을 영업부장과 상담하여 영업소 선에서 경고러리하고, 향후 재발생시 본사에 징계를 상소하기로 함

접객 클레임 보고서

✍ 작성포인트

소비자 의식이 높아지는 현대에서는 접객서비스에 대한 평가도 엄격하다. 진지한 대응을 하지 않으면 큰 트러블로 발전할 가능성도 크다. 항목으로는 발생일, 발생장소, 접수자, 대응상품, 클레임내용, 상대측 반응, 대응 내용, 향후 대책 등이 있다.

✔ 체크포인트

* 단순한 보고가 아니라 개선안을 제안하거나 대책에 대해 생각함으로써 한 단계 상승한다.
* 보고서를 거듭해 나감으로써 효과적인 대책을 강구할 수 있게 되므로 귀찮아하지 말고 작성한다.

접객 클레임 보고서

받음:	보고자:	보고일:

클레임건	○○백화점 임대·중화○○반점의 접객 서비스에 관한 클레임
발생일시	○○○○년 ○○월 ○○일, ○○시
접수처	고객상담실 (담당자 : ○○○) 접수방법 : 전화접수
신고자	성명 : 와타나베씨 연 락 처 :
발생장소	도쿄도 이타바시구 ○○백화점 ○○반점
클레임 대상	중화○○반점의 야키소바와 접객 서비스
클레임 내용	당점 8층에 있는 중화○○반점에서 와타나베씨가 야키소바를 주문하자 가지고 온 야키소바가 흐물흐물하고 게다가 미지근했기 때문에 웨이트리스를 불러 정정해 달라고 하자 「죄송합니다」라는 말도 없이 그것을 회수. 시간이 지나자 되돌아 왔지만 분명히 전자레인지로 데우기만 한 것으로 너무 열이 받아 아무 말도 하지 못하고 먹지 않고 집에 돌아왔다는 것. 귀가한 후에 와타나베씨가 고객 상담 담당자에게 클레임 전화를 걸어 고발함
고객 대응	임대인 동점은 이름 있는 중화요리 체인점. 동점에 나가 클레임에 대해 확인하자 사실임이 판명. 우선 와타나베씨 댁에 요리 값과 과자를 들고 사죄하러 방문했다. 와타나베씨는 「이런 경험은 처음이고 무엇보다 요리점으로서 용서할 수 없다. 백화점에도 오점이 생기는 것이 아니냐」라며 화를 내었지만 사죄와 함께 선처를 구하는 내용을 전달하고 양해를 구했다.
구체적인 대책	동점은 오래전부터 있던 임대점이기는 하지만 확실히 접객 서비스도 요리도 별로 평판이 좋지 않아, 이전부터 고객의 발길이 뜸해지고 있다. 객관적인 관점에서 동점의 본부에 운영에 관한 제의를 하여 직원을 보완하도록 부탁했다.
특기사항	향후 동점에서 이러한 클레임이 계속된다면 나쁜 평판이 만연하고 고객이 떠나가는 일도 있을 수 있다. 플로어장으로서 감시체제를 강화하고 동점의 분발을 촉구할 생각이다.

상품 클레임 보고서

✍️ 작성포인트

소비자 의식이 높아지는 현대에서는 접객서비스에 대한 평가도 엄격하다. 진지한 대응을 하지 않으면 큰 트러블로 발전할 가능성도 크다. 항목으로는 발생일시, 접수자, 접수방법, 발생장소, 클레임 대상, 클레임내용, 상대측 반응, 대응 내용, 향후 대책 등이 있다.

✅ 체크포인트

- 공장과 인근 주민과의 트러블이 많다. 보고서를 씀으로써 대책안도 공부할 수 있다.
- 서식은 기승전결을 기본으로 하기 때문에 응용 범위는 넓다.

소음 클레임 보고서

받음:	보고자:	보고일:

건명	인근 주민자치 모임으로부터 소음에 관한 클레임
발생일시	○○년 ○월 ○일, ○○시 ○○분
접수처	조부 (접수자: 우에다 히로빈)　　접수방법: 전화
신고자	성명 :　　　　　　　　　　　연락처 :
발생장소	사이타마현 ○○시 다치바나쵸 ○쵸메 12-3
클레임대상	그라인더 처리에 의한 소음과 금속 가루가 섞인 먼지
클레임내용	상품의 바리케이드 제거 공정에서 공장 안이 재료로 가득 차 있어서 건물 밖에서 작업을 하였던 차에 마을회장에서 인근에 사는 이이다 노리오씨로부터 전화로 「소음으로 시끄러워서 업무를 볼 수 없다. 어떻게든 해 달라」는 클레임. 분명히 소음은 주의했지만 긴급하게 입고해야 하는 일이므로 어쩔 수 없이 작업을 할 수밖에 없었다. 그러나 인근 주민 입장에서 보면 시끄러운 것은 당연하고 아무런 대책도 강구하지 않은 것은 어리석었다.
고객 대응	우선 상대측을 방문해 소음 및 분진에 대해 사죄했다. 상대측의 주장으로는 그라인더로 까는 것 자체 소음이 발생한다는 것은 알고 있지만, 건물 안이 아닌 밖에서 작업을 했다는 것을 비난했다. 이것에 대해서는 이번 작업은 돌발적인 작업이고 약 1주일이면 끝나며, 그러나 실제로 소음을 낸 것에 대해서는 드릴 말씀이 없으며 죄송하고 개선책을 강구하기로 약속했다.
구체적인 대책	조속히 대책 회의를 열어 다음과 같은 대책을 강구했다. 1. 지금까지 공장 밖에서 하던 그라인더 작업을 공장 안에서 하도록 하여 분진, 소음을 인근에 방출하지 않도록 고안했다. 2. 작업시간을 오전 10시부터 오후4시까지로 하기로 양해를 얻었다.
특기사항	이번에는 돌발적인 작업이고 단기간이었기 때문에 오히려 소음대책 등의 처치를 취하지 않았다. 확실히 인근 사람들에게는 폐를 끼치게 될 것이기에, 같은 지역에서 활동하는 기업으로서 향후 이러한 일이 없도록 주의해야겠다.

3부

리포트 작성사례

1장 마케팅 리포트 작성사례   236

2장 머천다이징 리포트 작성사례   255

3장 경영관련 리포트 작성사례   283

4장 트렌드 관련 리포트 작성사례   304

5장 사내활동 리포트 작성사례   328

6장 직무관련 리포트 작성사례   346

리포트 작성포인트

　지금까지 업무보고서에 대해 실례를 논해 왔다. 그렇다면 업무보고서와 리포트는 어디가 어떻게 다를까. 형식적으로 말하면 업무보고서가 일상 업무를 정기적으로 상사에게 보고하는 정형적인 문서인데 반해 리포트는 내용도 형식도 제약이 적은 문서라고 할 수 있을 것이다. 또한 리포트는 말하자면 특정한 과제에 대한 조사·연구 등에 입각해서 객관적 사실을 파악하는 한편에서, 스스로의 의견도 가하면서 고찰, 기술해 나가는 문서이다.

　그리고 리포트는 누가 어디에 제출하는가에 따라 그 이름도 달라진다. 기업의 직원 업무와 관련된 것이면 「비즈니스 리포트」, 관청이 정리하는 「○○백서」, 매스컴 관계라면 「보도, 뉴스, 현지보고」, 재계나 학자 그룹에 의한 「제언·제안 리포트」, 학생이 과제로 제출하는 「기말 리포트」등도 있다.

　그 중에서 여기에서는 「업무에 도움이 되는 리포트 작성법」을 배운다. 이러한 비즈니스 리포트만으로도 내용별로 나누면 조사리포트, 시찰보고, 연수리포트, 업무보고 등 다양하다. 또한 조사리포트 하나에도 시장조사, 신용조사, 신제품조사, 기업조사 등이 있으며 그 중 시장조사도 CF효과조사, 고객층조사, 경쟁사(경쟁점포)조사, 상품조사 등 다방면에 걸쳐있다. 그야말로 테마는 무한하다.

　그럼 우선 리포트 작성법의 기본에 대해 소개하도록 하자.

　먼저 5W1H(혹은 2H)의 내용이 담겨지도록 한다. 즉 Who 누가, When 언제, Where 어디에서, What 무엇을, How 어떻게 (How much 얼마로) 했는가라는 내용을 기술하는 것이다. 이것을 염두에 두고 쓴다면 빠뜨리지 않을 수 있다.

두 번째로 데이터나 조사상의 코멘트 등은 정확함이 생명이며 이것이 잘못되면 사상누각과 마찬가지로 토대가 무너지고 만다.

세 번째로 사실을 가능한 한 객관적으로 쓴다. 요컨대 쓰기 좋은 것을 채택해서 하는 것이 아니라 좋은 것이든 나쁜 것이든 골라서 독자적으로 분석하고 필요하다면 자신의 견해를 논한다. 자기 나름대로 스토리를 만드는 것은 금지되어 있는 일이다.

그리고 네 번째는 읽게 하는 방법. 타이틀이나 표제어에 심혈을 기울이거나, 도표나 일러스트를 사용해 보기 편하며 읽기 좋게 한다. 이것으로 리포트도 한 수준 더 올라갈 것이다.

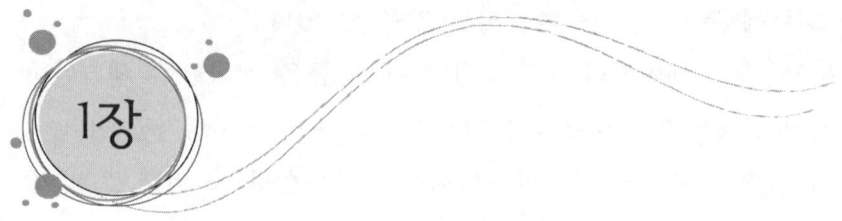

마케팅 리포트 작성사례

1. 동종업계에 관한 리포트   240
2. 거래처 업계에 관한 리포트   242
3. 신규사업에 관한 리포트   245
4. 소비동향에 관한 리포트   248
5. 해외시찰 연수에 관한 리포트   251

마케팅 리포트 작성포인트

 마케팅이란

오늘날 이른바 기업전략의 출발점이 되는 것이 마케팅이라고 불리고 있다. 고객의 니즈와 시장의 현황을 파악하는 것이 신상품 개발이나 광고 전략, 판매촉진계획의 성공의 열쇠를 쥐고 있기 때문이다.

마케팅이란 소비자가 무엇을 원하는가를 조사해서 상품 개발에 반영시켜, 판매활동 방법을 측정해 나감으로써, 유통 효율화를 도모하는 수법이다. 바꿔 말하면 「생산자로부터 소비자에 대한 상품이나 서비스의 흐름 과정, 즉 시장조사부터 PR·판촉활동, 광고 선전 등 일절의 상업 활동」, 혹은 「시장이나 고객의 동향과 기업과의 중개하기 위한 모든 전략·전술」이라는 방법도 있다. 또 주주나 종업원을 고객으로 생각한다면 IR활동(주주와 투자가에 대한 광고 홍보 활동)이나 복리후생대책 등도 폭넓은 마케팅 활동인 것이다.

그런 의미에서 마케팅 원점은 시장·고객 지향의 발상과 행동에 있다. 따라서 아무리 뛰어난 상품·서비스라도 시장이나 고객의 니즈를 잘못 파악하면 「팔리지 않게」된다.

그럼 어떻게 하면 잘 팔릴 것인가. 단적으로 말하자면 「그 사람에게 무엇을 해 주면 기뻐할 것인가」를 생각하고 그것을 구현하는 것이다. 예를 들면 당신이 개인적으로 누군가에게 무언가를 선물할 때 「무엇을 주면 가장 기뻐할 것인가」를 여러 가지 고민하면서 생각할 것이다. 이것이 마케팅의 원점이다. 「목표로 하는 타깃에게 무엇을 해 주면 기뻐할 것인가를 기획하고 구체적으로 실행함으로써 결과적으로 수익을 올린다」. 이것이 기업 활동의 마케팅이라고 할 수 있을 것이다.

기업 활동의 마케팅에서는 어떻게 사람=타깃의 마음을 잡으면 될 것인가. 포인트는 우선 마음을 끌어당기는 사람을 상정하고 그 타깃이 무엇을 바라고 있는지를 구체적으로 생각한다. 다음으로 타깃에게 무엇을 제공하면 기뻐할지를 생각한다. 그리고 그 결과 어떻게 수익을 올릴지를 생각하는 것이 필요하다.

작성할 때 포인트

마케팅의 방침을 책정하는데 조사 · 보고는 중요한 위치를 차지한다. 여기에서는 업계관련, 거래처, 신규사업, 소비동향, 해외시찰연수 등에 관련된 마케팅 리포트에 대해 소개한다.

마케팅에 관한 리포트를 쓰는데 집어두어야 할 점은 다음과 같다.

1. 시장 상황을 알기 쉽게 기술한다.

신규 참여하거나 신상품에 투입, 자사 상품을 개선하는 등 무엇을 목표로 하여 마켓 리서치를 하는가는 다양하지만, 무엇을 위한 것이든 현재의 상황을 확인하는 것이 필요하다. 지도상의 위치를 확인하지 않고 목표를 정할 수는 없다. 우선은 지반을 다지자. 또 시장은 항상 움직이고 있다는 것을 잊어서는 안 된다. 가능한 한 새로운 정보를 정확히 파악하는 것이 중요하다. 또한 현재 상태뿐만 아니라 될 수 있으면 과거로부터 내려오는 흐름에

도 착안해야 한다. 역사는 반복되기 때문이다.

2. 자사의 위치를 분석한다.

시장이라는 지도를 확인하였다면 그 다음은 자신이 어느 위치에 있는가, 목표는 어딘가를 가려내야만 한다. 자사와 같은 정도의 힘을 갖는 다른 기업을 참고로 하거나 현재 상위에 있는 기업이 어떠한 과정에서 그 위치까지 올랐는지를 분석함으로써 길이 열리는 경우도 있다. 이러한 분석은 향후에 자사가 어떠한 방향성으로 사업을 전개해 나갈 것인가를 결정하게 되는 중요한 수단이 될 수 있다.

3. 장래를 내다보고 현실적인 제안을 한다.

지도를 확인하고 현재 위치를 파악하였다면 다음은 걸어 나갈 루트를 생각해야 한다. 물론 리포트에 쓰이는 것은 어디까지나 제출자의 의견에 그치고 그것이 그대로 회사의 방향성을 결정하는 것은 아니지만, 기왕 쓴다면 유효한 의견을 쓰는 것이 좋다. 이 때 잊어서는 안 되는 것이 현재 어디를 향하는가가 아니라, 제대로 된 장래 비전을 갖는 것이다. 시장은 항상 움직이고 있으므로 지도도 변한다. 경합하는 타사와의 위치 관계 등도 바뀌게 되기 마련이다. 장래 그림을 정확하게 분간한다면 그 중에서 좋은 위치를 확보할 수 있게 된다. 하지만 어디까지나 제안은 할 수 있는 곳에서 시작하자. 이상의 첫걸음도 현실에서 시작되는 법이다.

동종업계에 관한 리포트

작성포인트

　보는 사람은 업계에 관해 기초적인 지식을 갖고 있기 때문에 해설은 불필요하다. 필요한 것은 최신의 포인트에 입각한 정보다. 같은 업계 타사와의 비교 검토가 용이한 리포트가 되도록 노력하자. 회사의 방향성을 결정짓는 자료가 될 수 있다는 것을 잊어서는 안 된다.

체크포인트

* 조사대상을 경합기업으로 축소한다.
* 단순하게 숫자로 비교할 수 없는 점에 관해서는 별도로 기입한다.
* 구체적인 숫자를 소개하는 것에 그치지 말고 그러한 결과가 된 원인을 고찰하고 보고한다.
* 세일 효과가 유효한지 단순하게 판매 대수로 비교할 수 없는 경우에는 문장으로 해설하면 좋다.
* 마지막으로 조사의 향후 방향성을 제시한다.

자동차판매점 연말세일에 대하여

받음: 보고자: 보고일:

타사 자동차 판매점의 연말 세일에 관해 다음과 같이 조사하였기에 보고합니다. 검토 부탁드립니다.

1. 조사대상 판매회사 : H사 T사 M사 N사 B사

2. 조사결과

사명 실시시간	실시내용	12월 판매실적(대)	연간 판매 비율
A사 12월15일~28일	할인(5%)	10,000	11%
B사 12월20일~29일	특전(3만 엔 상당)	12,000	9%
C사 12월15일~30일	할인(30%)	11,000	15%
D사 12월20일~30일	할인(20%) 저금리 대출	12,000	10%
E사 12월24일~25일	특전(1만 엔 상당)	3,600	6%

*E사는 크리스마스세일로 실시

3. 고찰

E사, B사에서는 통상기와의 판매대수의 차이가 그다지 보이지 않는다.

B사에 관해서는 특전(3만 엔 상당의 상품) 인센티브에 그쳤다. 이것은 연간 넘버1의 인기가 있기 때문에 특히 세일기간에 초점을 맞추지 않았기 때문이라고 생각된다. E사는 6%라는 평소보다 오히려 판매 대수가 내려갔는데, 이것은 고급 기종이 메인임에도 불구하고 특전 가격이 낮아, 소비자에게 별로 이득이 된다는 자극을 주지 못했기 때문에 타사에게 고객을 빼앗겼다고 생각된다.

D사, A사는 각각 10%, 11%의 성적을 올렸다. 이것은 업계 전체의 판매량에 비추어 살펴본다면 당연한 숫자라고 할 수 있다.

A사는 적정한 가격으로 판매를 하고 있기 때문에 평소에는 할인을 거의 하지 않는다고 하지만, 실제로는 5%정도 할인을 하였고 세일 기간에도 판매가격은 거의 바뀌지 않았다. 세일이라는 것으로 타사는 판매를 촉진하고 있으며 업적을 올리고 있다고 할 수 있다.

그에 반해 D사는 통상적으로 할인하는 10%정도에서 20%로 올렸고, 또한 저금리 대출을 실시하고 있지만 B사를 크게 웃돌지는 못하고 효과는 있었지만 충분하지는 않았다.

연말 세일 기간에 30%라는 대폭 세일을 감행한 C사는 12월 판매 대수가 연간 매출 대수의 15%에 달하였고, 세일 기간도 타사와 비교해 길었다. 세일 기간의 판매에 관해서는 매우 의욕적이었고 그만큼 실적도 올랐다고 할 수 있다.

이 조사에서는 코스트를 들이지 않고 그 나름의 이익을 올리고 있다고 여겨지는 A사와, 코스트를 들여 큰 결과를 내고 있는 C사의 어느 쪽이 뛰어나다고는 한 마디로 말하기 어렵다.

폐사의 판매체제의 방향성을 결정하는데 어느 타입으로 세일을 해야 하는지, 또는 독자적인 방향성을 생각할지, 결정할지가 중요하다. 또 신년·결산기의 세일에 대해서도 이와 같은 조사를 할 예정이다.

거래처 업계에 관한 리포트

✍ 작성포인트

여기에서는 거래처 업계 각사의 판매실적조사에 대해 보고하고 있다. 목적, 조사대상, 기간, 대상상품, 조사결과에 대해 논하고, 그 조사결과에 입각해 고찰한다. 또한 그 업계에서 거래처가 차지하는 위치와 자사와의 거래에 대한 평가를 명확히 한다.

✔ 체크포인트

자사와 인연이 없었던 거래업계를 리포트 할 경우에는 업계의 기본적인 상황·상태를 미리 해설해 두는 것도 필요하다.

온라인 쇼핑의 판매실적 조사

받음: 보고자: 보고일:

당사 독자적으로 판매하기 위해서 제휴하기에 적합한 온라인 쇼핑 사이트를 검토하기 위해 유력한 사이트의 판매 실적을 조사하였기에 다음과 같이 보고합니다.

1. 조사목적

R사와 제휴하고 온라인쇼핑에서의 당사 워드프로세서 소프트웨어 「이지 라이트」선행 독점 판매를 하는데 「이지 라이트」와의 경합제품인 M사 「고토하」의 매출 실적을 조사하여 어느 쇼핑사이트가 당사제품을 판매하는데 가장 적당한지를 검토한다.

2. 조사대상 : Y사 S사 T사 R사

3. 조사 대상 기간 : ○년 4월~△년 3월

4. 대상상품 : M사 워드프로세서 소프트웨어 「고토하」

5. 조사결과 :

유력 사이트 4사의 판매실적

회사	대상 판매 수(개)	총 이용자수(명)	구입비율
Y사	600	34,600	1.73%
S사	120	13,400	0.89%
T사	450	20,800	2.16%
R사	620	17,800	3.48%

6. 고찰

「고토하」는 총 판매 개수가 12만 개라는 것을 생각하면 이 온라인 쇼핑 사이트에서의 매출이 크지 않다. 판매 개수로 치면 한 사이트의 매출은 판매점 1점포정도이다. 그러나 온라인 쇼핑은 앞으로 큰 시장으로 성장해 나갈 가능성을 전제로 어디까지나 각사의 비교만을 하길 바란다.

표를 대조해보면 각각의 사이트에 의해 구입 비율에 큰 차이가 있는데 이것은 이용자층의 특징에 뿌리를 두고 있다. 최대 기업인 Y사는 주로 PC 게임 소프트웨어를 판매. 독자적인 특전을 달아 게임 소프트웨어를 판매하여 개수를 늘리고 있다.

S사는 CD, DVD 등의 오디오 소프트웨어에 이용자가 집중되어 있으며 휴대전화용 콘텐츠 등도 마련해 젊은 층의 인기를 얻고 있다.

T사는 폭넓은 상품을 구비하여 안정된 매출을 보이고 있으며, 이용자의 폭도 넓지만 최근 몇 년간 변화가 보이지 않는다.

그 중에서 특별히 언급해야 하는 것은 구입 비율 3.47%의 R사라고 할 수 있다.

이 회사는 비즈니스 소프트웨어 이용자에게 초점을 맞추어 각 소프트에어의 성능을 비교하거나 활용법 등의 기사를 게재하여 이용자를 온라인 쇼핑으로 유도하는 독자적인 기획을 해 왔으며, 잡지 등에서도 빈번히 소개되었기 때문에 앞으로 비즈니스계 유저가 R사에 집중할 것으로 여겨진다.

또한 R사의 이용자는 중·장년층이 메인인데, 향후 기획으로 학생용 콘텐츠를 제공해 나감으로써 신사회인용으로 독자적인 할인이나 우선 판매를 마련해 유저를 획득하기 위해 대상자 층을 넓혀 나가려는 의도도 있다.

이상에 의해 당사 제품을 판매한다는 점에서는 비즈니스 소프트웨어에 특화되어 있고, 유저가 제품의 특징을 파악하기 쉬운 R사의 온라인 쇼핑 사이트가 적합하다고 여겨진다.

신규사업에 관한 리포트

작성포인트

여기에서는 시장조사의 예를 들었다. 우선 타이틀, 조사 대상, 기간, 항목, 결과를 표기하고, 조사결과에 기초해 고찰한다. 고찰에서는 신규 참여 시에 자사에 유리한지 불리한지를 명확히 한다. 또한 자사의 장래적인 목표와 전망을 나타낸다.

체크포인트

- 선행하는 회사의 특색을 파악한다. 그 중에서도 다각 전개하고 있는 경합 타사 등은 참고하기 쉬울 것이다.
- 잠재적인 수요를 살펴 목표치를 시사한다.
- 신규로 참여하는 업계에는 자사의 독자적인 방침을 고수한다.

PC 관련 상품 판매 조사

받음:　　　　　　　　　보고자:　　　　　　　　　보고일:

당사 브랜드로 PC 관련 상품 판매 시 시장의 상황을 조사하였기에 보고합니다.

1. 조사대상 : R사, F사, K사, G사

2. 조사기간 : 2002년 하반기

3. 조사항목 : Y사 신주쿠 본점에서의 각사 제품 입하 수 · 점두 판매 소화율

4. 조사결과 :

	마우스패드	리스트레스트	PC 클리너	서류 스탠드	디스플레이필터
R사	530	180	120	30	40
F사	300	240	200	50	
K사	320	200		120	
G사	125		80	80	120

※ 1. 디스플레이필터는 R사와 K사에서만 판매

※ 2. G사가 출하하고 있는 PC 클리너는 미국 C사 제품.

5. 고찰

　조사 결과 각각의 제품 중 잘 되는 제품과 그렇지 않은 제품을 확실히 알 수 있으며, 마우스패드는 R사, 리스트레스트와 PC 클리너는 F사, 서적 스탠드는 K사, 디스플레이 필터는 G사의 점유율이 가장 높다.

　그러나 이러한 제품은 소비자 개인의 취미에 판매량이 좌우되기 때문에 각사 모두 각각에서 일정한 점유율을 유지하고 있는 것 같다.

　R사는 일관되게 저가격 제품을 중심으로 출하하고 있으며 판매 수를 얻고 있다. F사는 밝은 컬러의 제품이 많아 젊은 층을 중심으로 판매량이 신장되었다. K사는 제품 자체에 이렇다 할 특색은 없지만, PC 판매에서 브랜드를 확립하였고 그 지명도가 높아 다른 업계에서도 어느 정도의 지위를 확보하고 있다.

　G사는 후발주자이기 때문에 아직 고정된 특색이 없지만 마우스패드에 리스트레스트로서의 기능을 갖게 하는 등 독자적인 제품을 개발하고 있다. 또 PC 클리너 등의 화학계 제품을 개발하는 루트가 없었지만, 미국의 C사와 연계하여 C사 브랜드로 취급될 수 있었기 때문에 앞으로 신장될 것으로 예상된다.

　당사는 K사와 비슷한 입장에 있으며 PC에서 브랜드를 그대로 관련 상품에도 사용하고, 이미 있는 지명도를 활용해 나가야 하는 것은 명확하다.

　오피스용 PC를 중심으로 한 K사와 달리 가정용 PC의 정평 브랜드인 당사로는

사무실에서 사용이 많은 상품류를 가정용으로 침투시켜 업계 전체의 매출 향상을 도모할 수 있다고 생각한다.

특히 PC 클리너는 별로 판매량이 늦지 않지만, 가정에 여러 대의 PC가 있는 것도 이상하지 않은 오늘날 청소 등에는 필수 아이템으로서 인식시켜, 수요를 늘려 나가려는 시도가 필요하다.

또 PC제품의 디자인과 맞추어 마우스패드나 리스트레스트도 인테리어를 의식한 차분한 색으로 통일해 나가는 등 소비자가 갖는 이미지를 다져 나가고자 한다.

6. 특기 사항

이러한 작은 물류 판매에 대해 「PC 업체가 참여할 필요가 없다」는 의견도 사내에 있지만, 자사 브랜드의 인지도를 높이는데 효과가 있다고 여겨지므로 꼭 실현시켜 나가고 싶다.

소비동향에 관한 리포트

![] 작성포인트

기업 활동에서 소비동향은 항상 파악해 두어야만 한다. 여기에
서는 노트북 컴퓨터를 조사대상으로 리포트한다. 우선 조사대상,
조사 대상기간, 대상점포, 조사결과를 표기하고 이것에 입각해
고찰한다.

✓ 체크포인트

- 판매 수를 저가격에 의해 나눔으로써 소비자의 구매 패턴을 파
  악한다.
- 대표적인 기종 등 표가 세세해지는 부분은 별지로 정리하여 배
  포한다.
- 시장(마켓)을 좌우할 수 있는 기술에는 항상 주의를 기울인다.

가격대별 노트북 컴퓨터 월별 판매 조사

받음: 보고자: 보고일:

노트북 컴퓨터 신제품의 가격을 결정하기 위해 가격대별 판매 수를 조사하였으므로 다음과 같이 보고합니다.

1. 조사대상 : 각사 노트북 PC 제품

2. 조사기간 : 20　년　월　일 ～　　년　월　일

3. 대상점포 : Y사 신주쿠본점

4. 조사결과 :

(단위 : 대)

	~10만 엔	~15만 엔	~20만 엔	~25만 엔	~30만 엔	그 이상	합계
△년	220	340	320	340	240	60	1,520
□년	250	390	360	340	220	40	1,600
○년	300	460	390	340	180	30	1,670

※ 각 가격대별 대표 기종은 별지 참조

5. 고찰

△년부터 ○년까지 노트북 컴퓨터 자체의 수요는 신장되었다고 할 수 있다.

그러나 가격대별 변동을 본다면 반드시 전사의 신장이 호조를 이루었다고는 하기 어렵다는 것을 알 수 있다.

△년에 가장 많이 팔린 것은 10만 엔에서 15만 엔의 기종과 20만 엔에서 25만 엔의 기종이다. 이것은 각 업체가 서브노트로서 10~15만 엔의 PC를 마련해 메인 머신으로 사용에 견딜 수 있는 기종으로는 20~25만 엔의 가격을 설정했기 때문이라고 생각된다. 그러나 □년부터 ○년으로 진행됨에 따라 20만 엔~25만 엔 하는 기종의 판매 수는 떨어졌고, 대신 15~20만 엔 하는 기종의 판매가 신장되었다. 또 10~15만 엔의 기종에 관해서는 증가율이 가장 높다. 또한 25만 엔 이상 하는 PC에 관해서는 전체적으로 하락세가 눈에 띈다.

● 고성능 PC의 저가격화가 원인

이렇게 된 원인을 생각해 보면 우선 고성능 PC의 저가격화를 들 수 있다. 20~25만 엔으로 팔렸던 기종의 가치가 내려감으로써 메인 머신으로서 노트북을 구입했던 층이 15~20만 엔 하는 저 가격대 기종으로 이행했다고 보인다. 또한 서브노트로서 15~20만 엔 하는 PC를 구입했던 층은 하나 아래인 10~15만 엔의 PC를 구입하게 되고, 저렴한 10만엔 이내의 노트북을 사용하던 층의 일부가 저가격화로 인해 보다 성능이 좋은 위쪽으로 이행했기 때문에 10~15만 엔하는 노트북은 가장 신장세가 두드러진다고 보인다.

● 서브노트와 메인머신의 울타리가 좁아지는 방향으로

10만 엔 이내의 PC 신장율이 적은 것은 서브노트로서도 아직 성능이 충분하지 않고 일부 모바일 유저만이 구입하는 기종으로서 자리매김하고 있기 때문일 것이다.

또 고급 기종의 매출이 떨어진 것은 USB의 보급으로 인해 외부에서 연결하는 기기를 사용하여 추가기능 등이 간단히 사용할 수 있게 되었기 때문에 장비가 충실한 높은 가격대 노트북의 매력이 없어졌기 때문이라고 분석할 수 있다.

이상과 같이 서브노트와 메인머신이라는 노트북의 2가지 용도의 울타리는 서서히 없어지고 있다고 생각해도 좋을 것이다.

해외시찰 연수에 관한 리포트

📝 **작성포인트**

왜 시찰을 하는가에 대해 우선 목적과 일정에 대해 설명하고, 본래 취지인 일련의 보고, 보고자가 본 총괄을 한다. 보고는 일기와 다르므로 본 것, 들은 것을 평이하게 그저 나열하며 기술해서는 안 되며, 필요하고 유효하다고 여겨지는 것만을 집약하는 것이 중요하다.

✅ **체크포인트**

- 어디까지나 해외에 갔다는 것에 연연해하지 말고 목적, 주지에 맞추어 보고서를 쓸 것.
- 일본과 외국과의 비즈니스 감각의 차이, 유저 니즈의 차이 등을 파악하는 것이 중요하다.
- 보고서의 결론으로서 총괄에서 자신의 의견을 적극적으로 논하자. 상사에게도 참고가 될 것이다.

한국에서의 PC 엔터테인먼트에 대하여

받음: 보고자: 보고일:

며칠 전 한국 지사 시찰 연수에 대해 보고합니다.

1. 연수 목적 :

국제적으로 통용되는 제품을 개발하기 위한 해외시찰. 특히 한국이 연수지가 된 것은 인근 국가이며 향후 사업을 전개하는데 용이하다고 여겨지는 점, 최근 엔터테인먼트 시장의 신장율이 크다는 점, 앞으로 아시아권 다른 국가의 성장을 고찰하는데 모델이 될 수 있다고 여겨졌기 때문.

2. 연수 일정 :

20 년 9월 4일 출발
   9월 5일 한국지사에서 현지상황 히어링
   9월 6일 서울에서 PC방을 견학
   9월 7일 한국어 로컬라이즈 스태프와 토의
   9월 8일 한국지사 영업부 사원과 함께 현지 판매점을 방문
   9월 9일 귀국

3. 연수보고

9월 4일, 정시에 현지로 출발. 한국지사 근처 호텔에 숙박. TV에서 당사 제품 CF를 보았다. 일본에서 방영되는 것을 한국어로 더빙한 것인데, 현지에서의 평판은 불분명하다.

9월 5일 한국지사를 방문해 현지에 나가있는 이토주임에게 현지에서의 당사 제품의 매출과 평판, 앞으로의 판매계획 등에 대해 이야기를 들었다. 당초에 이토주임은 가격 설정이 너무 싼 듯한 느낌을 받았지만, 일본에서의 가격설정 그대로라고 한국시장에서는 전혀 승부를 낼 수 없다는 것. 로컬라이즈이기 때문에 개발비용을 줄일 수 있어 충분한 이익을 얻을 수 있지만 한국을 메인 타깃으로 신제품을 개발하는 것은 어렵다고 여겨진다.

9월 6일은 서울 시재의 PC방을 견학. 한국은 브로드 회선의 인프라 정비가 잘 되어 있고 자정에서도 충분히 인터넷을 사용할 수 있지만, PC방 이용자도 상당한 수에 이른다고 한다. 이토주임의 통역으로 PC방 오너의 이야기를 들은 바, 「LAN 대응의 PC 게임이나 인터넷 게임 등은 친구끼리 사이에서 함께 플레이하고, 주위의 반응을 즐기기 위해 집이 아닌 PC방을 이용한다」고 한다. 또 방문한 PC방에는 당사 제품 외에 다양한 PC 게임을 즐기는 코너가 있었다.

그 점포는 당사와 계약이 완료되었고, 무단으로 사용하고 있는 점포도 많다고 한다. 또 PC방은 경쟁이 심하고 좁은 지역에 몇 곳이 있어서 망하는 곳도 많다고 한다.

PC방에서 게임을 하는 유저는 개인용으로도 게임을 구입하고 있으며 가정에서 게임을 하면서도 친구와는 PC방에서 놀고자 하는 식이 주류인 것 같다. PC방에서 친구와의 커뮤니케이션을 즐기면서 놀 수 있다는 것이 한국에서는 팔리는데 중요한 요인이 될 수 있다.

9월 7일에는 한국어 로컬라이즈 스태프와 토의를 했다. 로컬라이즈 작업에 관한 문제점은 묻지 않았지만 제품의 버그 등에 관해 비판적인 의견이 많이 보였다. 또 일본에서의 제품 가격이 너무 비싸다는 것이 그들의 일관된 견해였다.

9월 8일에는 이토주임, 영업부 사원과 함께 대기업 양판점 L사 등 몇 점포를 견학. 모든 점포에서 당사 제품 전용의 코너가 보이고 일본에서의 노하우가 살려졌다고 할 수 있을 것이다. 또 한국에서의 당사 제품 구입고객층은 일본보다 낮다는 것. 또 경쟁사 등 몇 곳의 회사의 매출도 호조를 띈다고 한다. 그러나 인터넷 게임에서는 제품 구입 후에 월마다 부과금을 내야 하는 국외 게임은 거의 유저의 평판이 좋지 않다고 한다. 한국산 인터넷 게임은 부과금이 없고 대신 광고를 표시하는 등 스폰서로부터 광고료를 얻는 구조이다.

9월 9일에 아침 편으로 귀국.

4. 총괄

브로드밴드의 보급 등으로 일본보다 앞장서 있다고 하는 한국이지만, 어디까지나 시장이 다를 뿐, 일본의 미래 모습은 아니라고 느껴졌다. 제품 그 자체의 평판은 좋지만 가격대를 낮추어도 이익을 내기 위해 로컬라이즈의 효율화가 필요하다. 한국을 메인타깃으로 한 제품을 내놓는다면 개발 팀을 한국 지사로 가지고 가는 편이 좋을 것 같다.

문장을 쓸 때 도움 되는 AIDM 법칙

광고제작에 있어서 빠뜨릴 수 없는 것에 「AIDM법칙」이라는 것이 있다. AIDM란 Attention(주의를 환기시킨다), Interest(흥미를 일으킨다), Desire(하고 싶다는 욕구를 품게 하다), Memory(기억에 남기다), Action(행동을 일으키다)의 앞 글자를 나열한 것으로, 이 5가지 시점을 통해 소비자에게 구매 행동을 일으키는 것이다.

한때는 영화의 한 장면 같은 멋진 이미지 광고가 인기가 있었고 화제가 되었지만, 불경기인 요즘에는 계속되는 연호(같은 말을 되풀이해서 부름)식의 광고가 눈에 띄게 되었다. 그 중 으뜸 되는 것이 TV를 사용한 쇼핑 광고, 이른바 TV 쇼핑이다. 실은 이것도 AIDM법칙에 완전히 따른 것이다.

홈쇼핑 광고에서는 마치 옛날의 축제날 장사꾼처럼 상품 이름을 큰 소리로 부르짖는다. 가령 「그럼 오늘은 ○○네트가 대화면 TV를 소개 하겠습니다」라고 주의를 환기시킨다. 그리고 그 TV의 성능과 기능 등에 대해 온갖 지식이나 기능을 기울여 「그럼 오늘은 특별히, 이 대화면 TV를 ○만 엔에 나눠드리겠습니다」라고 흥미를 일으킨다. 그리고 「그뿐만이 아닙니다. 턴테이블도 껴드립니다」라고 갖고 싶은 욕구를 끌어올리는 것이다. 또한 「아직 있습니다. 여기에 주스 믹서도 덤으로 드립니다」라고 고객으로 하여금 득을 보는 듯한 느낌을 갖게 하여 마지막에 「단 상품은 100대 한정. 죄송합니다만 지금 서두르셔야 합니다」라고 시청자의 마음에 호소하여 행동하도록 하는 것입니다.

보고서를 쓸 때 이 AIDM법칙을 이용한다면 독자의 마음을 확 잡아끌어 기대 이상의 높은 평가를 얻을 수 있습니다.

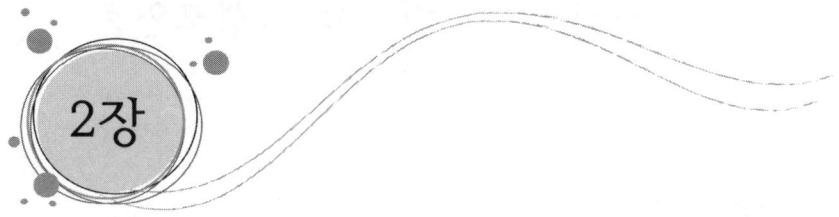

머천다이징 리포트 작성사례

1. 기획·개발에 대한 리포트   259

2. 생산에 관한 리포트   262

3. 물류에 관한 리포트   265

4. 판매촉진에 관한 리포트   268

5. CF 효과에 관한 리포트   270

6. 상품에 관한 리포트   273

7. 앙케이트 조사에 관한 리포트   276

8. 상권에 관한 리포트   279

머천다이징 리포트 작성포인트

 머천다이징이란

머천다이징이란 일반적으로 상품정책 혹은 상품화 계획이다. 구체적으로 말하면 어떠한 상품을 마련하여 얼마만큼의 수량을 취급하고 그것을 얼마에 어떻게 팔면 최적의 이윤을 얻을 수 있는지를 계획하여 실행하는 것이다.

머천다이징이라는 것은 「과학적인 방법에 기초하여 잘 팔리는 제품을 구성한다」는 관점에서 업체 측에서 주로 실시해 왔으며, 최근에는 "유통업의 머천다이징" 등으로도 불리고 있다. 현실적으로 소비자와 직접 접할 기회가 많은 소매업을 중심으로 PB(프라이빗 브랜드) 상품을 개발하는 등의 작업에도 적극적으로 도전하는 기업이 나타났으며, 향후 그러한 경향은 더욱 증가될 것이다. 이른바 아래 지점(하류)에서 머천다이징을 하고 있다고도 할 수 있다.

업체 및 유통업을 총괄한 머천다이징 아이템으로는 상품정책, 가격정책, 물량확보, 물류정책 등, 그밖에 점포 로열티, 매입, 점포·매장계획, 진열이나 연출, 판매 계획과 판매 촉진 등으로 여러 방면에 걸쳐 있다.

그렇다면 머천다이징을 어떻게 기획할 것인가. 간단히 말하면 타깃으로 어떤 상품을 얼마에 어떻게 제공하면 최적인지를 생각하고 결정하는 것이다.

즉 설정한 타깃에 대해 물량을 확보(매입·재고)하고 가격과 판매형태를 결정하는 것. 머천다이징이라고 하면 단순히 물량을 확보(매입·재고)하는 관점에서 파악하기 쉽지만, 실제로는 가격을 결정하고 판매하는 형태를 정하는 것도 매우 중요하다. 비슷한 종류의 상품이라도 가격대가 다르면 판매량도 바뀔 것이고, 판매형태와 물량 확보에 따라서도 당연히 바뀌게 되기 때문이다.

그 중에서도 머천다이징의 포인트가 되는 것은 물량 확보다. 물량이 머천다이징 계획과 맞게 확보되지 않으면 아무리 프로모션이 성공했다고 해도 타깃인 고객을 공략할 수 없다. 그런 의미에서 물량 확보를 위해 철저하게 대응해야 한다.

 작성할 때 포인트

여기에서는 기획·개발, 생산, 물류, 판매촉진, CF효과, 상품에 대해 머천다이징의 시점에서 리포트해 보겠다.

앞의 항목인 「머천다이징에 관한 리포트」에서는 시장을 조망하는 큰 시점이 필요했지만, 머천다이징 리포트에서는 이러한 시점을 베이스로 가지면서 다양한 요소에 눈을 돌려, 세심하게 배려하고 장래를 내다보면서 구체적이고 실천적인 리포트를 쓸 수 있도록 노력하길 바란다.

1. 보는 사람이 편하게 읽도록 작성한다.

리포트 서식에는 특별한 규정은 없지만 보는 사람이 쉽게 읽을 수 있도록 고려해야 한다. 우선 보는 사람에게 단적으로 알 수 있도록 제목은 예를 들어 「○○년도 가구매장의 상품정책에 대하여」와 같은 구체적인 내용을 기입하면 좋을 것이다.

2. 첫 문장에 취지를 간단히 논한다.

본문에 들어가기에 앞서 제일 첫 문장에서 「표제 건에 대해 다음과 같이 제안하므로 검토 부탁드립니다」와 같은 내용을 간단히 언급해 놓으면 보는 쪽도 그 내용에 따라 본문의 흐름을 파악하기 쉬워진다.

3. 본문은 단락으로 나누고 앞부분에 표제를 단다.

본문에 대해서는 "기승전결"을 기본으로 전개해 나간다. 읽기 쉽게 몇 개의 단락으로 나누고 각 단락의 앞부분에 표제를 달아 두면 이해가 쉬울 것이다. 필요하다면 보고자의 개인적인 고찰을 마지막에 덧붙여 자신을 어필하는 방법도 하면 좋다.

기획·개발에 대한 리포트

📝 작성포인트

기획의 흥망을 좌우하는 기획·개발은 중요한 테마이다. 업체· 업종에 따라 내용은 다양하지만 기본적으로는 기획개발의 목적, 그 요지 및 내용(개요), 개발(도입)의 이점(의의), 전개, 결과, 고 찰(소감, 비고, 정리) 등으로 구성한다.

✔ 체크포인트

- 보는 사람이 기본적으로 업계에 관하여 기초적인 지식을 갖고 있는 경우에는 상세한 해설은 필요 없다.
- 최신의 정확한 정보를 제공하도록 한다.
- 회사의 방향성을 결정짓는 자료가 될 수 있다는 것을 잊지 않 도록 작성하는 것이 중요하다.

신제품 시리즈 기획·개발에 대하여

받음: 보고자: 보고일:

이번에 슈퍼업계 중에서 새로운 시도로 당일 배송상품 및 신선 상품에 대해 독자적인 신제품 시리즈를 기획·개발하였으므로 보고합니다.

1. 신상품 시리즈의 목적

업계에서는 이미 자사 내에서의 기획·개발을 통해 고품질, 저가격의 PB 상품을 구비하고 고객으로부터 나름대로의 평가를 받아왔습니다. 그러나 그 한편으로 독신이나 고령자로부터 「생선이나 고기, 야채 팩의 양이 너무 많다」「더 소량이면 좋겠다」는 요청이 있었습니다. 이 과제에 대해 검토한 결과 현재 팩은 1인용에는 양이 너무 많아 낭비가 발생한다고 결론을 내리고 생선이나 야채 등의 상품을 1인용 팩으로 만드는 시리즈를 개발했습니다.

2. 1인용 팩시리즈의 내용

가령 양배추라면 작은 것이면 반, 큰 것이라면 1/3, 생선은 한 토막 이러한 식으로, 혼자 사는 사람이 1번에 먹을 수 있는 양을 팩으로 만든 시리즈입니다. 시리즈로는 야채, 정육, 생선 3분야. 게다가 이것을 계절 불문하고 모두 1팩을 100엔에 판매합니다.

3. 1인용 팩시리즈의 효과

어림잡아 계산해 본 결과 채산 면에서는 당분간은 빠듯하게 운용되어야 하지만, 이 시리즈를 도입함으로써 평판이 좋아져, 다른 점포와 차별화를 할 수 있고 독신이나 고령자의 내점 빈도가 증가될 것입니다. 동시에 상승효과로 그 이상의 고객도 끌어들이고 일반 신선 제품, 또한 그 이외의 상품 구매로도 이어질 것이라고 예상됩니다. 또한 파일럿점인 아오키쵸 점에서 1인용 팩 시리즈를 시험적으로 도입한 결과 1개월 후에 고객이 지난 달 대비 5% 증가했다는 데이터도 있습니다.

4. 향후 계획

1. ㅇ년4월ㅇ일부터 도(都) 구(區) 내 26점포에 1인용 팩시리즈 도입
2. ㅇ년6월ㅇ일부터 도(都) 구(區) 외 및 관동 일원의 58점포에 도입
3. 향후 1년 계획으로 신선 제품 3분야외 1인용 팩시리즈 신상품을 개발

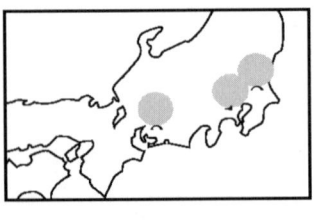

● 장래 계획
① 제1차 : 도내, 가가와현
② 제2차 : 북관동지역
③ 제3차 : 중경지역

5. 부탁

 당분관은 매입이나 판매 면에서 각 점포에서 혼란이 발생할 수도 있겠지만 이미 이 「1인용 팩 시리즈」의 주지와 판매 포인트, POP 등은 판매 촉진부를 통해 각 점포에 배포(샘플 첨부)해 놓았습니다. 협력 부탁드립니다.

6. 비고

 향후 고객에게 어떻게 서비스해 나갈지가 힘든 경쟁에 살아남기 위한 불가결한 요소입니다. 그러기 위해서는 하나로 뭉뚱그려 발상하지 말고, 고객층마다, 나아가 궁극적으로는 고객 한 명 한 명의 요청에 부응할 수 있는 서비스가 필요하게 될 것입니다. 이번 1인용 팩 시리즈는 고객 서비스의 일환이며 앞으로도 판매 측 시점이 아닌 구입자 측의 시점에 선 기획 개발을 추구하겠습니다.

생산에 관한 리포트

작성포인트

업체에 따라서 「생산」에 관한 과제는 수 없이 많다. 우선 생산에 관한 어떤 리포트인가를 제목으로 명확히 하고 앞 문장에서 간단히 리포트의 취지를 설명해 두면 보는 쪽도 흐름 파악이 쉬워진다. 전체적인 구성에서는 리포트의 주지, 현황과 향후 전개, 과제 등을 정리한다.

체크포인트

- 본문은 흐름에 따라 알기 쉽게 쓸 것.
- 표나 숫자를 제시하여 구체적으로 알 수 있으며, 독자에 대한 설득력이 높아진다.
- 리포트는 내용에 맞추어 길지 않고 너무 짧지 않게 하는 것이 좋다.

신제품 SR-MH2 생산계획에 대하여

받음: 보고자: 보고일:

5월부터 판매를 시작한 신제품 초기 출하를 위해 현재 집중생산체제를 취하고 있습니다만, ○월까지 통상 생산체제로 이행하므로 검토 부탁드립니다.

1. 현재 시장

신제품 SR-MH2 발매에 즈음하여 발매 후 2개월간 폭발적인 신장이 예상되므로 하위 제품 SR-MH1의 라인 4개를 정지하고, MH2의 생산에 맞추고 있습니다. 그러나 시장조사 결과에서는 MH2 발매와 동시에 MH1 발매도 늘어 점두 소화율이 오르고, 향후 수주량은 현재 생산량을 웃돌 것으로 보입니다.

또한 MH2는 6월 출하에 따라 충분한 수가 시장에 나와 있으며, 7월에는 수주 개수가 하향될 것으로 보이므로 현재 1 : 6의 비율로 생산하고 있는 MH1과 MH2의 비율을 5 : 9의 비율로 변경합니다.

	4월	5월	6월	7월(예상)
SR-MH1(生産/受注)	300/250	100/80	100/150	250/200
SR-MH2(生産/受注)	0/0	600/600	600/800	450/300

2. 향후 생산계획

12월부터 MH2의 판매가격이 저하되고 현재 MH1과 같은 금액이기 때문에 동시에 MH1이 5000엔 가격이 내려갑니다. MH1의 생산코스트는 충분히 떨어졌으며 가격 인하에도 대응은 가능하지만, 매우 이익이 희박해지므로 MH2 가격 인하 발표가 있을 11월까지 모두 매진이 되도록 10월에 생산을 정지할 예정입니다. 또 이행은 MH1의 생산라인을 이미 MH2에 맞추어 연말 가격 인하를 위한 재고 수를 확보해 둡니다.

3. 신제품 라인확보

내년에 투입할 예정인 MH3는 생산라인을 MH2까지의 기종과 공유할 수 없기 때문에 새로이 라인을 확보할 필요가 있습니다. MH3는 MH2보다 상당히 고액인 제품이므로, 유저 층이 경합하지 않고 쌍방의 생산을 계속할 필요가 있다고 생각되므로 기존의 라인을 종료시키고 새로이 MH3용 라인을 만들 예정에 있습니다.

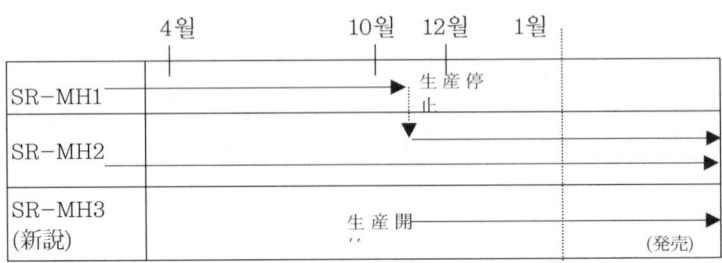

신제품 라인 확보에 동반되는 향후 생산계획

4. 향후 과제

 MH1, MH2는 라인을 공유함으로써 큰 폭의 코스트 다운을 도모할 수 있었습니다만, MH3과 같은 제품은 생산 공정 자체나 원재료비의 가격 인하에 의한 코스트 다운밖에 예상되지 않습니다. 또 현재 MH3 제조 시스템에 개량을 가함으로써 제조 코스트가 내려가도 그 라인은 별도의 제품에 이용할 수 없다는 문제점이 예상되므로, 시장 상황을 보고 비판할 필요가 있습니다.

물류에 관한 리포트

물류를 지배하는 것은 시장을 지배한다고도 일컬어지는 것처럼, 업체든 유통업에서든 뛰어난 물류 시스템의 구축은 큰 테마다. 리포트의 주지, 목적, 내용(제안내용), 이를 위해 필요한 조치, 소감, 전망 등을 정리한다.

인터넷 쇼핑의 성공 예, 가능하면 동종 업계 타사의 실시 예를 참고 자료로 마련한다.

인터넷 수주의 제안

받음: 보고자: 보고일:

유통시스템의 재평가에 의한 상품의 수주확대와 경비절감을 위해 다음과 같이 제안하므로 좋은 의견 주시기를 부탁드립니다.

1. 현재 유통시스템의 문제점

현재 사내 시스템으로는 소구(小口) 수주를 관리하는 것이 어렵기 때문에, 큰 판매점이나 도매상 등이 유리합니다. 따라서 소매점 등은 당사 제품을 소매점으로부터 매입하므로, 가격경쟁 등에서 불리한 상황에 놓여 있습니다. 한편 큰 판매점이 없는 지역 등에서는 여전히 소매점 판매에 주력하며, 전국 규모로 당사제품을 침투시키기 위해서는 소매점에 대한 배려가 불가피합니다. 또한 한편에서는 창구 인건비의 삭감과 수주 측의 번거로움을 삭감하는 것이 큰 과제입니다.

2. 인터넷에 의한 직접거래의 이점

이러한 유통 면에서의 과제를 해소하기 위해 인터넷을 활용해 하기와 같은 시스템을 구축함으로써, 자동적으로 수주를 받는 방법을 제안합니다. 이럼으로써 큰 판매점이나 도매상, 또한 소매점과 같은 모든 유통 업자를 평등하게 취급하면서 창구 업무의 해소 등에 더욱 경비를 삭감하는데 공헌하면서 수주의 확대를 도모할 수 있을 것입니다.

3. 필요한 시스템 개요

인터넷 수주를 하기 위해 필요한 사항의 개요는 다음과 같습니다.
- 로그인
- 상품상세확인
- 주문시스템
- 전표발행
- 발행 상품, 개수 확인
- 발송상황 등 확인
- 기타 필요한 정보

또 사내용 검색기능 등도 함께 필요합니다.

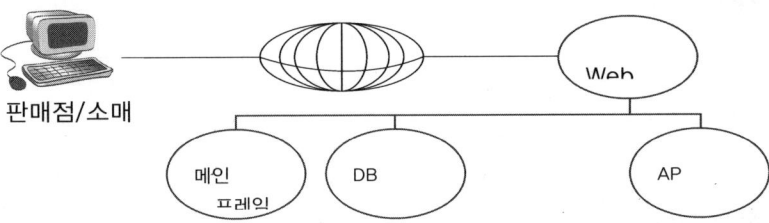

인터넷 수주 처리 이미지

판매점/소매

Web

메인
프레임

DB

AP

4. 장래 전개

 이번에는 판매점을 상정했습니다만, 장래에 동일한 시스템을 이용해 개인용 인터넷 쇼핑 시스템을 구축하는 것도 가능합니다. 판매점용과의 차이는 결제시기(개인용은 신용카드나 편의점 결제 등에 의한 선불)와 표시하는 상품 정보의 수준(판매점용 쪽이 상위) 등이 될 것으로 생각됩니다.

판매촉진에 관한 리포트

📝 작성포인트

이른바 세일즈 프로모션에서 견본을 배포하거나 캠페인 등 다양한 활동을 통해 소비자의 수요를 환기시키는 방법. 여기에서는 제목에 입각해 판매촉진품의 종류와 내용, 그 효과, 고찰 등에 대해 리포트한다.

✓ 체크포인트

- 현재 실시하고 있는 내용에 대해 제대로 정확하게 기술하는 것이 중요
- 또한 그 기술에 대해 개인적인 관점도 좋으므로 고찰, 의견 등의 코멘트를 붙인다.

판매촉진품의 효과에 대하여

받음: 보고자: 보고일:

 현재 실시하고 있는 판매촉진품의 종류와 그 효과에 대해 보고합니다.

1. 판매촉진품의 종류
현재 당사가 판매점에 도매하고 있는 판매 촉진품은 각각의 목적에 따라 크게 나누어 다음 3항목이 있다.
- 점두 장식품 : 일정량 이상의 수주를 했던 점포에 배포
점두 장식품은 점포용 포스터와 점두에 장식하는 특대 POP를 비롯해 당사 상품 코너를 만들 때 사용하는 작은 POP 등이 있으며, 모두 점내에서 고객이 당사 상품을 주목할 수 있도록 하는 것이다. 큰 판매점 등에서는 구입자 특전이 없는 상품의 특전 상품으로서 배포하고 있는 경우가 있다.
- 예약 구입자 특전 : 예약 판매를 하는 점포에 배포
예약 구입자 특전은 점두에서 제품을 예약한 구입자에게 제품을 받을 때에 함께 드리는 것. 당사의 경우는 포스트카드나 포스터 등 비교적 저렴한 것이 많지만, 타사 상품에서는 예약 특별판 등을 마련해 정가를 올려 천 몇 백엔 하는 제품과 같은 가치가 있는 특전 상품을 첨부하는 경우도 있다.
- 첫 회 구입자 특전 : 첫 회 수주로 일정량 이상의 수주를 했던 점포에 배포
 첫 회 구입자 특전은 품목으로서 예약 구입자 특전에 가깝지만, 첫 회 생산품 모두에 첨부함으로써 첫 회 매출을 신장시키는 것이 목적이다.

2. 판매촉진품의 효과
 점두 장식품의 효과에 대해서는 한 마디로 정리할 수 없지만, 당사 제품에서는 제품 라인업이 많기 때문에 점두에서 당사 코너를 작성하고 있는 점포의 비율이 높기 때문에, 눈을 끌기 쉽다. 그 이유에서인지 신제품 발매 시에는 구제품 전체의 매출도 다소 신장이 눈에 띄는 경향에 있다.
 예약 구입자 특전과 첫 회 구입자 특전은 비슷한 것으로 보이지만, 예약 구입자는 특히 도시에 집중되어 있고 지방에서는 점두에서 예약해 구입하는 판매 형태가 확립되어 있지 않다고 할 수 있다. 따라서 지방에서는 예약 구입자 특전의 이점이 별로 없고, 판매점에서는 첫 회 구입자 특전 쪽이 환영을 받는 경향이 있다.
 그러나 실제는 지방 점포는 초기 수주가 적은 편으로 인기 제품 등에 대해서는 품절이 되기 쉽고, 예약 판매를 뿌리 내림으로써 이점을 어필하기 쉬울 것이다. 따라서 앞으로는 지방점포에 대해 예약 판매의 이점을 적극적으로 어필하고 지방 점포에서의 판매력 강화를 추구해 나가야 한다고 생각된다.
 단 예약판매를 일절 하지 않는 점포 등도 있으므로 같은 판매 촉진품이라도 예약 구입자 특전으로 취급할지, 첫 회 구입자 특전으로 취급할지를 점포가 선택하도록 하는 방식도 생각할 수 있다.

3. 고찰
 판매촉진품의 효과는 있으며 계속하여 실행하는 것이 바람직하다. 다만 앙케이트 조사 등을 실시하녀 보다 정확하게 실태를 파악하는 것이 필요하다.

CF 효과에 관한 리포트

✍️ **작성포인트**

CF효과에 대한 리포트에서는 기본적으로 그 CF에 대한 시청자의 앙케이트 조사 등을 통해 효과를 측정하는 것이 일반적이다. 여기에서는 앙케이트 조사의 결과에 입각하여 그 결과에 대한 리뷰(재평가·반성)와 향후 콘셉트를 만드는데 대해 리포트한다.

✅ **체크포인트**

신뢰성을 확보하기 위해 조사회사에 의뢰한 CF효과에 관한 앙케이트 조사한 결과 보고를 첨부하거나 혹은 개요를 기술한다.

제품의 CF효과에 대하여

받음:　　　　　　　　보고자:　　　　　　　　보고일:

작년에 CF효과에 기초하여 금년도에 전개하는 CF 콘셉트에 대해 제안합니다.

1. 당사의 상품 이미지에 대하여

마케팅부에서 제공된 당사 상품 이미지에 대한 앙케이트 결과에 따르면 당사의 기업 이미지는 「쿨 하다」「젊은이용」「최첨단」과 같은 3가지 키워드가 특히 많이 나왔습니다. 이것은 작년 방송된 CF의 효과에 따른 것이라고 생각됩니다. 그러나 그런 한편으로 이것은 동시에 사용이 편리한 제품을 원하는 중·고년층 유저들과는 멀어지는 경향이 있다는 결과도 나와 중·고년층에게 어필하는 것이 과제가 되었습니다.

(기업의 이미지 조사)

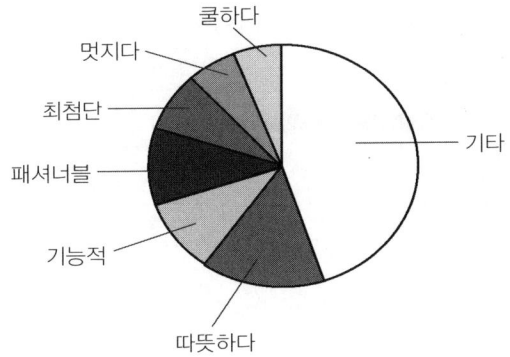

2. 유저빌리티 테스트에 의한 평가

현재 당사와 라이벌 관계에 있는 P사는 판매 수에서는 1, 2위를 다투고 있습니다. 이러한 시장 상황 속에서 일반적으로 기능과 사용의 편리함에서는 P사, 디자인에서는 당사가 우위라고 일컬어지고 있습니다. 그러나 당사가 실시한 유저빌리티 테스트에서는 「사용의 편리함」에 대해 당사 제품이 P사 제품을 웃돌고 있다는 결과가 나왔습니다. 한편 개발부문에서는 더욱 상품의 기능의 충실을 꾀하고 있으며, 자유재재로 사용할 수 있는 편리함을 더욱 향상시킨 신제품을 새로이 투입할 예정입니다. 이러한 점 때문에 상품 CF에서도 그러한 두 가지 사항을 어필함으로써 젊은이뿐만 아니라 중·고년층도 타깃으로 하는 CF를 전개해 나갈 계획입니다.

3. 차기 제품 CF에 대하여

차기 제품 CF의 콘셉트는 「쿨 충실」즉 쿨하고 멋지면서 기능과 사용의 편리함에 더욱 충실하자는 의미의 콘셉트를 내세울 예정입니다.

또한 작년 CF에서는 제품의 설명을 아예 생략하고, 아주 평범하게 당사 제품을 사용하고 있는 젊은이와 탤런트 등의 영상을 내보내어 생활과 패션의 일부로서 당사 제품을 선보였습니다. 이번에는 쿨 함과 기능성을 강조한 CF를 제작해 전개해 나갈 예정이며 현재 자사제품 CF 제작 기획안으로 다음의 2가지를 검토 중입니다.

A안 : 제품 소구 CF에 특화. TV CF에서는 「Cool 충실」을 콘셉트로 하고, 잡지 광고에는 「기능면 충실」을 강조한다.

B안 : 지금 쿨 가이로 화제인 탤런트 ○야마 다케시를 기용해 이미지 소구한다.

A안에 대해서는 현재 샘플을 작성 중입니다만 B안에 대해서는 아직 모색 중인 단계에 있습니다. 그러나 당사의 제품 개발에서 「혁신」「도전」이라는 콘셉트에 맞는다면 다소 곤란하다고 할지라도 후자의 방법에 도전하여 얻을 수 있는 효과는 클 것으로 생각됩니다.

◉ 젊은 층에 호소하던 것에서 폭넓은 세대를 의식한 콘셉트

상품에 관한 리포트

작성포인트

  한 마디로 상품이라고 해도 다양하지만 우선 그 상품에 대해 리포트하는 주지(타이틀)에 대해 단적으로 알기 쉽게 쓸 것. 기본적으로는 목표(머리말), 주제 내용에 대해 기승전결로 리포트해 나간다.

체크포인트

- PB상품의 성공 예 등에 대해 샘플은 넉넉하게 기술한다.
- 또한 그 내용도 별첨 자료로 제출하면 알기 쉽다.
- 작성자로서의 생각을 정확히 표현한다.

PB상품 개발의 필요성에 대하여

받음: 보고자: 보고일:

　지금 소매업에서 활발한 자사 브랜드 상품, 이른바 PB 상품 개발에 대해 보고하겠습니다.

1. NB상품에서 PB상품으로

　종전에 소매업에서는 전단지 특별 판매품에게 보인 것처럼 NB상품을 얼마나 저렴하게 매입하고, 그것을 소비자에게 얼마나 저렴하게 제공하는가에 고심했지만, 최근에는 소매업이면서 스스로 기획·개발한 상품을 업체에 생산 위탁해 자사 브랜드로서 판매하는 PB상품이 소매시장에 도입되어 많은 소비자에게 지지를 얻고 있다.

　당초에는 PB 브랜드라고 하면 "싸니 별로일 것이다"라는 이미지가 있었다. 사실 당초에는 특매나 바겐세일 등에서 어디에서 만든 지 알 수 없는, 이른바 "조악품"을 취급하는 경우가 있었고 그것이 소비자에게 좋지 않은 이미지를 갖게 한 것은 부정할 수 없다.

　그러나 최근에는 계속 되는 구조 불황의 영향으로 소비자의 구매 의욕이 저하되어, 아무리 싸도 필요하지 않은 것은 사지 않고, 살 경우에는 「정말 가치 있는 상품을 보다 싸게」라는 식으로 소비자의 가치관이 크게 변화된 것이 현 상황이다.

　이러한 분위기 속에서 NB상품을 뛰어넘는 양질의 PB상품이 생겨나고 소비자의 구매의욕을 불러일으키는 경우도 적지 않다.

2. PB상품의 성공 예

　하기에 최근에 주목 받고 있는 PB상품을 몇 가지 열거해 보겠다.(상세한 내용은 별지 참조)

- 마루케이 슈퍼 : 마루케이 오렌지 주스(미국산, 고품질)
- 스리에이스 : ACE 브랜드의 마요네즈, 햄, 케첩(고품질·안전성)
- 슈퍼 크로스 : 크로스 브랜드의 속옷, 일용 의료 전반(고품질·저가격)

　이것은 작은 일례에 지나지 않지만 모두 소비자에게 압도적으로 높은 지지를 받고 있어 PB 브랜드의 간판 상품으로서 오랫동안 판매되는 롱 세일 상품으로 자리잡아가고 있다.

3. 당사의 PB상품 개발에 대하여

　소매업은 지금 그 존재 가치를 포함해 큰 전환기를 맞고 있는데, 그 역할은 어디까지나 소비자 측에 서서 생각하고 소비자를 위해 필요한 것을 보다 저렴하게 제공하는 것이다.

그러기 위해서는 「업체가 만든 상품을 파는 것」이 아니라 고객과의 평소 커뮤니케이션을 통해 축전된 정보를 기반으로 「팔리는 상품을 스스로 기획, 개발해 제공」함으로써, 그 존재 가치를 어필하고 고객의 신뢰를 얻으면서 전개해 나가야 한다고 생각된다.

따라서 폐사에서도 조속히 프로젝트를 편성해 대응하도록 제안합니다.

4. PB상품 개발 프로젝트 팀 구성안

- 프로젝트 리더   영업부장   다케우치 코
- 프로젝트 서브리더   상품기획부장   마시코 스스무
- 영업담당 팀 리더   영업부 과장   에노모토 다케시
- PB상품개발 팀 리더   센다 요시로
- 기타 팀 스태프   영업 및 상품기획에서 각 3명 선출

앙케이트 조사에 관한 리포트

🖋 작성포인트

작성 내용의 항목으로는 왜 앙케이트 조사를 하는가라는 목적 (주지), 조사과제 설정, 조사대상, 조사방법, 집계분석, 결과, 결과의 고찰 등. 여기에서는 상품을 구입한 사람을 대상으로 한 앙케이트 조사 예에 대해 리포트하고 있다.

✔ 체크포인트

- 조사결과의 해석 방법. 결코 자신의 형편에 좋도록 해석해서는 안 된다.
- 조사 결과를 정확히 읽고 파악하여 그것에 맞게 고찰한다.

MX-3 구입자의 앙케이트 조사에 대하여

받음 :　　　　　　　　보고자 :　　　　　　　　보고일 :

　　상품에 첨부한 앙케이트 엽서의 집계 결과에 대해 보고하겠습니다.

1. 앙케이트 조사의 주지

　MX-3 버전 업 구입자 및 MX-3 신규 구입자에게 앙케이트 조사를 하여 그 효과에 기초해 성능과 가격 설정에 참고하면서 차기 제품 MX-4 개발에 유저의 의견을 반영시킨다.

2. 실시방법

* 　MX-3에 앙케이트용 엽서를 첨부.
* 　제품 정보 사이트 안에도 동일한 앙케이트를 설치.

3. 앙케이트 집계 결과

　　☐ 버전 업 구입자(67%)의 평가
* 　MX-3의 성능에 만족한다　　53%
* 　약간 불만이다　　　　　　　23%
* 　차기 MX-4도 구입하겠다　　40%

　　☐ MX-3 신규 구입자(회답률 71%)의 평가
* 　MX-3의 성능에 만족한다　　70%
* 　약간 불만이다　　　　　　　18%
* 　차기 MX-4도 구입하겠다　　30%

4. 고찰

* 　차기 제품은 성능의 충실, 결점의 해소가 필요하다.

　MX-3는 MX-2의 기본 기능을 향상시켜 신기능을 몇 가지 추가한 제품이며, MX-2부터 버전 업 제품을 구입한 것은 회답 유저의 67%였다. 그 중에서 현 상황의 MX-3의 성능으로 만족한다고 회답한 것은 53%, 약간 불만이라는 답변이 23%였다.

또 MX-4를 구입할지를 묻는 질문에 「네」라고 답한 비율은 만족도에 상관없이 40% 전후로, 버전 업에 대한 의욕은 제품에 대한 만족도와의 사이에 상관관계는 보이지 않는다. 이것은 만족하기 때문에 다음 제품도 구입한다, 불만이 없으므로 버전 업을 하지 않겠다는 두 유저가 있기 때문이라고 생각된다.

또 「불만」유저 중에는 마찬가지로 차기제품을 기대하지 않는다는 유저와, 현 상황에서는 불만이기 때문에 버전 업을 하는 유저로 나누어지지 않을까.

만족한다고 회답한 유저에게도 신기능의 충실, 불만족한 유저에게는 현 기능을 보강하고 결점을 해소할 필요가 있을 것이다.

- 제품 가격은 적합하지만 버전 업은 비싸다는 평가

또 가격에 관해서는 신규 구입자는 현 상황의 12,800엔을 적정 가격으로 보고 있지만, 버전 업 가격인 6,400엔에 대해서는 「비싸다」는 의견이 60%를 차지하고 있어, 차기 제품의 버전 업 가격은 현 제품과의 성능 차이를 고려해 반드시 제품 가격의 50%에 고정하지 않는 가격을 설정하는 것도 생각할 수 있다.

- 저렴하고 저기능인 초심자용 소프트에 대한 요망도

또 이번 앙케이트와는 별개이지만, 구입을 검토하고 있는 유저로부터는 저렴하고 저기능인 초심자용 소프트를 바라는 목소리도 있어, 차기 제품 개발 시에 동시에 진행, 개발하여 간이판 소프트에서 버전 업 시키는 방향도 생각할 수 있다.

5. 소감

유저도 폭넓어지고 있으며 같은 소프트라고 해도 이번에는 초심자용에서 상급자용까지 몇 단계의 랭크로 나누어 개발해 나가는 것이 필요할 것 같다.

상권에 관한 리포트

작성포인트

상권이란 해당하는 구, 시, 동에서 일상적으로 소비자의 구매 활동이 있고, 고객 흡입력이 미치는 범위의 지역을 말한다. 슈퍼마켓이나 편의점, DIY, 레스토랑, 가전제품 판매점 등을 새롭게 설치·운영할 경우에 상권은 중요한 아이템이다. 조사 목적, 조사 방법, 조사 겨로가 개요(상세 자료 첨부), 고찰 등에 대해 리포트한다.

체크포인트

- 실제로는 자료 출처를 명기한다.
- 대상이 되는 지역의 지도 등도 자료로 제출하면 좋다.

N현의 주요상권 조사에 대하여

받 음 :   보고일 :
보고자 :

　　　　N현의 주요 상권 동향에 대해 조사하였기에 보고합니다.

1. 조사 목적

　N현에서의 가전양판점 증설을 검토하기 위한 유효 상권의 분석

2. 조사 방법

　고장에서의 앙케이트 조사 및 N현 인구 동태 조사 자료에 의한다(조사 자료 별첨).

3. 조사 결과 개요(상세 자료 첨부)

　N현의 상권은 상업지역 2곳(A시, B시)과 준 상업지역 3곳(C시, D시, E시)으로 이루어져, 이 5지역에서 거의 현의 전 지역을 커버하고 있다.

　상업지역인 A시와 B시는 고장 소화율이 특히 높아 현 내 소비의 중심이 되고 있지만, 당점의 점포 커버율은 각각 60%, 50%로 높지 않아, A시에서는 앞으로 2점포, B시에서는 3점포가 증설되어도 각각 경합하는 일 없이 판매 수가 확대될 것으로 전망한다. 특히 B시에서는 최근의 인구 신장이 눈에 띄며 A시를 제치고 중요 상업지역이 될 수 있으므로 주목이 필요하다.

	A시	B시	C시	D시	E시
지역 구매율	86%	80%	72%	68%	76%
점포 수 현재(증가)	2(2)	2(3)	2	1(1)	2
커버율	60%	50%	85%	40%	80%
인구증가율	105%	120%	100%	95%	98%

4. 고찰

　C시에는 인구의 증가도 없고 커버율도 충분한 점으로 인해 현 상황 유지가 바람직하다. 고장 구매율이 72%로 약간 낮은 것은 지리적으로 B시에 유출하기 쉽기 때문이라고 생각된다.

　D시는 A시 및 B시에 대한 유출도가 높아 고장 구매율도 낮다. 인구 증가가 마이너스이기 때문에 점포수를 2점포로 늘릴지 여부는 검토의 여지가 있지만, 경우에 따라서는 B시의 점포를 2점포 증가에 머물러, D시 내에서 B시에 치우친 위치에 점포를 설치함으로써 양쪽을 커버하는 방법도 생각할 수 있다.

　E시에 대해서는 C시와 마찬가지로 현 상황 유지를 바란다.

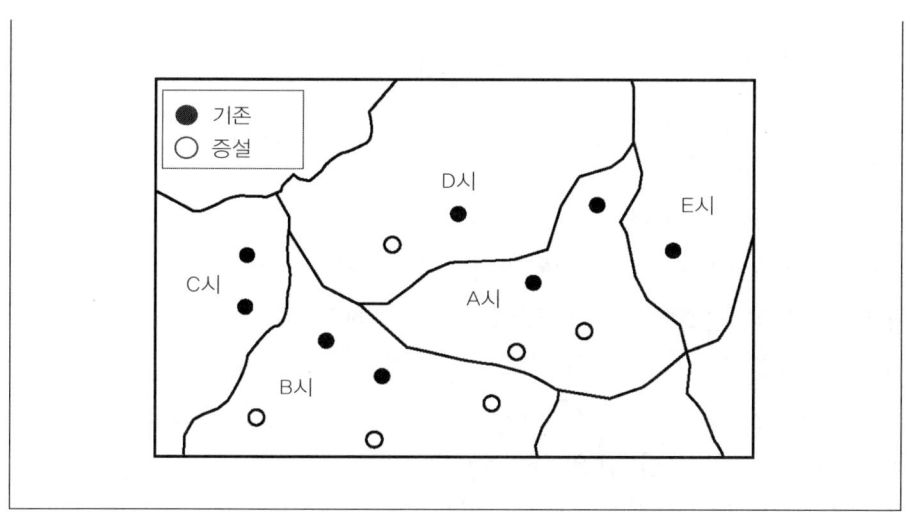

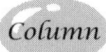

구조조정의 본뜻은 해고가 아니다

평소에 자주 사용하고 있는 단어라 하더라도 실제로는 본래의 의미와 다르게 쓰이는 예가 매우 많다. 가령 「구조조정」도 그 중 하나다. 인터넷 검색 엔진에서 「구조조정」을 검색해 보니 「어서 오세요 구조조정 기념일에」 「금융·경제·실업·구조조정」 「구조조정 위기도 진단」 「구조조정 천국」 「구조조정 네트워크」 「의리 없는 구조조정」, 끝에는 「구조조정 이혼 상담」같은 것이 잔뜩 나와 있다. 구조조정=해고·인원정리라는 잘못된 상식이 활개를 치고 있는 것이다.

분명 일본은 지금 구조적인 불황 등으로 불리며, 계속해서 경기가 침체되고 있다. 이러한 상황 속에서 「우리 회사도 구조조정이 시작되었다」라고 하면, 샐러리맨이라면 그 가족도 포함해 흠칫 놀라지 않을 수 없을 것이다. 실은 그만큼 구조조정을 직원의 인원정리나 해고의 의미로 사용하고 있는 것이다. 그러나 실제로 그러한 사용법은 일본에서 만든 것으로 본래 구조조정과는 다르다.

본래의 구조조정이란 「리스트럭처링(Restructuring)」의 약자로 사업 등의 재구축·재편성·개조·구조개혁이라는 의미로 사용되는 긍정적인 말이다. 일반적으로는 리스트럭처링이란 사업구조를 기본적으로 변경시킴으로써 경영을 혁신하는 방식을 말한다. 예를 들면 구조적인 불황에 의해 본업이 침체된 경우 등에 장래를 내다보고 불 채산 부문을 필요에 따라 철퇴 하거나 축소하고, 축소한 만큼의 경영자원(인적, 물적, 금전적 자원 등)이 되는 요소를 신규 사업 분야에 배분하고, 사업 구조를 개혁해 나가고자 하는 것이다.

보고서나 리포트를 쓸 때에도 의미가 애매하다는 생각이 들면 사전을 찾아보자. 단어를 정확히 쓰는 것이 기본 중의 기본이다.

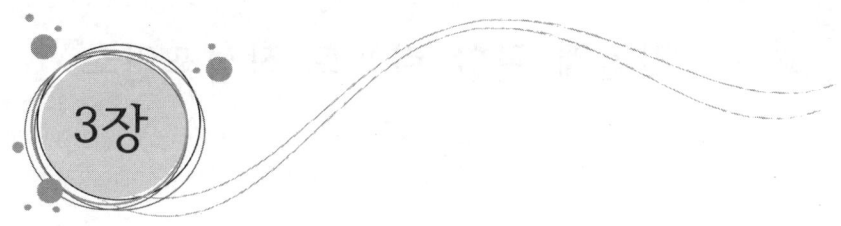

기업관련 리포트 작성사례

1. 신규거래에 대한 리포트   287
2. 라이벌 기업에 대한 리포트   290
3. 경합점에 대한 리포트   293
4. 신규 출점에 대한 리포트   296
5. 매스컴에서 각광받는 기업에 대한 리포트 299

기업에 관한 리포트 작성포인트

 경영에 관한 리포트란

「적을 알고 나를 알면 백전백승」이라는 말이 손자병법에 있다. 이 손자의 말은 일반적으로 「상대방을 알고 자신을 알면 싸움에 이길 수 있다」고 해석하는 것이 보통이지만, 여기에 이의를 제기하는 견해가 있다. 즉 「적을 안다」는 것은 그저 단순히 적을 알고 있는 것만이 아니라 적에게 질 수밖에 없는 이유가 있다는 것을 알고 있으며, 「자신을 안다」는 것은 자신이 이길 수밖에 없는 이유가 있다는 것을 알고 있다는 것이라고 한다.

분명 그 말 그대로이며, 상대방 및 자사의 강점·약점을 비교 검토함으로써 자사의 약점을 발견해 강화함과 동시에 강점을 더욱 신장시켜 나가, 탄탄한 기업 기반을 만들 수 있다는 것이다.

또한 기업에 있어서는 상위기업, 라이벌기업 등의 "적"뿐만이 아니라 거래처기업이나 제휴기업 등 "아군"에 대해서도 항상 최신 정보를 수집해 두는 것이 「백전백승」에는 필수 불가결하다. 그런 의미에서 비즈니스맨에게 이러한 기업의 리포트를 쓰는 기회는 적지 않을 것이다.

가령 일상적으로는 영업이 신규거래처를 개척했을 때에 상사로부터 「그 회사는 어떤 회사인가?」라고 보고를 원하는 경우는 많을 것임에 틀림없다. 그것을 보고할 때 단순히 경력서나 회사 안내 등의 오픈된 정보만으로는 부족하다. 신규 거래처라면 「꼭 이것만은 알고 싶다」는 비밀 정보도 기대하게 될 것이다. 거래처와의 교섭 중에 얻은 회사 정보는 물론이거니와 필요하다면 전문 조사 기관에 의뢰해서 신용 조사를 하는 것도 필요할 것이다.

요컨대 무엇을 기대하고 있는가, 어떤 내용을 담아 나갈 것인가를 리포트의 목적에 따라 구분하여 그것에 따라 필요하다면 개별 조사 등을 통해 정보를 수집하고 수집한 정보 중에서 취사선택하여 핵심이 되는 것을 추출해 리포트를 정리해 나가는 것이 일련이 작업이 된다.

공개된 정보로서는 기업개요, 대표자 약력, 사업내용, 직원 수, 실적 및 업적 추이, 기업의 특색, 주주, 거래처, 거래 은행 등이 있다. 이것은 경력서나 회사안내 혹은 IR정보 등에 쓰여 있으므로 그것을 참고자료로 첨부하면 좋다. 어쨌든, 어떠한 수단을 강구하면 필요한 자료를 입수하는 것은 그다지 어렵지 않은 시대가 되었다. 그런 의미에서 앞으로는 전문가에게 조사를 의뢰할 뿐만 아니라 사원이 직접 조사해 이러한 기업의 리포트를 쓰는 기회도 늘게 될 것이다.

 작성시의 포인트

여기에서는 신규거래기업, 라이벌기업, 경합점, 신규출점, 매스컴에서 각광을 받고 있는 기업 등에 대한 리포트 예를 제시해 보았다. 정보화 사회라고 불리는 만큼 정보를 수집하려고 생각하면 인터넷으로의 검색을 비롯해 도서관이나 매스미디어 등을 이용하여 매우 상세하게 공개된 자료도 입수할 수 있다. 또한 비밀적인 자료가 필요하다면 전문 조사기관이나 흥신소 등에 의뢰하면 될 것이다.

1. 수집한 자료의 개요를 파악한다.

　자료를 충분히 수집한 것은 좋지만 이것을 정리하는 것은 큰 작업이 된다. 가능하다면 경영, 기술, 유통, 인재 등의 항목별로 분류하고 수집한 자료를 눈으로 훑어보아 개요를 파악하는 일부터 시작하자.

2. 리포트의 주지에 따라 자료를 선별한다.

　자료가 너무 많으면 이것저것 쓰고 싶은 것이 많아져 욕심을 부리다보면 정리가 되지 않기 마련이다. 여기에서 모은 자료를 과감하게 선별하여 가능한 한 버리는 것이 중요하다. 마지막에 남은 것에 가치가 있다. 걱정이 된다면 사용하지 않은 자료는 「참고자료」로서 기입해 두면 된다.

3. 읽기 쉽고 알기 쉽게 기술한다.

　리포트에서는 중요한 것이 내용이므로 특히 서식에 연연할 필요는 없지만, 보는 사람을 생각하여 요령 있게 정리하고 읽기 쉽고 알기 쉽게 기술한다.

신규거래에 대한 리포트

작성포인트

신규 거래 기업을 리포트 할 경우에 기업의 개요, 거래 내용, 거래에 이르게 된 경위, 거래의 구체적인 이점(가격·서비스·스피드·시스템·신뢰도 등), 기타(정리, 특기사항, 향후 전개 등)에 대해 보고한다.

체크포인트

- 거래기업의 포인트를 명확하고 간결하게 정리한다.
- 기업으로서의 전략과 그와 관련된 데이터 등도 부가되면 설득력이 높아진다.
- 자사에서 본 신규 거래 기업의 스탠스(표준)와 향후 방향성도 포함시키면 설득력이 좋아진다.

(주)야마케이물류에 관한 보고서

받음 :   보고자 :   보고일 :

이번에 당사 제품의 물류 면에서 신규 계약한 (주)야마케이 물류에 대해 그 개요를 보고하겠습니다.

1. 야마케이 물류의 개요

동사는 석유물류 분야에서 주로 서 일본을 주체로 영업을 전개. 탱크로리(tank lorry) 약 1,500대, 영업거점 63곳, 사원 수 1,700명을 보유한 물류 분야의 유력기업이다. 석유물류업계에서는 규제완화에 의한 자유경쟁시대로 돌입. 가격경쟁이 심화되고 있는 속에서 동사는 신속히 석유수송에서 배양한 벌크 운송 기술을 활용하여 화합물이나 고압가스, 청량음료 등 다양한 액상 물질을 수송하는데 성공하여 착실히 성과를 올리고 있다.

2. 동사의 수송방식에 대하여

동사가 하고 있는 벌크수송이란 대표되는 것과 같이 싣게 되는 화물을 파이프를 통해 탱크 안에 이동하는 방식으로, 석유 외에 화합물이나 각종 고압가스, 물이나 맥주, 청량음료, 우유 등 액체나 액화물질 등의 수송에 적합하고 다음과 같은 이점이 있다.

• 직접 파이프를 통해 탱크로 보내기 때문에 안전하고 위생적이다.
• 짐을 꾸리거나 포장의 번거로움이 필요 없고 경제적이다.
• 결과적으로 코스트 삭감으로 이어진다.

3. 동사의 물류 시스템에 대하여

각 지점마다 지역 센터를 설치해 물류사업소와 온라인으로 링크함으로써 탱크로리 전차에 단말기를 탑재해 운행기록이나 업무기록의 관리·운영을 효율화하고 있다. 이로 인해 유저 측으로부터의 문의 등에 대해서도 항상 정확하고 신속하게 대응할 수 있다. 또한 자동차 외에 철도, 배 등 여러 수송수단을 결합시켜 수송하는 복합 일괄 수송도 가능하다. 이러한 시스템을 운용하여 효율화, 합리화를 추진하고 있으며 고객 측의 물류 코스트 절감에도 공헌하고 있다. 또한 당사가 운영하는 물류회사의 물류 코스트와 비교해 동사는 10% 절감할 수 있다고 한다.

●복합 일괄 수송의 흐름

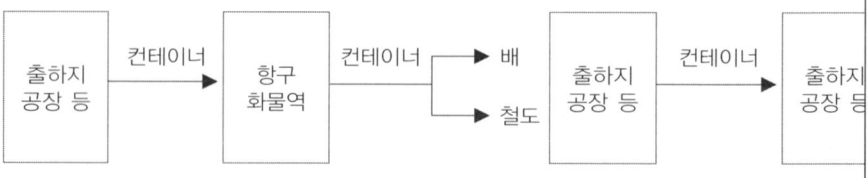

4. 향후 전개

이러한 관점에서 당사에서는 야마케이 물류와 계약하여 이미 당사 제품의 일부는 야마케이 물류를 통해 출하하고 있다. 당초에는 약간 운송 지연 등이 있었지만 특별한 문제는 발생하지 않았다. 정보의 송수신도 끊임없이 이루어지고 있으며, 현재까지 충분히 신뢰할 만한 파트너로서 만족하고 있다.

물류부에서는 앞으로 동사의 업무 상황을 보면서 검토하고 파트너로서 합격한 단계에서 서서히 동사의 비율을 높여 나갈 계획이다.

라이벌 기업에 대한 리포트

✍ 작성포인트

적을 알고 나를 알면 백전백승. 라이벌 기업에 관한 리포트에는 우선 주지를 타이틀로 명확히 한다. 타이틀을 받아 앞 문장에서 간단히 내용을 설명하고, 본문에서 설립 배경, 합병에 의한 영향, 향후 대책이나 과제 등을 정리한다.

☑ 체크포인트

- 사실관계만을 리포트할 것인가,
- 자신의 판단으로 코멘트를 첨가할 것인가.
- 작성자에게 무엇을 기대하는가.

후지계측기(주)의 합병회사 설립에 대하여

받음 :

보고일:

보고자:

　표제 건에 대해 그 배경과 당사에 끼치는 영향 등을 조사하였으므로 향후 대책도 포함해 보고하겠습니다.

1. 합병회사 설립에 대하여

　아시는 바와 같이 후지계측기(주)는 업계 제2위의 계측기 업체입니다만, 이번에 계측기 사업의 확대 발전을 위해 비슷한 업계 4위인 야마기와측기(주)와 합병회사를 설립하고 국내 판매체제를 강화하고 개발체제를 강화하게 되었습니다.

2. 합병회사 설립의 배경

　후지계측기는 원래 해외시장을 주력으로 영업을 전개해 왔습니다만, 최근에는 해외시장의 개척도 일단락되었습니다. 그 후에 국내 시장으로 옮겨 적극적으로 신제품을 투입해왔습니다. 그 결과 강력한 영업 전략이 효과를 거두어 일시적으로는 당사의 점유율을 빼앗는 등 바짝 다가서는 강력한 라이벌로서 주력했습니다. 그러나 최근에는 신제품의 투입도 바닥을 드러내고 금기 업적도 전년보다 하락하는 사태가 나타났습니다.

　이러한 상황 속에서 합병회사를 설립한 배경에는 계측기 사업의 국내용 판매체제와 개발체제를 강화하여, 계측기 사업의 확대 발전을 추구해 나가자고 하는 의도가 있습니다. 또한 합병회사를 설립함으로써 동사의 계측기 판매 점유율은 35%가 되고 당사의 40%에 육박하고 있습니다.

3. 합병에 의한 영향

　판매 점유율에 대해서는 바짝 다가서고 있지만 영업 면에서 실질적으로는 영향이 없습니다. 단 양사의 합병에 의해 새로운 체제가 정비된 단계에서 영업 거점도 영업 스태프도 늘어나 충실해진 점으로 인해 예측 불허의 상황입니다.

4. 향후 대책

　상대방이 어떠한 전략을 내놓는가에 주목하는 한편 당사에서도 영업부문 및 개발부분에 대해 다시금 지금까지의 재평가를 해 볼 필요가 있지 않을까요.

　예를 들면 영업부문에서는 유저와 적극적으로 접촉하면서 대책을 세우며 영업력을 강화한다. 한편 개발부분에서는 신제품의 투입 등에 관하여 재차 성능과 가격 면에서 검토하거나 스케줄을 당기는 등 제품 전략을 재점검해보는 등 빠른 시일 내에 각 부서에서 회의를 열어 합병회사에 대한 대책을 조속히 강구할 필요가 있다고 생각합니다.

5. 첨부자료

- 합병회사 설립의 공지사항과 관련된 신문기사(별첨자료 참조)
- 후지계측기 및 야마기와측기의 기업개요

	후지계측기(주)	야마기와측기(주)
설립	1949년 3월	1917년 9월
자본금	160억 엔	143억 엔
대표자	이사장 마루야마 고로	이사장 시마다 요이치로
본사 소재지	도쿄도 ○○시	교토부 △△시
사업내용	자동계측기기, 계측기기, 반도체제조장치의 제조판매	의료용기기, 정밀계측기기, 산업기기의 제조판매
업적(○년도)	매상고 24,263백만 엔	매상고 45,846백만 엔

경합점에 대한 리포트

📝 작성포인트

경합점이란 업종업태가 자기 점포와 동일하거나 매우 유사한 점포를 말한다. 고객의 입장에서 본다면 사는 목적을 달성해 주는 점포가 복수로 있으면 선택의 폭이 넓다. 하지만 자기 점포의 입장에서 본다면 고객이 분산되는 단점이 있어 살아남기 위해서는 경합점의 분석이 필수이다. 여기에서는 경합점의 개요, 전략, 최근의 동향, 향후 대응, 그에 대한 고찰을 한다.

✔ 체크포인트

경합점의 동향을 조사·보고함으로써 어떻게 대응책을 취할 것인가가 포인트가 된다.

* 최근의 동향
* 향후의 대은
* 그에 대한 고찰

DS 마루헤이의 판매 전략에 대하여

(받음 :   귀하)   보고일 : ○○년 ○월 ○일
                                      보고자 :

　최근에 주류 판매 업계에서 주목을 끌고 있는 디스카운트 스토어 「마루헤이」에 대해 조사하였으므로 보고하겠습니다.

1. DS마루헤이의 개요

상호　　　　주식회사 마루헤이
설립　　　　1964년 10월　일
대표자　　　대표이사 ○○○○
본사　　　　도쿄도 ○○구
사업소　　　관동 및 관서에 DS 33점포
사업내용　　주류 양판 체인 경영
매출액　　　256억 엔(○○○○년도)

2. DS마루헤이의 판매전략

　기본적으로 주류를 대량 매입하여 대량 판매하는 디스카운트 스토어를 경영하고 있다.

3. 고객서비스의 특징

　일반적인 술의 디스카운트 스토어는 코스트를 삭감해 판매 가격에 반영시키기 때문에 셀프 서비스가 기본이고, 외상판매나 접객, 배송은 하지 않지만, 마루헤이에서는 맥주 1병이라도 배송하는 것이 특색이다. 당초에 개인 상점이었던 시대에 DS와 차별화하기 위해 1킬로미터 지역 내의 상권에서 택배를 개시. 당초에는 택배요금(일괄 300엔)을 받았지만, 택배 서비스에 의해 주문이 쇄도하고 흑자로 전환되었기 때문에 최종적으로 무료로 했다고 한다.
예1 : 전화주문이든 점포에서 구입한 경우든 2시간 이내에 택배로 배송해 주고 있다.
예2 : 맥주 1병이라도 배달료는 무료다.
예3 : 「차가운 맥주 가지고 와라」등의 고객의 주문에 최대한으로 부응한다.

4. 퀵 물류 전략

　업무용 도매에서는 종전에 하루에 한 번 운송으로 해결되었지만, 퀵 배달에 의한 고객만족을 위해 도 내에 6킬로미터의 상권에 배달할 수 있는 물류센터를 4곳에 설치함으로써 오전, 오후, 저녁으로 하루 3번의 배송을 실현했다. 점포의 결품(특정 상품이 떨어진 상태)을 없앴다.

4. 퀵 물류 전략

업무용 도매에서는 종전에 하루에 한 번 운송으로 해결되었지만, 퀵 배달에 의한 고객만족을 위해 도 내에 6킬로미터의 상권에 배달할 수 있는 물류센터를 4곳에 설치함으로써 오전, 오후, 저녁으로 하루 3번의 배송을 실현했다. 점포의 결품(특정 상품이 떨어진 상태)을 없앴다.

5. 주류규제완화에 대한 대응

2003년의 주류 규제 완화에 대응하여 앞으로 도 안에서 반경 2킬로미터 지역 내에 1점포의 비율로 점포를 확충할 방침. 또 각 DS를 연계시켜 어느 상점에서 주문해도 30분 이내에 고객의 상품을 배달할 수 있도록 노력해 나갈 계획이다.

6. 고찰

동사의 경영 이념은 "모든 고객을 위해"다. 말하는 것은 쉽고 행동하는 것은 어렵지만, 동사에서는 이 경영이념을 중심으로 사업을 전개하고 그 이념이 결실을 맺어 두각을 나타내게 되었다. 동사에서는 향후 점포용 배송도 할 계획이며 물류센터의 설치도 그 일환으로 볼 수 있다. 동종 업계에서 경이적이면서 배워야할 점도 많아 조급히 대응해야 한다고 생각한다.

7. 별첨자료

- (주) 마루헤이 업적의 추이
- 동사사업내용 상세
- 주류의 규제완화에 관한 자료

신규 출점에 대한 리포트

신규 출점은 기업에 있어서 사업 확대의 성공과 실패를 쥐는 큰 포인트이다. 여기에서는 점포를 신규로 출점할 시의 조사 리포트를 예로 들었다. 항목으로는 출점 조건에 기초하여 상권, 출점지, 출점환경, 점포환경, 경합점 등에 대해 조사하고, 그 데이터에 기초하여 경합점과의 비교, 고찰을 시도하고 있다.

✓ **체크포인트**

가능하면 경합점포의 기본적 개요 자료를 첨부한다.

• 매출, 주된 메뉴, 입지조건 등

그랜드SC 출점에 관한 리포트

(받음 :   귀하)   보고일 : ○○년 ○월 ○일

                                                       보고자 :

예정되어 있는 그랜드 SC로의 출점에 대해 다음과 같이 조사하였으므로 보고하겠습니다.

1. 출점환경

그랜드 SC는 ○년○월, 가나가와현 ○○시 △△역 앞에 개점한 쇼핑센터로, 역 앞 상업지구의 심벌적인 존재다. 입주 점포수는 모두 60곳으로, 그 중 음식점은 12곳이다. 당사는 5층에 출점, 출점 평수는 45평, 객석 수 80석을 계획하고 있다. 그리고 ○○시의 상권 인구는 약 80만 명이다.

2. 점포환경

입거 예정인 점포의 주변 환경(임차인)은 다음과 같다.

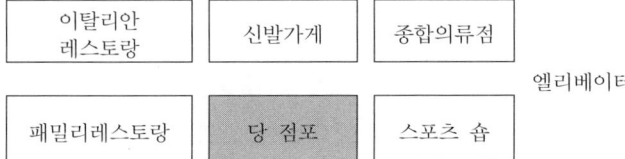

3. 경합점의 개요

당사의 경합점이 되는 점포(모두 체인점)의 개요는 다음과 같습니다.

회사명(점포 명)	패밀리R	이탈리안R	술집(3F)	카레전문점(3F)
점포면적	약 90평	약 60평	약 30평	약 24평
객석 수	100석	80석	50석	30석
메뉴 수	당점보다 작다	당점보다 많다	메뉴가 다르다	카레·음료뿐
볼륨	당점과 거의 같다	당점보다 적다	메뉴가 다르다	당점과 거의 같다
등급	당점보다 나쁘다	당점보다 나쁘다	메뉴가 다르다	당점보다 좋다
가격대	당점보다 싸다	당점보다 싸다	메뉴가 다르다	당점보다 비싸다

4. 당점과 경합점의 비교

당점이 경영하고 있는 스테이크 레스토랑 체인은 미국의 목장과 업무를 제휴하여 직접 수입한 육즙이 좋은 소고기를 사용하고 있는 것이 특징이며 "싸고 맛있다"는 평판을 듣고 있다. 현재는 관동 일대에 60점포를 운영하고 있다. 메뉴는 스테이크가 중심이며 소고기 로스 스테이크 980엔을 필두로 안심 스테이크 200g 1980엔 등 적정한 가격대에, 약 20종류의 스테이크 메뉴를 망라하고 있다

그밖에 어린이용 메뉴도 있고 편하게 방문할 수 있는 패밀리 레스토랑으로서의 내용을 갖추고 있다. 이러한 스테이크 메뉴를 중심으로 한 레스토랑이므로 그랜드SC에 입점해 있는 다른 레스토랑과는 메뉴 자체에서 직접경합은 하지 않지만, 볼륨, 등급, 가격과도 타 점포가 영향을 받을 것으로 보이며 힘을 다해 공존번영하고 싶다.

5. 고찰

조사한 결과 경합점은 모두 번성이 유지되고 있으며 당점이 개점함으로써, 음식 상점가적인 분위기가 강조되고 더욱 집객 효과가 높아질 것으로 보인다. 그러한 속에서 직접 경합을 이루게 되는 곳은 이탈리안 레스토랑 및 패밀리 레스토랑이다. 그러나 당점에서는 두 점포와 다른 메뉴를 마련하고 있으며, 등급도 한 등급 위를 추구하여 미식가를 지향하는 젊은이들부터 중·장년층까지 폭넓게 이용할 수 있을 것으로 기대된다.

매스컴에서 각광받는 기업에 대한
리포트

작성포인트

IT(정보기술)가 급속히 진보됨에 따라 EC(전자상거래) 등이 번성하고 새로운 업태의 기업이 계속 탄생하게 되었다. 여기에서는 이러한 새로운 업태의 기업 예를 제시하여 리포트한다. 리포트 작성 시에는 그 기업에 대한 개요, 주목을 받고 있는 이유, 구체적인 내용, 점포의 기능, 특색, 동사의 향후 전망 등에 대해 정리한다.

체크포인트

- 왜 매스컴이 주목하고 있는지를 알기 쉽게 보고한다.
- 가능하면 매스컴에 개제된 기사를 클립핑clipping 한다.
- 기타 자료를 수집하여 첨부한다.

하이로 닷컴에 대하여

(받음 :   귀하)   보고일 : ○○년 ○월 ○일
                                                  보고자 :

 인터넷과 실제 오프라인 점포를 잇는 새로운 업태를 개발하여 주목을 끌고 있는 하이로 닷컴에 대해 보고하겠습니다.

1. 하이로 닷컴이란

 일본의 인터넷인구는 이미 2000만 명을 돌파. 이러한 인터넷 시장을 이용하고 다양한 EC 사이트가 탄생하고 있습니다. 그러한 속에서 동사는 인터넷상의 가상점포와 편의점이라는 실제 점포를 연결한 전혀 새로운 서비스 형태를 개발했습니다. 인터넷이 갖는 편리성·유연성과 편의점이 갖는 다채로운 업무 기능을 연결하여 편리하고 신속하며 다기능적인 부가가치 서비스를 제공하고 있습니다. 또한 동사는 하이로사 외에 통신회사, 상사, 컨설턴트회사, 엔터테인먼트회사, 여행사 등을 핵심으로 한 합병회사입니다.

2. 시스템 개요

 시스템은 인터넷 시스템, EC 센터, 그리고 점포용 멀티미디어 단말로 구성됩니다. 이용자는 하이로 닷컴의 홈페이지 또는 점포에 설치된 멀티미디어 단말기를 경유해 원하는 서비스를 선택해 송신하면 다양한 서비스를 받을 수 있습니다. 인터넷 시스템에서는 거대 프로바이더와 제휴하여 EC 센터와 함께 멀티미디어 단말, 휴대전화, 물류 네트워크 등과의 접속을 실현하고 있습니다.

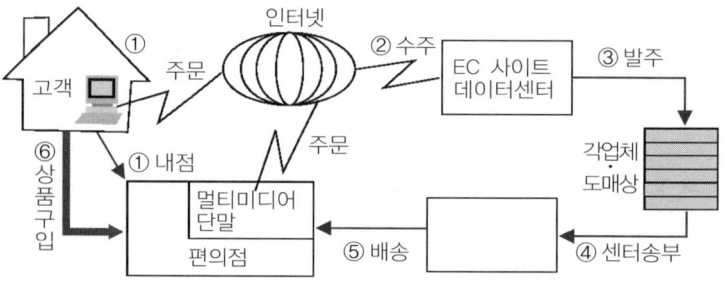

3. 점포의 다채로운 기능

 이러한 멀티 서비스를 실현하기 위해 점포용으로는 이것에 대응하는 기능으로서 디지털 프린트, 음악용 MD 라이터, IC 카드, 자기 카드, 스캐너, 컬러 프린터, 소액 현금 결제기 등을 설치. 인터넷과 점포와 채널 믹스를 실현하고 있습니다. 제공하는 상품·서비스는 서적에서 음악, 여행, 물류판매, 자동차, 사진 등 10만 아이템에 이릅니다.

4. 향후 전망

편의점은 이러한 인터넷 기능을 연결함으로써 제공하는 서비스가 더욱 다양화·高부가가치화되고 있습니다. 고도정보화 사회 속에서 하이로 닷컴은 생활 스테이션으로서의 기능을 갖춘 지역의 핵심으로 정착하지 않을까요. 또한 EC의 소비자를 위한(B to C) 시장규모는 2001년이 약 1.5조 엔(전년대비 80% 증가)으로 확대되었고 2003년에는 3.16조 엔에 달할 것으로 예측되었습니다.

21세기의 주요 거래 형태라 불리는 EC에 참여하는 것은 소매업이 살아남기 위해서는 필수적인 전략이라고 확신합니다.

영어에 강해지자

비즈니스 사회에서도 글로벌화에 동반하여 보고서와 리포트, 팸플릿 등에도 외국어가 빈번히 나오게 되었다. 게다가 최근에는 소프트웨어 계통의 단어는 긴 명칭이 많기 때문에 그 앞 글자를 따서 생략해 말하는 경향이 있다.

가령 「ERP가 무엇인가?」라는 질문을 받았을 때 「ERP는 Enterprise Resource Planning을 말한다」고 아는 사람은 그러한 일에 종사하고 있는 사람 이외에 몇 명이나 될까? 덧붙이자면 ERP를 일본어로 직역하면 기업 자원 계획, 혹은 통합기간업무시스템이라고도 한다. 그러나 일본어로 그렇게 말해도 「무슨 말이냐」하는 사람도 많을 것이다. 여기에서 온갖 지식을 동원해 보자. 알고 있는 분은 뒤로 넘겨도 상관없다.

ERP 시스템이란 기업의 경영자원에 불가결한 요소인 인적·물적·금전적 자원을 기업전체에 가장 효율적으로 배분하고, 그것을 통합적으로 관리 운용함으로써 최대의 이익을 얻을 수 있도록 하는 시스템이다.

구체적으로 말하면 제조업에서 수주에서 부품조달, 생산, 배송, 판매까지의 일련의 업무의 흐름과, 이들 활동을 뒷받침하는 관리 업무를 통합 데이터베이스를 매개하여 결부시키고, 통합적으로 관리 운용하는 것이다. 더 알기 쉽게 말하자면 언제 어떤 재료를 몇 개 매입하고, 언제 어떤 상품을 몇 개 만들며, 언제 누구에게 어떤 상품을 몇 개 팔았는지를 각각의 거래가 발생한 순서대로 모두 데이터베이스화한다.

이것에 의해 누구나 필요한 정보를 필요한 때에 파악할 수 있으므로 신속한 경영 판단을 할 수 있게 되는 것이다. 즉 ERP를 도입하면 지금까지 중간관리직이 해 오던 관리업무는 필요 없게 된다는 무서운 소문도 있다.

또한 이 ERP 외에 최근에는 현금흐름(cash flow) 경영의 실현에 없어서는 안 될 SCM(Supply Chain Management), 영업업무를 지원하는 SFA(Sales Force Automation) 등도 주목할 만한 것들이다.

보고서를 쓰려면 영어에도 강해져야만 한다.

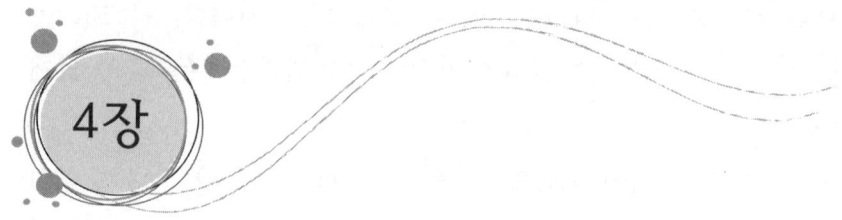

동향관련 리포트 작성사례

1. 사내 전자메일 활용에 대한 리포트   308
2. 거래처와 정보공유에 대한 리포트   311
3. 제조판매 동맹에 대한 리포트   314
4. 규제완화와 그 영향에 대한 리포트   317
5. 요즘 젊은이에 대한 리포트   320
6. 고령화 사회에 대한 리포트   323

동향관련 리포트 작성포인트

 시대의 새로운 움직임에 관한 리포트란

우리들의 생활을 둘러싼 환경이 급속히 변화되고 있다. 글로벌화, 구조적 불황, 과학기술의 발전, 지구 규모의 환경문제, 유전자 조작 기술의 발전과 동반하는 윤리적인 문제, IT(정보기술) 혁명, 규제완화, 고령화 사회의 도래, 종신고용제도의 폐지 등…. 이러한 생활환경의 많은 변화는 일본뿐만 아니라 세계적인 규모로 일어나고 있으며, 21세기에 돌입한 단계에서 세계는 더욱 정치, 경제, 사회, 문화, 과학 등의 여러 측면에서 낡은 가치관이 새로운 가치관으로 극전인 교체를 하는 듯한 양상을 띠고 있다.

이처럼 시대와 함께 가치관이 변화함에 따라 비즈니스의 형태도 계속 바뀌게 된다. 그런 의미에서 비즈니스사회에서 살아남기 위해서 기업도 이러한 시대 변화에 신속하게 대응하고, 스스로를 적극적으로 변혁시켜 나가지 않으면, 시대에 뒤떨어져 결국에는 소멸되고 마는 무서운 사태를 맞을 수 있는 상황이 되었다.

새로운 질서와 새로운 체제가 구축될 때 어떻게 대응할 것인가, 어떻게 하면 변혁할 수 있을까. 바로 시대의 추세를 분석하여 새로운 것에 적극적으로 임하는 것이 필요할 것이다.

이러한 시대의 새로운 움직임을 리포트하고 상위 경영층 또는 사내 전체에 위기의식을 갖게 함으로써, 현 상황에 안주하고 있어서는 쇠퇴될 수도 있다는 것을 암시하는 것도 가능하게 된다. 그 기업에 있어서 흥미가 있는 새로운 움직임, 미지의 기술이나 뉴 비즈니스의 내용, 비약적으로 진화하는 정보화 사회, 항간에 귀에 떠도는 신경이 쓰이는 사상, 등등.

눈부시게 변화하는 시대의 새로운 움직임에 대해 리포트를 쓰는 의미는 여기에 있다.

 작성할 때 포인트

여기에서는 그룹웨어를 활용한 사내 전자 메일의 활용, 거래처와의 데이터 교환을 통한 정보 공유, 업체와 유통기업이 공동 시스템을 구축하여 운용해 나가는 제조 판매 동맹, 주류 판매를 예로 든 규제완화와 그 영향, 신·신인류라고 불리는 최근 젊은이에 대해, 고령화 사회와 거기에서 생겨나는 신사업의 가능성 등을 예로 들면서 새로운 시대의 움직임에 대해 리포트해 나가도록 하겠다.

1. 큰 관점에서 전체를 파악한다.

이러한 경우의 리포트에서는 큰 관점에서 전체를 파악하면서 실제로 필요한 데이터에 대해 브레이크다운(breakdown, 분석)해 나간다. 가령 「정보의 공유」라면 왜 지금 그것이 필요한지를 정보화시대에 입각해 그 이점을 호소한다. 나아가서는 실제로 구축한 시스템에 대해 검증하고 그 효과를 입증해 나간다.

2. 실례를 들면서 가능한 한 구체적으로 쓴다.

앞의 내용과 중복될 지도 모르겠으나, 테마가 크다고 해서 추상적인 개념론으로 일관해서는 의미가 없다. 가능한 한 시스템을 나타내는 지도나 실례 등을 섞으면서 구체적으로 쓰도록 노력하자.

3. 기승전결이 기본이다.

서식으로는 지금까지와 마찬가지로 제출처(○○부장 귀하 등)를 기입하고, 한 눈에 단적으로 알 수 있는 타이틀, 제출 연월일, 제출자의 이름을 기재한다. 또한, 본문에서는 가능한 한 구체적인 예를 들면서 기승전결을 기본으로 전개해 나간다.

4. 「과제」는 작성자의 식견을 알리는 절호의 장

리포트 마지막에는 가능하면 「향후 과제」 혹은 「고찰」을 마련해 작성자로서의 식견과 과제에 대한 노력을 논하도록 한다. 그럼으로써 단순한 리포트에서 기획서·계획서 등으로 발전할 가능성이 생겨난다.

사내 전자메일 활용에 대한 리포트

기업내에서는 이미 IT화가 추진되어 그룹웨어 등을 사용해 사내 전자 메일 시스템이 작동하고 있는 기업도 많다. 이것은 사내 전자 메일을 활용해 정보의 공유화를 추진하고 있는 기업의 리포트 예. 도입 경위, 시스템 개요·기능, 도입 효과, 향후 전개 등을 보고한다.

✔ **체크포인트**

시스템에 관한 사원의 평가 등도 조사하여 보고하면 좋다.

전자메일 시스템에 의한 업무의 효율화에 대하여

(받음 :　　　　　　귀하)　　　　　　　　보고일 : ○○년 ○월 ○일

　　　　　　　　　　　　　　　　　　　　보고자 :

　지난번에 사내에 도입한 전자 메일 시스템에 의해 다음과 같이 업무 효율화가 진전되었으므로 보고하겠습니다.

1. 도입 경위

　당사에서는 종래에 품의서 등의 서류관계를 종이로 열람했습니다만, 누가 보았는지, 어디까지 회람되었는지에 상관없이 서류가 도중에 멈추는 등 비효율적이었습니다. 특히 영업거점이 많으므로 외출할 기회가 많고 긴급으로 결제할 경우에 불편했습니다. 이러한 상황에서 정보 전달을 신속하게 하기 위해 그룹웨어를 도입하여 본사 각 부문과 영업소를 연결하는 사내 정보 네트워크를 구축하였습니다.

2. 시스템 개요

　시판되는 web 그룹웨어를 활용. 이것은 본사에 설치한 서버 1대에 소프트를 인스톨만 하면 나중에는 인터넷 열람 소프트(Internet Explorer 등)를 사용한 홈페이지를 보는 감각으로 이용할 수 있는 시스템입니다.

　기능으로서는 스케줄관리, 행선지 안내, 설비 예약, 게시판, Web 메일, 전자회의실, 회람판, 공유 주소록, 문서관리, 워크플로우, ToDo 리스트 등이 있습니다. 사용할 경우에는 로그인 화면을 열고 그룹명, 이름, 패스워드를 입력하면 톱 화면이 표시되고 여기에서 각 메뉴로 접속할 수 있습니다.

　또한 본사, 영업소는 물론이고 자택에서도 휴대전화로도 접속할 수 있는 기능이 있습니다.

3. 도입 효과

　이 Web 그룹웨어를 도입함으로써 다음과 같이 정보가 공유되고 자연히 업무의 효율화가 실현되었습니다.

● 스케줄 관리

　월간·주간·매일 등 자신의 스케줄을 기입할 수 있습니다. 또 다른 사원의 스케줄을 확인할 수 있기 때문에 본인이 부재한 상황에도 어디에 있는지를 확인할 수 있고 고객에게 정확하게 전할 수 있게 되었습니다.

● 회람판 기능

　사내 문서를 회람하고 읽지 않음. 이미 읽음을 확인할 수 있으므로 누가 보았는지 보지 않는지를 체크할 수 있습니다.

● 행선지안내판 외출할 때 행선지를 기입함으로써 누가, 언제, 어디에 있는지 파악할 수 있습니다.

● 워크플로우

품의서나 신청서 등의 전보를 미리 정해진 루트로 회람, 신속하게 품의할 수 있게 되었습니다. 또 결재자는 승인/각하(却下) 등 코멘트를 입력할 수 있으므로 편리합니다.

● 게시판

정보를 회사나 필요한 부서에 한정해 일제히 발신할 수 있어 효율적입니다. 또 외출한 곳에서도 자신의 메일 박스를 체크할 수 있습니다.

● 문서관리

공유문서를 관리할 수 있으므로 문서관리가 편해졌습니다.

● Web 메일 기능

사내·외에서 전자 메일을 주고받는 것이 자유롭고 간단해졌으며 또한 보존할 수 있으므로 관리가 편리해졌습니다.

4. 향후 전개

● 전자메일 기타 기능의 유효활용

아직 이 그룹웨어의 기능을 풀로 활용하지 않았기 때문에 타사의 활용사례 등을 참고로 하면서 보다 편리하고 보다 업무에 도움이 되는 시스템을 추구해 나가겠습니다.

● 네트워크 시큐러티 강화

외부로부터의 해킹을 방지하거나 부정한 정보가 침입하지 않도록 네트워크 보안을 강화해 나가겠습니다.

거래처와 정보공유에 대한 리포트

☑ 작성포인트

경영의 효율화와 고객 니즈의 파악, 이에 기초한 최적의 상품 개발과 상품 구비를 추진하는 시스템으로서 주목을 끌고 있는 것이, 거래처 등과의 정보 공유화다. 왜 정보를 공유할 필요가 있는가(목적), 그 시스템의 내용과 정보의 흐름, 운용, 결과 등에 대해 리포트한다.

✔ 체크포인트

가능하면 시스템 개요도나 정보의 흐름 등도 기입하자.

거래처와의 데이터 교환·공유 시스템 도입에 대하여

받 음 :   귀하

보고일 : ○○년 ○월 ○일
보고자 :

당사에서는 이번에 데이터 교환·공유 시스템을 도입하여 거래처인 ○○사와 정보를 공유하게 되었으므로 보고하겠습니다.

1. 목적

슈퍼마켓 다치바나에서는 이전부터 사내의 모든 정보를 유기적으로 통합하면서 거래처와의 정보를 공유하고 나아가서는 고객 네트워크를 형성하는 것을 목적으로 거래처와의 데이터교환·공유 시스템의 도입을 추구해 왔습니다. 이것은 고객에 의해 부가가치가 높은 상품을 제공하기 위해 사내·거래처·고객이라는 3가지 네트워크를 유기적으로 통합하고 서로 유익한 정보를 공유·활용함으로써 그 목적을 당성하려고 하는 것입니다.

2. 시스템 개요

이번에 도입한 시스템은 여러 기업 간의 전자상거래를 가능하게 하는 XML사양에 준한 B to B 시스템입니다. 사내 및 거래처의 업무 흐름에 대해 여러 기업을 묶은 복잡한 처리를 제어하거나 전자상거래와 관련된 사내의 승인이나 발주, 재고관리작업 등을 자동화할 수 있습니다.

신 시스템에서는 거래처와 상품정보나 판촉정보, 판매실적정보 등을 인터넷을 통해 교환·공유할 수 있으며, 거래처인 식품 업체나 도매업자와 당사 사이에서의 밸류 체인을 구축할 수 있어 상호 신속한 정보전달과 경영의 효율화를 추진해 거래처와 공동으로 고객 니즈에 적합한 상품을 개발하거나 점포마다 최적의 상품 구비를 실현할 수 있습니다.

3. 정보의 흐름

우선 거래처로부터 인터넷을 이용해 상품정보와 판촉정보, 선반 분할 정보 등을 제공받습니다. 한편 거래처에는 이와 마찬가지로 인터넷을 경유해 당사가 판매실적과 판촉실적, 선반 분할 실적 등의 정보를 제공합니다.

이러한 쌍방향 정보 교환을 통해 거래처에서는 정밀도가 높은 상품개발과 효율적인 활동을 하는 환경을 실현함과 동시에 다치바나에서는 고객의 니즈에 맞는 상품의 구비와 거래처의 판촉활동에 맞춘 적절한 상품발주 등을 실현해 나갑니다.

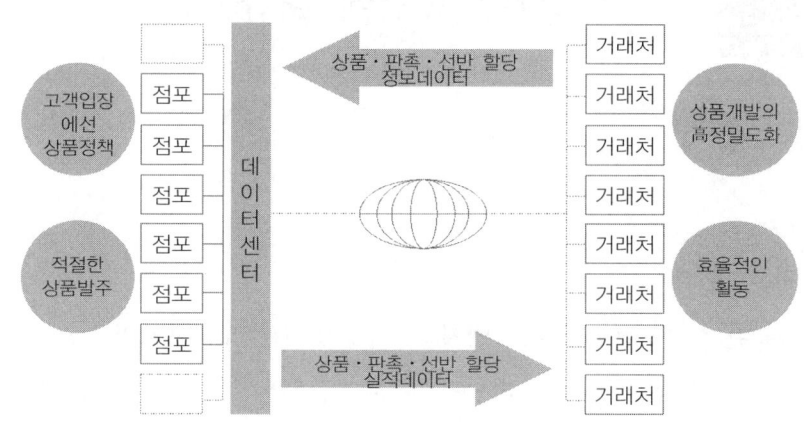

4. 운용 스케줄

 신 시스템은 약 1개월의 테스트 기간을 거쳐 ○년○월○일부터 운용을 개시하였습니다. 처음에는 주요 거래처와 신 시스템을 이용해 정보 공유를 개시하고, 그 후에 기타 거래처 기업에도 참여를 부탁해 시스템 규모를 확대할 계획입니다.

제조판매 동맹에 대한 리포트

작성포인트

제조 판매 동맹이란 제조업자와 유통업자(주로 대기업 소매업자) 사이에서 연결하는 거래 관계에서, 종전의 주와 종의 관계에 있는 계열화와 달리, 대등하고 공동을 전제로 한 이른바 협동 작업으로 운영해 나가는 시스템이다. 제조 판매 동맹의 배경, 구체적인 사례, 효과, 과제, 향후 전망 등을 기입한다.

✓ 체크포인트

가능하면 제조 판매 동맹의 간단한 시스템 구성도 등을 삽입하자.

제조판매 동맹의 동향과 과제에 대하여

(받음 :   귀하)   보고일 : ○○년 ○월 ○일
                                           보고자 :

표제의 건에 대해 다음과 같이 정리하였으므로 보고하겠습니다.

1. 제조 판매 동맹의 배경

「제조 판매 동맹」이라는 사고방식은 소매업 선진국인 미국에서 생겨났습니다. 유명한 월마트와 P&G의 경우처럼 처음에는 어느 쪽이 주도권을 잡느냐라는 적대적인 관계였습니다만, 우여곡절을 거쳐 「고객서비스야말로 최상위이다」라고 인식하게 되어, 파트너십 혹은 「전략적 동맹」을 위한 다양한 시도가 이루어졌다고 합니다.

2. 제조 판매 동맹의 참고 예

일본에서 자주 제조 판매 동맹으로서 거론되는 것이 다이오와 쟈므코의 경우입니다. 이것은 기본적으로는 월마트와 P&G가 함께 구축한 시스템과 마찬가지라고 합니다. 구체적으로는 쟈므코가 자사의 점포에서 취급하는 다이오제품의 POS데이터를 폐점 후에 매일 다이오의 호스트컴퓨터에 송신합니다. 다이오에서는 이 POS정보를 기초로 배송센터마다 단품별, 점포별 출하 수를 결정합니다. 그 때 점포·단품별 재고와 잘 팔리는 상품, 안 팔리는 상품, 일별·요일별·주별·월별 매상 실적 등에 의해 다음 납품일까지의 매상을 예측해 나갑니다. 또한 거기에 사용되는 소프트도 공동으로 개발했다고 합니다.

3. 제조 판매 동맹에 의한 효과(이점)

제조 판매 동맹을 한 양사의 정보 공유화에 의한 주된 이점은 다음과 같습니다.

● 제조 판매 동맹의 이점
- 납품 시의 검품을 폐지하여 코스트(시간·인건비 절약)를 삭감할 수 있다.
- 페이퍼리스 거래에 의한 작업의 삭감과 경비를 절약할 수 있다.
- 개별 코드에서 JAN코드(통일 코드)로 전환하여 서로 코드를 교환하는 번거로움과 변환에 동반되는 데이터가 깨지는 현상이 없어진다.

● 쟈므코의 이점
·종전에 시간제 근무자가 재고를 눈으로 확인하면서 하는 양판점에서의 보충·발주업무가 없어지고 리드타임(Lead Time)이 단축된다.

● 다이오(大王)의 이점
- 쟈므코의 점두에서 입력된 다이오 제품의 매출 데이터가 직접, 다이오에 보내지기 때문에 단품의 팔림새와 재고를 확인할 수 있으며 결품이 없는 보충 수량을 결정하고 신속히 납품할 수 있다.

- 점두의 팔림새 정보를 직접적으로 신속하게 파악할 수 있어서 필요한 수량을 결품 없이 보충할 수 있다.

4. 제조 판매 동맹

① 다른 소매점에도 확대해 나가고 싶다는 업체

제조 판매 동맹은 소매업에 큰 이점이 있다는 견해도 있습니다. 분명 업체로서는 특정한 소매업과 제조 판매 동맹을 맺은 경우에 그 이외의 소매업과의 관계가 느슨해져 상대적으로 매출이 떨어질 위험성도 부정할 수 없습니다. 실은 「특정한 소매업만이 아니라 다른 소매업에도 확대해 나가고 싶다」는 니즈가 있을 것입니다.

② 다른 업체와의 관계를 강화해 나가고 싶은 소매업

한편 소매업으로서는 다른 업체와의 관계를 보다 강화하고 PB상품의 개발도 포함한 제조 판매 동맹을 강화해 나가려는 움직임이 활발합니다. 이러한 업체와 소매업과의 사고방식의 차이가 어떠한 영향을 끼치는가, 경우에 따라서는 소매업이 주도적인 입장이 되고 업체를 따르는 「역계열화」도 될 수 있는 상황이라고 할 수 있을 것입니다. 앞으로의 추세를 지켜봐야 할 것입니다.

규제완화와 그 영향에 대한 리포트

📝 작성포인트

나라의 규제완화가 추진되고 있다. 가까운 곳에서는 고장 맥주의 해금을 비롯해 전세 승용차·택시, 주류·화장품·비타민제 등의 규제완화, 국내 항공의 신규 참여·항공운임의 자율화, 주유소의 셀프 서비스, 유저 차량 검사제도 등 다양하다. 그 영향에 대한 리포트로서는 규제완화의 내용, 각사의 움직임, 신사업으로서의 가능성, 고찰 등에 대해 정리한다.

✅ 체크포인트

- 사업화의 가능성을 자료를 제시하면서 객관적으로 기술한다.
- 유용한 부문뿐만 아니라 과제에 대해서도 언급한다.
- 경우에 따라서는 「사견」이라고 양해를 구하고 의견을 기술해도 좋다.

규제완화에 의한 주류 판매의 사업화에 대하여

(받음 :　　　　　　귀하)　　　　　　　　　보고일 : ○○년 ○월 ○일

　　　　　　　　　　　　　　　　　　　　　　보고자 :

　　　표제의 건에 대해 다음과 같이 정리하였으므로 보고하겠습니다.

1. 면허제에서 신고제로

　종래에 주류 판매업을 운영할 경우에는 주세법에 기초하여 세무서장의 면허
(일반 주류 소매업 면허)를 갖지 않으면 안 되었지만, 2001년 거리기준에 이어
2003년 9월에 인구 기준이 완화되고, 「면허제」에서 「신고제」가 되었습니다.
즉 지금까지 주류를 취급하지 않았던 슈퍼마켓이나 편의점, 혹은 소매점, 100
엔 숍, 택배업자 등에게도 신고만 하면 알코올류의 판매가 허가된다는 의미입
니다.

　또한 지금까지의 종류 규제(완화)의 역사는 다음과 같습니다.

* 1938년 주세법 제정 주류면허제도 실시
* 1964년 대장성 「주류의 기준가격을 폐지」하고 자유가격으로
* 1970년 외국제 와인 수입이 자유화
* 1989년 주세법 개정(술 디스카운터 원년)
* 1994년 지역 맥주 해금
* 1998년 주세법 개정으로 위스키 가격 인하, 소주가 가격 인상
* 2001년 주류 판매 면허 거리 기준 규제 폐지
* 2003년 주류 판매 면허 규제 폐지 예정

2. 규제완화를 주시하는 각사의 움직임

● 업체의 움직임

　주류 업체로서는 판로의 확대로 이어지기 때문에 종전의 상점의 확보와 함께
신규참여 조직에 대한 접근을 적극적으로 하면서, 시장의 양상을 보며 향후 가
속화될 것인 저출산 고령화 사회를 예상하고 주력 상품인 맥주, 발포주와 마시
기 좋은 저알코올 계통의 상품을 더욱 강화하는 방향으로 움직이기 시작하고
있다. 또 판매점이 늘어남으로써 한편에서는 과다경쟁에 의해 덤핑 전쟁에 빠
질 위험이 있고 그 대응책을 검토해 나갈 필요가 있을 것이다.

● 판매점의 움직임

　큰 도매점이나 디스카운터 점포에서도 잡아먹느냐 먹히느냐 하는 맹렬한 경
쟁이 시작될 것으로 예상된다. 이미 도매점이나 디스카운트 점포에서는 도태되
는 시대가 시작되었고 상품 구비와 가격과 함께 물류 대책도 하고 있는 기업
도 있다.

3. FC사업화의 가능성

주류 판매업은 종전에 업체 주도형이었지만 규제 완화에 의해 판매경쟁이 격화되고 업체 주도형에서 판매점 주도형으로 전개해 나가지 않을까 생각된다. 그런 의미에서 신규 사업으로서의 FC사업 전개의 가능성이 있다고 본다. 단 당연히 가격경쟁은 이루어질 것이며 그 이외에 「다른 점포와의 차별화 전략」, 바꿔 말하면 "독자적인 부가가치"를 제공하는 것이 빠질 수 없다. 예를 들면 24시간 영업이나 택배 서비스를 하는 등 새로운 구조와 서비스를 탄생시키는 것이 필요하다. 사견이지만, 최종적으로 살아남기 위해서는 고객 서비스야말로 중요하다고 본다.

4. 고찰

한편 최근에는 미성년자의 음주가 문제시되고 있으며 사회적으로는 주류 판매의 규제완화에 대한 반대의견도 적지 않다. 사업화할 때 이러한 과제에 대해서도 명확한 방침을 내놓고 적극적으로 과제를 해결하는 방법을 검토할 필요가 있을 것이다.

요즘 젊은이에 대한 리포트

✍ **작성포인트**

「요즘 젊은이들은 말이야…」하는 식으로 어느 시대에도 부정적으로 일컬어지는 젊은 세대이지만, 마케팅 혹은 인재채용 등에 있어서는 그러한 젊은이의 생각과 동향이 항상 주목을 받는다. 최근 젊은이의 동향에 대해 리포트의 목적, 종전 세대와의 비교, 비교에 의한 분석, 고찰 등에 대해 정리한다.

✔ **체크포인트**

- 테마를 좁혀서 내용을 확고히 하고나서 쓸 것.
- 필요하다면 관련된 자료 등을 입수해 인용하거나 첨부할 것.

"신·신인류"로 불리는 젊은이의 동향에 대하여

(받음 :   귀하)   보고일 : ○○년 ○월 ○일
                                         보고자 :

　　　표제의 건에 대해 다음과 같이 정리하였으므로 보고하겠습니다.

1. 머리말

　이전에 「신인류」라는 말이 유행했다. 신인류란 오랜 세대와는 전혀 다른 가치관을 갖고 그 자신의 가치관 하에 행동하는 젊은이들이라고 정의되었다. 그러한 신인류도 지금은 신·신인류로 바뀌어졌다고 한다.

　그럼 신인류와 신·신인류는 대체 어떠한 차이가 있을까. 신·신인류가 현대사회 혹은 기업에 어떠한 영향을 끼치고 있을까.

2. 신인류에서 신·신인류로

　1980년대 학생시절부터 DC 브랜드와 유행을 타지 않는 패션을 잘 소화하고 입사해도 기업의 기존 관념을 거부하여 「업무도 중요하지만 개인적인 것도 중요하다」며 그것을 실천하여 상사를 당황하게 만드는 독자적인 가치관을 가지고 있었던 것이 「신인류세대」다. 그러나 그런 한편에서는 매뉴얼에 치우치거나 하나의 형태에 가둬져 거기에서 빠져나올 수 없는 것이 특징이라고 했다.

　한편 "신·신인류 세대"라 불리는 젊은이가 등장한 것이 90년대이다. 컴퓨터 게임을 하며 자란 신·신인류는, 디지털 능력과 감각이 뛰어나고 새로운 정보에 매우 민감했다.
항상 스스로를 주장하고 자신의 주장에 맞지 않는 사람은 공격하거나 배제하는 경향에 있다고 한다.

3. 신·신인류에 대한 관점

　이러한 신·신인류라고 할 수 있는 젊은이들이 기업에 들어가면 과연 어떤 현상이 일어날까. 업무에 대해서는 「왜 그것을 해야 하는가」라는 의의를 추구하고, 자신의 경험과 지식의 유무에 상관없이 스스로가 납득하지 않으면 움직이지 않는다. 만약 납득을 얻지 못한다면 의욕이 없어져 버리기 마련이다. 그렇게 되면 참을 수 없다. 「자신의 가치를 더 알아주는 회사가 있을 것이다」라고 전직을 생각하거나, 「이런 회사에 있고 싶지 않다. 그만 두겠다」라고 쉽게 퇴직해 버리는 경향이 있다.

　그들에게 있어서 회사란 자기실현의 장이며 자신의 업무 대가를 추구하는 장으로서 받아들이고 있기 때문에 그것이 안 된다면 그만 두는 것은 지극히 당연한 것이다. 가령 그만두어도 우선은 아르바이트 생활이라도 하면 충분히 먹고 살수는 있을 것이라는 식이다. 지금 세상의 구조가 그것을 조장하고 있다고도 할 수 있다.

4.기업은 어떻게 대응해야 하는가.

 이러한 "신·신인류"가 늘어날 것은 틀림없다. 그럴 경우에 기업은 어떻게 대응해야 하는가. 인사부문의 담당이나 소속 상사에게는 그들이 근성도 기개도 없이 그저 무책임하게 보일 수밖에 없을 것이다. 그러나 그들에게도 자신이 싫다면 반론하거나 하지 않거나 그만두는 것은 매우 당연한 행동인 것이다. 그런 의미에서 기업으로서는 어쩔 수 없이 그들의 특성을 파악하여 그들의 의식과 행동을 긍정적으로 평가하는 기업 풍토를 형성해 나가려는 노력이 필요할 것이다. 왜냐하면 가까운 미래에 회사를 견인해 나가는 것은 그들이기 때문이다.

 또한 앞으로 신·신인류를 능가할만한 신·신·신인류가 등장할 것임에 틀림없을 것이다. 진화하는 것은 테크니컬 이노베이션만이 아니다. 시대가 바뀌면 매니지먼트도, 조직도, 사람도 혁신한다. 앞으로의 기업은 시대에 앞서는 것은 사람을 앞서는 것이라고 할 수 있을 것이다.

 그런 의미에서 인사담당자에게 있어서는 그들과의 "갭(차이)"를 어떻게 매워 나갈 것인가가 우리 모두에게 중요해질 것이다.

고령화 사회에 대한 리포트

✎ 작성포인트

고령화 사회의 도래로 인해 일본은 어떻게 변모해 나갈 것인가. 국가의 체제·제도는 어떻게 변혁할 것인가, 기업에 끼치는 영향과 그 대책, 시장 환경은 어떻게 바뀔 것인가 등에 대해 고찰한다. 고령화 사회란 무엇인가, 고령화 사회가 생겨난 원인, 문제점과 대책, 거기에서 발생되는 신사업의 가능성 등에 대해 리포트한다.

✓ 체크포인트

- 리포트에서 사용한 자료·인용 등에 대해 첨부하거나 표기한다.
- 객관적 사실을 열거할 뿐만 아니라 정리 등에서 독자적인 분석과 의견, 제안 등을 담는다.

고령화 사회와 대응해야 하는 향후 과제에 대하여

(받음 :   귀하)   보고일 : ○○년 ○월 ○일
                                                        보고자 :

 표제 건에 대해 3회에 걸쳐 리포트합니다. 그 첫 번째로서 「고령화 사회란
무엇인가」에 대해 다음과 같이 정리하였으므로 보고하겠습니다.

1. 고령화하는 일본 사회

 고령화 사회란 인구 구조가 고령화되어 가는 상태에 있는 사회를 말한다. 일
반적으로는 총인구에 차지하는 고령인구(65세 이상)가 7%를 넘은 사회를 고령
화 사회라 정의하고 있다. 그럼 일본의 고령화 사회는 언제부터 시작되었을까.
고령인구의 비율이 7%대가 된 것이 1970년경이라고 하며 현재로는 그것이 정
설이다.

● 일본 노인(65세 이상)의 인구 비율(후생성 추계)

1980년	1985년	1990년	1995년	2000년	2010년	2020년	2030년
9.1%	10%	12.1%	14.6%	17.2%	22.0%	26.9%	28.0%

위의 표에 따르면 고령화 인구는 1980년에는 9.1%, 1985년에는 10%대에 들어
서게 되고 1995년에는 14.62%로 늘어났다. 그 후에도 급속히 고령화가 진전되
는 상황에 있다. 즉 고령화 인구의 비율이 14%를 넘은 사회를 「초고령화 사회
」(혹은 고령사회)라고 말하므로, 일본은 초고령화 사회에 돌입했다고 보는 것
이 정확할 것이다.

2. 인구 고령화의 원인

 일본은 현재 세계에서도 유수의 장수국가이며 선진국 중에서 가장 급속히 고
령화되고 있는 나라라고 일컬어지고 있다. 고령화란 인구의 비율에 고령자가
늘어나기 때문에 오는 현상이지만, 고령자 이외의 사람, 특히 젊은이의 비율이
계속 줄고 있다는 것도 큰 요인이라는 것을 잊어서는 안 된다. 그 원인은 젊은
부부 사이에서 저출산, 즉 아이를 낳는 비율이 저하되고 있기 때문이며, 이것
이 급속한 인구 고령화로 이어진다고 할 수 있다. 현재 이미 고령자의 비율이
총인구의 18.0%가 되었으며 또한 향후 10몇 년 사이에 인구가 많은 「단괴(團
塊)세대」가 고령자가 됨으로써 21세기 중반에는 세계에서도 최고 수준의 고령
사회가 될 것으로 예상된다.

3. 정부의 사고방식과 시책

 국가는 이러한 위기적 상황에 대해 어떻게 생각하고 어떠한 시책을 내놓고
있을까. 정부가 고령자를 대상으로 그 의식과 생활의 다양성에 대해 조사·분석
한 「고령사회백서」에 따르면 고령자 4명 중 3명은 건강하고, 약 20%가 일하

며 반수는 자치회나 취미활동에 참가하고 있다고 플러스적인 면을 강조하고 있다. 이 전의 「가난하고 아프기 십상」인 마이너스 이미지가 아니라 「건강하고 자립적인」고령자상을 그리고 있다. 이러한 실태를 배경으로 「성숙사회 단계로」라는 긍정적인 자세를 나타내고 있다.

한편 백서에서는 간호가 필요한 사람들이나 혼자 사는 노인의 증가에 대해서도 지적하고 이러한 다양한 실태에 입각해 향후 노력해야 할 과제로서 자립에 대한 지원, 연령으로 차별화하는 제도·관행의 재검토, 세대 간의 연계 강화, 지역사회가 계획에 참여하는 것을 촉진하는 등을 제시하였다.

4. 정리

우선 제1회째로서 「고령화 사회란 무엇인가」라는 정의와 고령화 사회를 낳은 배경, 거기에 대한 정부의 노력 등을 거론했습니다. 의견을 주시면 감사하겠습니다.

또한 이 리포트는 3회 시리즈로 정리될 예정입니다. 제2회, 3회째 테마는 다음과 같습니다.

제2회 : 「고령화 사회에서 노력해야 하는 과제에 대하여」

제3회 : 「고령화 사회에 유망한 사업의 가능성에 대하여」

환경문제에 강해지자

오늘날 우리들이 살고 있는 지구는 오존층의 파괴, 지구 온난화, 산림 감소, 산성비, 생태계의 파괴, 또한 폐기물 처리 등 많은 과제를 안고 있으며, 생산활동에 종사하는 기업이든 소비활동을 하는 소비자 모두가 지구의 미래를 생각하지 않을 수 없는 시대가 되었다. 물론 기업인으로서도 나름대로의 공부가 필요하다. 여기에서 약간의 화제를 제공하도록 하겠다.

1995년에 이루어진 「기후변동에 관한 정부간 패널」에서는 「지구 온난화를 이대로 방치하면 지구의 평균 기온이 약 2℃, 해수면은 약 50㎝ 상승할 것」이라는 충격적인 예측이 발표되었다. 이것을 듣고 1997년에는 세계 160개국의 대표가 모여 교토회의가 열려 「국제기후변화협약」이 체결되어 큰 성과를 올렸다. 그러나 그 후에 각국의 보조가 흔들리고, 여전히 큰 진전이 보이지 않는 것이 실상이다.

그러한 상황 속에서 지구과학기술 분야에서 지구규모로 일어나는 기상재해발생예측, 엘리뇨현상의 발생예측, 지구온난화 기구 해명과 영향 예측, 초장기에 걸친 지각변동의 해명, 지진 발생 메커니즘의 해명, 지층 중의 지하수나 물질의 이동 등 복잡한 요소가 뒤얽힌 현상을 해명하려고 과학기술청(현 문부과학성)이 앞장서서 「지구 시뮬레이터」를 개발했다.

이것은 이름 그대로 지구상의 실시간의 상황을 시뮬레이트 하는 장치다. 그 내용은 초고속 슈퍼컴퓨터 640대를 병렬로 이어서 당시의 슈퍼컴퓨터의 1000배의 성능을 갖는 세계에서도 유례없는 최대 장치다.

현재 이 장치는 지구 시뮬레이터 센터에서 지구환경의 해명과 예측을 위해 시뮬레이션 연구 외에 지구 관측과 지구 변동 프로세스의 연구, 지구관측위성과 해양관측 연구선(船)을 사용한 지구 관측에 의한 데이터 수집·해석 등에 노력해 나갈 예정이라고 한다. 그 성과는 실로 기대할만하다.

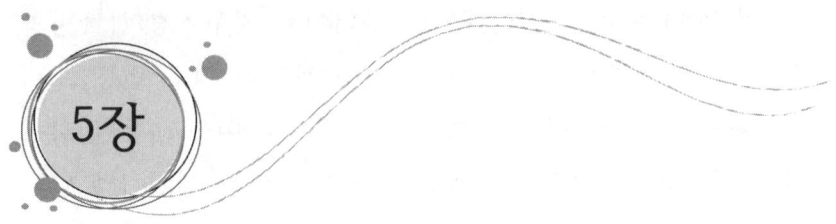

사내활동 리포트 작성사례

1. 품질관리 활동에 관한 리포트   332
2. 5S 활동에 관한 리포트   335
3. 프로젝트 활동에 관한 리포트   338
4. 연수교육에 대한 리포트   341

사내활동 리포트 작성포인트

 사내 활동에 관한 리포트란

기업 활동은 너무나 폭넓고 다방면에 걸쳐 있기 때문에 한 마디로 집약할 수 없다. 그러나 매스컴 등의 뉴스에서 일반적으로 주목을 받는 기업 활동은 해외전개, 신사업전개, 합병, 신기술·신제품 개발 등, 기업에 있어서 화려한 부분이 많다. 한편 일반에게는 그다지 알려져 있지 않지만 사내에 뿌리를 내리고 기업 활동의 기반이 되는 각종 과제에 매일 매진하고, 기업기반을 튼튼히 유지하는 각종 사내 활동이 많이 있다.

제조업에서부터 시작되어 지금은 대부분의 업계에 퍼져있는 QC활동이나 5S활동 등이 그 전형적인 예다.

예를 들어 QC활동은 기업인이라면 누구라도 알고 있는 것으로 한 마디로 하면 품질관리와 업무를 개선시키기 위한 관리 수법이다. 당초에는 우선 제조업이 도입해 시행착오를 거치면서 노력한 결과, 결국에 현저한 효과를 올리고, 메이드인재팬 제품의 우수성을 세상에 알린 눈부신 실적이 있다. 오늘날에는 제조업은 물론이거니와 건설업, 호텔업, 금융업, 유통업으로 폭 넓게 보급되어 있다.

한편 최근에는 제조업에서 정리, 정돈, 청소, 청결, 교양으로 머리에 「S」가 붙는 「5S활동」이 다시금 재평가를 받고 있다. 이 활동은 가장 기본이 되는 업무개선활동으로, 한때는 QC활동을 도입함으로써 시들해졌지만, 품질관리를 하는데 기본 중의 기본으로 지금 다시금 재평가 되고, 이것을 추진하는 기업이 늘어났다.

또 통상적인 종적인 조직이 아니라 조직을 횡단시켜 팀을 편성하여 기간을 한정해 단숨에 과제를 해결하는 프로젝트 활동도 활발하다. 그밖에 사내 활동에는 사내·외에서 이루어지는 다양한 연수, 기업의 복지활동의 일환으로서 체육계·문화계 각종 서클활동 등 폭넓은 것이 있다.

 작성시포인트

여기에서는 전술한 기업의 기반을 뒷받침하는 활동 중에서 5S활동, ISO인증취득 프로젝트활동, 유비쿼터스 연수, 서클활동에 대해 리포트해 나간다.

1. 사내 활동의 사례를 단적으로 기입한다.

리포트할 때에는 실제로 이루어지고 있는 사내 활동 사례에 대해, 그 목적과 의의, 구체적인 활동내용, 그 성과, 향후 과제에 대해 정리한다. 특히 과제에 대해서는 단순히 「쓰기 위해」쓰는 것이 아니라 자신의 체험이나 사원의 의견 등을 들으면서 불만족스러운 부분에 대해 검토하고 「이렇게 하고 싶다」「이렇게 하면 좋아질 것이다」와 같은 적극적인 제안을 해 나가야 한다.

2. 서식에는 그다지 연연하지 않는다.

서식에는 그다지 연연하지 않아도 좋을 것이다. 표지에 제출처, 타이틀, 제출일, 작성자의 소속과 이름을 기입. 다음 페이지부터 머리글, 그리고 본문에 들어가도 된다. 혹은 첫 페이지 윗부분에 제출처, 타이틀, 제출일, 작성자의 소속과 이름을 기입하고 그 아래에 「기(記)」라고 기입하고 다음에 리포트 본문을 써도 좋다.

3. 문장은 간결함을 중시한다.

  문장의 양은 내용에 따라 다르지만 필요한 것은 반드시 기입할 필요가 있다. 단 논문이 아니므로 너무 장문으로 할 필요는 없다. 오히려 간결함을 주로 할 것. 가능하면 그래프나 그림, 기타 관련된 자료 등도 이용하면 영향력이 더욱 깊어질 것이다. 이것은 본문 중에 도입해도 좋고 자료로서 별도로 첨부해도 좋다.

품질관리 활동에 관한 리포트

작성포인트

　지금은 제조업은 물론이거니와 건설업·금융·유통업, 서비스업까지 폭넓게 도입되고 있는 것이 QC(품질관리)활동이다. 최근에는 QC에서 TQC(통합품질관리), 나아가서는 TQM(통합품질경영)으로 진화되었다. QC활동의 이념과 노력, 활동의 역사, 테마, 활동 내용, 사례 소개, 활동에 대한 평가, 향후 과제 등 리포트할 테마는 다양하다. 여기에서는 복지 분야에 대해 다룬다.

체크포인트

- 선입관을 갖지 말 것. 사실관계에 기초해 정확히 리포트한다.
- 사례는 한쪽으로 치우치지 말고 될 수 있는 한 넓고 많이 모아 객관적으로 평가하는 것이 중요하다.

복지 분야의 QC활동에 대하여

(받음 :   귀하)   보고일 : ○○년 ○월 ○일
                                          보고자 :

　　　　표제의 건에 대해 다음과 같이 정리하였으므로 보고하겠습니다.

1. 머리말

　QC(Quality Control)활동이란 품질을 관리하고 업무를 개선하기 위한 관리 방법을 말하며, 일본에서는 제조업을 필두로 건설업, 호텔업, 관공서 등 많은 업종에서 채택되고 있습니다.

　이미 의료업계 등에서도 보급되어 있으며 최근에는 복지사업에서도 QC활동이 활발합니다. 고령화 사회를 맞이해 복지·의료개호사업이 더욱 확대되므로 그 사업을 추진하는데 QC활동이 어떠한 역할을 할지를 리포트하겠습니다.

2. 복지 분야에서의 QC 서클 현황

　복지시설관련 단체에 따르면 「복지서비스의 이용제도화가 추진되는 상황 속에서 이용자의 클레임 대응과 서비스를 평가함으로써 사업자는 새로운 시점을 갖고 과제 해결을 위해 노력할 필요가 있다. 또 교체근무라는 특성에서 제공되는 서비스의 질이 균일해지도록 사업자는 업무와 서비스 제공 방법의 표준화를 추구할 필요가 있다」고 제언. 그러기 위해 QC적인 것의 견해와 사고방식을 응용한 활동을 하는 것을 추천하고 있는 것 같습니다. 복지관련 사업단 등에서는 각지에서 이미 QC 서클 활동을 전개하고 있으며 QC 서클 활동 발표회 등도 활발히 이루어지고 있습니다.

3. 복지 QC활동의 절차

　복지 QC활동의 절차는 일반적인 QC활동과 동일하며 다음(일례)과 같습니다.
- 테마 설정(입소자의 부상을 없앤다.)
- 현황 파악과 목표 설정(부상의 건수를 50% 삭감한다.)
- 활동 계획의 책정(현재부터 3개월간)
- 요인의 분석과 검증(휠체어 정차 시에 잠그는 것을 잊는 예가 많다.)
- 대책 입안과 실시(잠금 장치를 철저히 한다.)
- 효과 파악(3개월 사이에 40% 삭감할 수 있었다.)
- 표준화와 관리 정착(잠금 유무의 체크 표 작성)

4.복지 QC에 의한 업무 개선 효과

(1) QC활동의 기본인 PDCA 사이클의 흐름에 따라 절차를 밟음으로써 서비스의 개선과 표준화로 이어질 수 있다.
(2) 서비스 제공자가 과제를 깊이 생각함으로써 당사자 의식이 높아져 이용자

의 니즈에 적극적으로 임한다.

(3) 서클활동에 의한 업무개선을 통해 인재육성·능력개발로 이어진다.

(4) 서클활동에 의한 성과발표 등을 통해 자기표현 능력의 향상을 도모할 수 있다.

5. 복지 QC에 대한 과제와 의견

(1) 2시간 체제의 복지시설에서 그룹 활동인 QC활동을 실시하는 것은 힘들다.

(2) 제조업 등에서 성공한 QC활동을 사람을 취급하는 개호업무에서 대응할 수 있을지가 의문이다.

(3) 사람과 사람과의 연결, 개호자와 환자와의 상호 접촉 중 중요한 것은?

6. 복지 QC에 대한 고찰

이상에서 복지 QC에 관해 현황과 과제를 언급했습니다만, 복지 QC에 관해서는 이미 각 도도부현의 복지관계 사업단체에서도 실시하고 있으며, ○○단체에서 ○○○에 의한 몇 개의 복지 서클이 활동하고 있습니다.

현재 복지 QC에 대해 찬반 논란의 의견이 있지만, 현실적으로 QC 서클을 통해 어느 정도의 성과를 올리고 있기 때문에 향후 민간의 복지시설에서도 서클 활동이 실시될 것으로 예상되며 시행착오를 거치면서 더욱 화대되어 갈 것이라고 생각됩니다.

5S 활동에 관한 리포트

작성포인트

　최근에 제조업을 비롯해 건설업, 물류업, 관리·서비스업, 병원, 호텔 등, 여러 업종에서 5S활동이 재평가 되고 이것을 추진하는 기업이 늘고 있다. 도입한 배경, 목적, 구체적인 노력, 도입효과, 고찰(소견) 등에 대해 논한다.

체크포인트

- 기본 포맷은 없지만 목적부터 고찰(소견)까지 흐름에 따라 항목을 세워서 알기 쉽게 기술한다.
- 자신의 생각과 의견 및 제안 등을 기술한다.

5S활동 도입에 대한 제안

받음 :   보고일 : ○○년 ○월 ○일
                                                    보고자 :

 당사에서는 종전부터 QC활동을 도입하고 있습니다만, 최근에 5S활동을 도입하는 기업이 늘어나 성과를 올리고 있다고 합니다. 따라서 이 기회에 「5S활동이란 무엇인가」에 대해 리포트하고 그 도입 효과에 대해 제안하고자 합니다.

1. 주목받는 5S활동

 최근에 제조업에서는 품질관리의 미비, 품질의 저하, 불의의 사고 등이 계속해서 일어나고 있다. 이것은 현장의 인력 감소가 계속되어 일손이 적어지게 된 점, 다품종·소량 생산화가 추진되어 상품의 라이프 사이클이 짧아지게 된 점, 또한 분사화와 IT화 등의 영향으로 인한 조직과 업무 시스템의 변경 등도 그 원인이라고 할 수 있다. 이전에는 어느 직장에서든 정리, 정돈, 청소를 하고, 청결한 상태를 유지하는 것은 당연했다. 그런데 최근에는 그러한 당연한 일을 당연하게 하는 것이 어느 직장, 기업에서도 잘 이루어지지 않게 된 것이다.
 이것은 기계설비와 품질관리시스템이 진보되었기 때문에 종전에 추진했던 5S의 중요성·필요성이 저하되고 그로 인해 5S활동이 조직 속에 높은 평가를 받지 못하게 되어 나아가 직장의 세대교체로 인해 이러한 기본적인 교육의 계승이 곤란해진 점 등이 큰 요인이다. 이러한 분위기 속에서 지금 5S활동이 다시금 주목을 끌고 있다.

2. 5S활동의 목적

 5S활동을 통해 끊임없이 문제의식을 갖고 자주적으로 개선활동을 할 수 있는 사람과 정해진 루트를 정확히 실행할 수 있는 인재를 육성할 수 있다.

3. 5S활동이란

 5S활동이란 다음과 같이 정리·정돈·청소·청결·교양의 5가지 S를 의미하는 업무개선활동이다. 5S활동은 이른바 업무를 하는데 기초이며 매우 당연한 활동이지만 이 당연한 일을 당연하게 하는 것이 이 활동의 목표다.
* 정리 : 필요한 것과 필요하지 않은 것을 구별하여 불필요한 것을 버린다.
* 정돈 : 필요한 것을 필요한 때에 바로 쓸 수 있도록 놓는 장소, 놓는 방법을 정해 표시한다.
* 청소 : 쓰레기나 오물 등을 없애고 깨끗하게 하며 세심하게 점검한다.
* 청결 : 정리·정돈·청소를 철저히 하고 몸과 마음 모두 깨끗함을 유지한다.
* 교양 : 정한 일을 그대로 실행할 수 있도록 습관을 들인다.

4. 5S활동의 효과와 도입의 제안

　5S활동에서 활동 그 자체는 단순명쾌하지만 실제로 실행해 보면 그 사람의 행동과 의식을 바꿔 나가는 힘이 있다고 할 수 있다. 의식이 바뀌면 공장이 어떻게 바뀌는가, 실제로 해 보고 비로소 좋은 점을 알게 된다고 한다. 그럼 실제로 5S활동으로 어떤 효과를 얻을 수 있을까.

　「정리」 : 층별 관리, 발생원 대책에 의해 불필요한 물품을 모두 철저하게 버린다.
　「정돈」 : 현황 분석을 하고 물품을 놓는 장소·놓는 방법을 고안하거나 오작동 방지를 위한 식별을 고안하는 등 보관 루트를 지킴으로써 작업 효율을 높인다.
　「청소」 : 쓰레기가 없고 오물이 없는 직장이 되어 물품의 작은 결함을 발견할 수 있고 개선으로 이어진다.
　「청결」 : 정리·정돈, 청소가 이루어져 위생적이고 깨끗한 환경을 유지함으로써 활기차게 행동하게 된다.
　「교양」 : 가령 직장의 목표치, 실행계획, 실적치 등 전원이 이해할 수 있도록 게시 방법을 고안한다. 사람의 눈에 호소하고 그러한 마음이 들게 하는 방법을 고안함으로써 결정한 일, 정해진 것을 자연스럽게 지키도록 습관을 들일 수 있다.
　우리 회사에도 꼭 도입되기를 바란다.

프로젝트 활동에 관한 리포트

📝 작성포인트

연구와 개발을 비롯해 신규 사업의 시작 등의 계획·실시에 연관된 프로젝트 활동은 많은 기업에서 실시되고 있을 것이다. 그 프로젝트 활동에 대해 리포트하는 내용도 여러 종류에 이르고 다양하다. 객관적인 사실에 덧붙여 그에 대한 필자 자신의 분석과 결과도 어필하도록 하자.

✓ 체크포인트

- 결과 보고뿐만 아니라 향후 계획에 관한 리포트로서 긍정적이고 적극적으로 기입하자.
- 내부 관계자에게 제출하는 리포트이므로 요령 있게 간결하게 정리한다.

「ISO인증취득 프로젝트」에 대하여

받음 :   보고일 : ○○년 ○월 ○일
보고자 :

  당사에서는 이전부터 ISO인증취득을 위한 프로젝트 활동을 해 왔습니다만, ○년 3월 30일에 ISO 9001 인증을 취득하였습니다. 이어서 ISO 14001의 인증 취득을 위해 노력해 나갈 예정입니다. 이어서 ISO 9001 취득 목적과 지금까지의 경위, 성과를 보고하면서 향후 ISO 14001의 취득을 위한 활동에 대해 보고하겠습니다.

1. ISO 취득 목적

  당사는 이전부터 「전통을 유지하며 적극적인 신기술의 개발, 안심·안전한 상품을 제공함으로써 사회에 공헌」해 왔습니다. 앞으로 식품업계에서도 경쟁의 심화, 나아가 해외 전개가 예상되므로 다음과 같은 목적으로 ISO 9001의 인증을 취득한 것입니다.

(1) 품질보증체제 확립

  사내의 조직, 관리직의 책임·권한 범위, 명령 계통, 의사결정 시스템 등의 관리체제를 재검토하고, 불만족스러운 점을 보완하여 국제적으로 통용되는 관리체제를 확립한다.

(2) 직원의 모럴 업

  모든 직원에게 품질에 대한 중요성을 인식시키고 도덕성 향상을 도모한다.

(3) 품질을 만들어 내는 구조 조성과 원가 절감

  작업의 메뉴얼화, 작업관리 포인트의 명확화, 업무의 효율화(무리, 낭비, 고르지 못함을 배제)에 의한 채산성의 향상

(4) 기업 이미지 향상

  당사의 품질 시스템이 ISO 심사기준에 적합하고 인증을 취득함으로써 기업으로서의 신뢰성이 배양된다.

2. 취득까지의 경과

  사장의 진두지휘 하에 ○년6월에 전사 규모로 ISO 9001 인증 취득 프로젝트가 조직되어 각 부서마다 품질목표계획을 세우고 실시하였습니다. 그 경위는 다음과 같습니다.

○년 6월 6일　　ISO 9001 도입 결정
○년 6월 15일　　킥오프 대회 개최
○년 11월 18일　　운용개시선언
○년 3월 21일부터 23일 본 심사

○년 3월 30일   인증 취득

당사에서는 현재 품질에 관한 방침서·목표를 설정하고 이를 정기적으로 재검토함으로써 품질 매니지먼트 시스템의 계속적인 개선을 추진하고 있습니다.

3. ISO 14001의 인증 취득 실현을 위하여

세계적인 규모로 환경 문제가 주목을 받고 있으며 일본에서도 많은 기업이 환경방침을 제정하거나 환경규격인 ISO 14001 취득에 움직이고 있습니다.

당사무국에서는 앞으로 환경규격인 ISO 14001 인증 취득은 불가결하다는 관점에서 ISO 9001 취득에 이어 조속히 프로젝트를 시작하려고 품의서를 제출하였습니다. 이미 사장으로부터 「조속히 실시하라」는 회답을 받았으므로 사무국에서는 지금 새로이 지난 번 ISO 9001 프로젝트에 임했던 멤버에게 연구개발과 영업 등 스태프를 추가하여 신 프로젝트를 만들었습니다.

앞으로는 「환경방침 책정」을 비롯해 모든 사업 활동에서 환경면의 법 규제 대응 및 이해관계자와의 동의사항을 검토하여 최종 단계에 이르게 하여 이것을 준수하기 위한 지역사회를 배려한 행동, 환경에 부가하는 것을 경감시키기 위한 시도를 추진. 환경 매니지먼트 시스템 도입을 위한 전사 일체가 되어 노력해 나갈 생각입니다.

또한 이 프로젝트 체제에 대해서는 스케줄을 포함해 이미 책정안을 제출했습니다. 관계 각처에서는 협력해 주시기를 부탁드립니다.

4. 첨부자료

- 환경방침에 관한 자료
- 환경규격인증취득 스케줄
- 프로젝트 조직표 및 담당스태프(안)

연수교육에 대한 리포트

📝 작성포인트

연수에 참가한 당사자가 쓰는 리포트. 우선 개요로서 연수의 테마(목적), 일시, 장소, 주최, 강사, 대상자, 수강자, 또한 연수의 내용(개별 테마) 등을 열거. 리포트로서는 수강 성과, 소감 등에 대해 논한다. 첨부 자료 등이 있다면 병기한다.

✔️ 체크포인트

- 연수 테마 및 개요의 핵심을 간결하게 정리한다.
- 연수에서 들은 내용의 성과를 정리한다.
- 소감은 단순한 감상이 아니라 배운 점을 어떻게 활용할지에 대한 것을 목표와 제안 등으로 나타내도록 하자.

「유비쿼터스 연수」 관한 리포트

받음 :　　　　　　　　　　　　　　　　보고일 : ○○년 ○월 ○일
　　　　　　　　　　　　　　　　　　　보고자 :

　　　　　연수 참가 건에 대해 다음과 같이 보고합니다.

1. 연수회 개요

- 테마 : 유비쿼터스 네트워크 사회란
- 일시 : ○년○월○일
- 장소 : 도쿄 뉴산업회관
- 주최 : 유비쿼터스 보급진흥협회
- 강사 : ○○대학교수 니와 다쿠로

JSB네트워크주식회사연구원 나에바 사부로

2. 연수 내용

- 09:00~12:00 「유비쿼터스란 무엇인가」
- 13:00~15:00 「유비쿼터스에 관한 보고서에 대하여」
- 15:30~17:30 「유비쿼터스 실현을 위한 과제」
- 17:30~18:00 질의응답

3. 강의 개요

「유비쿼터스(ubiquitous)」란 라틴어로 「동시에 어디서든 존재한다」는 뜻. 「유비쿼터스 컴퓨팅」을 제창한 마크 와이저에 따르면 유비쿼터스 네트워크 사회가 도래하여 PC와 휴대전화뿐만 아니라 TV도 비디오도 냉장고도 세탁기도 전자레인지도, 에어컨도 모든 것이 네트워크로 접속할 수 있게 되어, 마치 수도꼭지를 틀면 물이 나오는 것처럼 네트워크를 통해 필요한 서비스와 일이 때와 장소를 불문하고 언제든지 손에 넣을 수 있는 세계가 실현된다는 것. 요컨대 PC의 지식 등이 없어도 누구나가 필요로 하는 정보를 쉽게 안심하고 활용할 수 있는 사회가 실현된다는 것이다.

4. 수강 성과

이번 유비쿼터스에 관한 연수는 놀람의 연속이었다. 유비쿼터스 사회가 실현되면 이렇게 된다는 강의 내용은 마치 꿈같은 것으로 언제가 되면 실현될까 처음에는 황당무계한 이야기로 받아들였지만 이미 기반이 되는 기술은 거의 확립되었고 앞으로는 다양한 단말기를 어떻게 네트워크화해 나갈 것인가 하는 면을 해결하면 가까운 미래에는 유비쿼터스 사회가 실현된다고 한다. 이미 냉장고 안의 남은 반찬으로 만들 수 있는 요리의 조리법을 찾아내게 해 주는 인터넷 냉장고 등 유비쿼터스를 위한 가전제품의 샘플상품도 점점 개발되고 있

다고 한다. 인터넷 사회는 예상 이상으로 진화되었다는 것을 실감할 수 있다는 것은 큰 성과이다.

5. 소감

유비쿼터스의 실현은 분명 유토피아 실현이라고 할 수 있지만, 실현을 위한 과제도 있다. 이것은 네트워크 분야에서의 기술적인 문제이다. 예를 들면 네트워크의 공개화, 유선접속과 무선접속의 seamless(이음새가 없는 상태)화가 큰 문제이며, 이를 위해서는 기하급수적으로 늘어나는 IP 어드레스를 위해 IPv6라는 기술이 필수적이라고 한다. 그 외에 네트워크에 감가하기 위핸 개인인증 기술과 개인정보를 보호하는 보완기술도 필요하게 된다. 유비쿼터스 사회를 실현하기 위해서는 여전히 과제가 남아 있는 것이 현 상황이다.

또한 총무성의 조사에 따르면 유비쿼터스 네트워크가 실현됨으로써 새로운 산업과 비즈니스, 마켓이 창출되고 그 시장규모는 2005년 30.3조 엔, 2010년에 84.3조 엔에 달할 것으로 예상하고 있다. 개인적인 의견이지만 유비쿼터스는 가까운 미래에 거대한 시장을 형성할 것이며 당사에서도 어떠한 형태로든 유비쿼터스에 관한 연구 활동을 조속히 시작할 필요가 있을 것이다.

6. 첨부자료

「유비쿼터스 네트워크 기술의 장래 전망에 관한 조사 연구회 보고 개요」참조

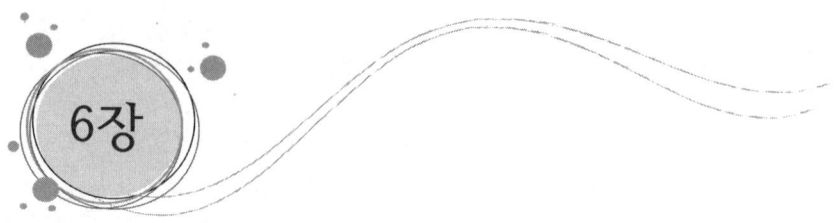

직종관련 리포트 작성사례

1. 영업에 대한 리포트   349
2. 개발·제조에 대한 리포트   352
3. 총무에 대한 리포트   355
4. 현장에 대한 리포트   358
5. 광고·홍보에 대한 리포트   361
6. 경리에 대한 리포트   364
7. 인사에 대한 리포트   367

 직종에 관한 리포트란

기업 활동의 중심이 되는 것이 인재다. 기업의 인재 분류로는 크게 나누어 스페셜리스트와 제너럴리스트로 나뉘지만, 직종으로 분류한다면 실로 폭넓은 것이 된다. 사무계통에서는 영업부터 시작되어 광고·선전, 판매촉진, 총무, 인사, 관리, 경리, 재무, 경영기획, 사업기획, 법무, 디자인, 매매, 컨설턴트 등이 있다.

한편 기술계통에서는 연구개발, 설계, 시스템설계, 시공관리, 생산관리, 제조기술, 보수·운용, 디자인, 소프트개발, SE 등. 최근에는 시스템 관련 영업이 SI(System Integrator)와 같은 명칭의 새로운 직종으로서 탄생하고 있다. 그러한 속에서 사무계통·영업계통·기술계통과 같은 경계가 점점 더 낮아지고 직종의 분류도 점점 더 세분화되는 것도 시대의 흐름이며 향후에도 더욱 그러한 경향은 계속될 것으로 보인다.

예를 들면 영업이라고 한 마디로 해도 최근에는 컨설팅영업, 법인영업, 기획영업, 개발영업, 세일즈엔지니어, 루트 세일즈, 해외영업, account executive, MR(의약정보담당자) 등 업종과 업태에 의해 세분화되고 있으며, 그 업무 내용도 일괄하여 나타낼 수 없을 정도다. 그 밖의 많은 직종도 이와 마찬가지라고 할 수 있다.

직종에 대한 리포트는 영업, 개발·제조, 총무, 현장, 광보·기획, 경리, 인사에 대해 조명하여, 각각의 직종에 대해 가능한 한 새로운 형태의 사례를 소개하려고 시도했다. 종전의 직종의 틀을 뛰어 넘어 업무를 수행하고 있는 기업인도 많고, 그러한 업무에 도전하고 있는 새로운 직종이나 각각의 분야에서 첨단을 달리는 업무의 사례를 소개한다.

 작성할 때 포인트

여기에서는 「현대 영업직에 필요한 능력이란」을 비롯해, 「새로운 총무의 역할」「현대의 전략적 광고홍보란」「제품설계·개발·생산의 일체화」「컨스트럭션 매니지먼트의 도입」「현금흐름 경영에 대하여」등을 조명했다.

1. 우선, 전체의 구성을 생각한다.

첫 장에 제출처, 타이틀, 제출일, 보고자의 소속·이름을 기입하고 다음에 전문에 이어 본문을 써 나간다. 본문은 직종에 관한 테마, 목적·의의, 구체적인 활동내용, 그 성과, 향후 과제 등에 대해 정리해 나간다.

2. 새로운 직종의 사례를 구체적으로 소개한다.

가령 세일즈엔지니어, 프로그래머, 시스템엔지니어, 시스템인테그레이터(System Integrator), 시스템컨설턴트 등과 같은 직종이 왜 생겨났는지 왜 필요한 것인지를 구체적인 사례를 통해 소개한다.

3. 성과와 과제에 대해 정확히 어필한다.

실제로 한 일에 대해 구체적인 성과를 소개하면서 향후 과제를 거론해 소개한다.

4. 도표나 차트를 섞어 알기 쉽게 한다.

조직이나 업무의 흐름 등 문자로 표현하기 어려울 경우에는 도표나 차트를 섞어 쓰면 보는 쪽도 이해하기 쉽고 알기 쉽다.

영업에 대한 리포트

📝 작성포인트

이전에는 영업이라는 분야로 일괄적으로 적용되었지만 최근에는 컨설팅영업, 기획영업(법인용), 개발영업, 세일즈엔지니어, 루트세일즈, 해외영업, AE(Account Executive), MR(Medical Representative) 등으로 세분화되고 있다. 영업이란 무엇인지 그 역할, 구체적인 업무내용, 과제, 고찰 등을 기술해 나간다.

* Account Executive : 광고대행사와 광고주 사이의 연락 및 기획업무를 담당하는 대행사의 책임자.
* Medical Representative : 제약회사 영업, 제약회사 의약정보담당자.

✅ 체크포인트

* 리포트의 테마를 정확히 정할 것.
* 자신의 생각을 논할 경우에는 주관과 객관적인 사실의 정합성(整合性)을 취할 것.

현대 영업직에 필요한 능력(자질)이란

받음 :   보고일 : ○○년 ○월 ○일
                                              보고자 :

표제의 건에 대해 다음과 같이 정리하였으므로 보고하겠습니다.

1. 영업직이란?

 채용 시장에서는 대졸신입·중도채용을 불문하고 가장 니즈가 많은 것이 영업직이다. 영업직이란 간단히 말하면 「상품이나 서비스를 파는 일」. 파는 대상, 형태, 상품에 따라 다양한 경우를 생각할 수 있지만, 어쨌든 기업은 상품이나 서비스를 판매함으로써 대가를 얻어 이익을 확보하는 조직이므로 영업직 없이 기업은 성립하지 않는다고도 할 수 있을 것이다. 그런 의미에서 영업직은 기업의 얼굴이기도 하다.

 한 마디로 영업직이라고 해도 그 범위는 실로 다방면에 걸쳐 있으며 업종과 업무 형태, 혹은 기업에 따라 호칭이나 요소 등도 다르다. 주된 영업직을 열거해 보자.

2. 주된 영업직의 호칭과 요소

● 법인용 영업직

 기업의 니즈에 부응하여 상품이나 서비스를 제공한다. 취급 상품으로는 팩스나 프린터 서플라이용품, 사무용품 등의 저가 상품을 주체로 하는 영업도 있다면, 소프트웨어 패키지의 도입과 기업·상품광고·판매촉진물 등을 취급하는 고가 상품 주체의 영업도 있다. 모두 커뮤니케이션 능력과 신뢰성, 책임감 등이 필요하다.

● 개인용 영업직

 영업 자체가 개인 고객과 직접 만나 상품을 판매한다. 화장품이나 교재 등의 방문판매에서 주택이나 자동차, 각종 보험·증권의 판매 등 저가상품에서 고액의 상품까지 다채로운 상품을 취급한다. 취급상품에 대한 이해, 타깃의 선정, 개인 컨설테이션 능력과 프레젠테이션 능력이 필요하다.

● 세일즈 엔지니어

 컴퓨터 시스템(하드·소프트)의 판매·도입 및 서포트부터 트러블 처리까지의 종합 솔루션을 제안하고 도입으로 연결 짓는 업무. 하드·소프트 등의 기술지식과 상품지식을 알기 쉽게 전달하는 프레젠테이션 능력이 요구된다. 최근에는 대규모 시스템을 구축·도입하는 경우 등에서 SI(System Integrator)라는 전략적인 호칭으로 불리는 일이 많아졌다.

● 기타 영업직

 소매점, 딜러, 슈퍼마켓, 스토어 등에서 고객을 접해 상품을 판매하는 영업직

도 있다. 또 자동차 딜러나 디스카운트 스토어, DIY나 편의점 등의 점장도 이른바 영업직의 일례다. 이런 경우에는 상품의 매입에서 선전, 광고홍보, 디스플레이, 판매스태프 교육 등 점포 운영의 모두를 맡게 되는 경우가 많다. 접객 스킬뿐만 아니라 결단력, 마켓에 대한 이해, 리더십 등이 필요하다. 이른바 세일즈 매니저다.

3. 현대 영업직에 필요한 자질·능력

현대 영업직에서 요구되는 능력이란 무엇인가. 자주 언급되는 것이 「커뮤니케이션&컨설팅」능력이다. 「커뮤니케이션 능력」이란 업무를 통해 원만한 인간관계를 구축하면서 논리적으로 상대방을 설득할 수 있는 능력을 말한다. 한편 경쟁이 심화되고 상품 자체의 차별화도 매우 어려워지고 있는 현대에는 고객에게 플러스원의 부가가치를 제안할 수 있는 「컨설팅 능력」이 필요하다. 즉 상품 자체를 파는 것이 아니라 고객의 문제를 파악하고 그것을 해결하기 위해 최선의 상품과 시스템을 도입해 나가는 능력이다. 바꿔 말하면 현대 영업은 고객을 위해 얼마나 부가가치가 있는 일을 하는가, 얼마만큼 성과를 올릴 수 있는가가 평가의 대상이 되며 그것을 커버하는 영업으로서의 자질이 필요하게 되었다.

개발·제조에 대한 리포트

☑ 작성포인트

물품을 만드는데 업체에서는 개발과 제조의 일체화가 추진되고 있다. 지금까지 이상으로 신속화, 코스트다운화, 고품질화에 대한 자세가 필요하기 때문이다. 여기에서는 그 유효한 방법으로서 주목을 받는 시스템을 예로, 개발과 제조의 일체화의 목적, 그 방법·시스템, 도입의 효과, 과제 등을 조사해 본다.

☑ 체크포인트

가능하다면 여러 기업에서의 구체적인 도입사례를 제시해 분석해 보자.

제품 설계·개발·생산의 일체화를 위한

받음 :   보고일 : ○○년 ○월 ○일
                                        보고자 :

상기의 건에 대해 보고하므로 검토 부탁드립니다.

1. 머리말

현재 당사에서는 체질 및 경쟁력의 강화를 과제로 납기 단축, 고품질화, 코스트다운화를 위해 제품설계·개발·생산이 일체화 되도록 노력하기 위해 다양한 방법을 검토해 온 결과 그 유효한 방법으로 Concurrent Engineering을 도입하는 것이 최적이라는 결론에 이르게 되었습니다. 관련 기술자는 조속히 대응할 수 있도록 지식·기술을 습득해 주십시오.

2. 병렬 작업 기술(Concurrent Engineering)이란

CE이란 제품개발과 설계, 제조, 나아가서는 그것을 서포트하는데 관련된 공정에서 동시에 병렬적으로 설계를 하는 엔지니어링 수법이다. 또한 Concurrent는 병렬한다, 공존한다, 공동 등의 뜻이 있다.

이 접근은 개발자가 품질, 코스트, 납기, 나아가 유저의 요구에 부응한다는 개념에서 폐기에 이르기까지의 제품 라이프 사이클의 모든 요소를 감안하게 하도록 의도된 시스템이다. 따라서 원가기획은 중요한 위치에 있으며 생산관리도 보다 상위에서 검토되게 된다.

3. 종전의 제품개발공정과의 차이

CE에서는 이전에 하위공정에서 처리되었던 정보를 가능한 한 상위공정으로 끌어올려 처리한다. 즉 설계부터 생산에 이르는 정보를 공유함으로써 전체적인 코스트다운을 노리는 것이 가능해진다.

가령 상품 도표를 그리고 있는 중간에 디자인, 기능, 강도 등의 설계요건, 나아가 제조코스트나 생산라인의 제약, 아웃소싱의 가능성 등을 동시에 검토할 수 있어 보다 제조 코스트가 저렴해지도록 상품 도표를 완성시킬 수 있게 된다. 종전의 제품 개발 공정과 CE를 비교하면 다음과 같다.

● 종전 : 상품기획 → 설계 → 시제품 제작·평가 → 설계변경 → 생산준비
          → 설계변경 → 생산
● CE : 상품기획 → 설계
              → 시제품 제작·평가
                  → 생산준비 → 생산 | ← (개발기간의 단축) → |

4. 병렬 작업 기술의 효과

CE에서는 개발초기단계부터 다양한 시점으로 검토되고 변경이 추가되어 그 시점에서 하위공정의 의견도 흡수되기 때문에 잘못이 있다면 조속히 피드백할 수 있게 된다. 따라서 그 후에는 대부분 변경이 일어나지 않는 이점이 있다. 또 설계단계에서 생산부문이아 구매부문 등이 설계를 구현시키는데 도움을 줄 수 있고 또 하위공정의 담당자가 상위공정에서 결정한 내용을 평가할 수 잇다는 이점도 생겨난다. 이러한 정보의 흐름에 의해 설계와 생산설계에서의 변경이 놀랄 정도로 감소되었다는 예가 보고되고 있다.

5. 병렬 작업 기술의 실시

CE는 당초에 다품종 대량 생산방식을 기본으로 제품의 시장투입까지의 기간의 단축, 생산효율 향상을 위한 것이며, 같은 기간의 협조 작업이 중요시된다. 게다가 시간적으로 같은 시각에 일어나도록 조정함으로써 제품개발 도중에라도 조건을 변경하는데 간단히 대응할 수 있는 것이 특징이며, 매우 적응성이 높은 제품을 실현할 수 있게 되었다고 한다.

이 CE를 실시하기 위해서는 조직, 커뮤니케이션기반, 요구대응, 제품개발과 같은 4가지 과제를 해결하는 것이 불가결하다. 즉 조직 면에서는 피라미드형에서 네트워크형으로 이행하고 커뮤니케이션 툴로서는 그룹웨어와 네트워크와 같은 정보 인프라와 데이터베이스에 의한 정보의 일원화, 요구대응에서는 고객의 니즈에 대응한 제품의 차별화·코스트 삭감·이익의 확보, 그리고 마지막에는 뛰어난 제품 개발이 된다.

6. 참고문헌

「병렬 작업 기술이란」(○○출판사)

총무에 대한 리포트

✍ **작성포인트**

업무의 다양화·복잡화·효율화가 진전되는 속에서 경영을 서포트support하고, 또 사내 각 부문의 다양한 니즈를 코디네이트하는 총무의 역할이 주목을 받고 있다. 총무란 무엇인가, 새로운 시대에 필요한 총무의 역할, 총무담당의 마음가짐·지식·노하우, 과제 등에 대해 정리한다.

✔ **체크포인트**

- 객관적인 사실뿐만 아니라 독자적인 분석을 하여 리포트한다.
- 개념적인 표현이 아니라 가능한 구체적으로 기술하자.

새로운 「총무」의 역할에 대하여

받음 :   보고일 : ○○년 ○월 ○일
                                        보고자 :

 기업 업무가 다양화·복잡화되는 속에서 총무의 일도 다방면에 걸쳐 있으며 너무나 업무 영역이 넓어져 실제 업무가 보이지 않는다는 의견도 듣습니다. 여기에서는 당사의 총무업무를 밝히고 다시금 총무의 역할을 물어 21세기에 적합한 총무상이란 무엇인가를 생각해 보려고 합니다. 검토 잘 부탁드립니다.

1. 총무부문의 현황

 당사의 총무부에서는 다음과 같은 업무를 담당하고 있다.

 한 가지는 이른바 퍼실리티 매니지먼트. 큰 것으로는 회사의 이사, 작은 것으로는 사내 레이아웃 변경 시의 종합적인 매니지먼트 업무 등이다. 예를 들면 LAN 설치와 전기 공사 등에 대해 전문 업자와 협의하는 것도 포함된다. 또한 가지는 주주총회와 이사회와 같은 회사의 핵심이 되는 회의를 정리하거나 운영, 의사록을 작성하는 업무, 그리고 사원에게 제공하는 각종 서비스 업무 등이다.

1) IR관련업무

 주주총회·이사회 등의 회의 정리·자료작성·운영·의사록 작성

2) 퍼실리티 매니지먼트(facility management : FM) 관련 업무

 계약서 체크·관리, 사내 규정에 관한 개정, IT화 대응, 사내보고 작성 등

3) 리스크관리·사원에 대한 각종 서비스 업무

 방화·방재 관계 업무, 차량사고 관계 업무, 클레임 관계 업무, 비품이나 영업차 관리·수배 업무, 복리후생 관련 업무(사내 행사의 기획운영, 사택수배·관리)

2. 총무업무의 과제

 계속되는 고성장을 기대할 수 없는 시대에 기업이 이익을 확보하기 위해서는 조직의 효율화가 불가결하다는 것은 말할 것도 없다. 그러한 상황 속에서 수익에 직접적으로 이어지지 않는 총무에 대한 비난은 드세어지고 있으며, 기업이 인건비 삭감에 몰두하는 풍조 속에서 총무직 그 자체가 삭감 대상이 될 수 있는 상황이다. 이미 잡무를 하는 정도의 일은 파견사원이나 아르바이트로 충족시키는 것이 하나의 흐름이다. 당사에서도 총무업무의 방향성을 검토해야 할 시기에 와 있다고 생각된다.

3. 당사 총무의 과제와 방향성

 이러한 상황에 입각하여 향후 총무의 과제를 추출하고 그 과제에 어떻게 대응해야 하는지를 검토해 보았다.

(1) IT(정보기술)의 도입에 의한 효율화

그룹웨어 등의 도입으로 정보 전달의 효율화·활성화·신속화를 도모한다.

(2) 아웃소싱의 도입 사택 외에 관리시설 등의 관리에 대해서는 아웃소싱에 의해 인건비를 삭감한다.

(3) 서비스부문으로서의 의식 개혁

구태의연한 관리자 의식·발상을 고치고 서비스 업무로서 대응한다.

(4) 오픈 폴리시 태세 만들기

누구든 언제서든 어디에서든 편한 마음으로 상담할 수 있는 오픈 폴리스에 의한 자세를 만든다.

4. 고찰

확실히 총무업무는 기업의 근간을 이루는 업무 중 하나이지만, 「총무」라는 말이 의미하는 것처럼 업무 자체가 총체적인 이미지가 있고 본래 실태가 보이지 않는 단점이 있다는 것은 분명하다. 그 한편으로 총무라는 이름에 의지하여 이른바 관공서적인 자세로 상의 하달식으로 대응해 온 것도 부정할 수 없다. 그러한 의미에서 총무로서 살아남기 위해서는 과제에서도 논했지만, "총무=사원 및 관계자에 대한 서비스업"이라는 관점으로 업무를 수행해 나가는 것이 중요하지 않을까.

현장에 대한 리포트

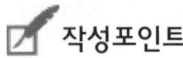 **작성포인트**

현장이라고 한마디로 해도 다양하지만 많은 현장에서 IT를 활용한 현장용 매니지먼트 시스템이 도입되기 시작했다. 그 목적, 종전과의 비교, 시스템의 개요, 도입 절차, 효과, 활용법 등을 리포트하고 대응할 수 있는 기술자의 육성을 제안한다.

✔ 체크포인트

- 새로운 정보 등에 대해서는 신빙성·신뢰성을 높이기 위해서도 가능한 한 많은 자료를 읽어서 독단적이지 않는 리포트가 되도록 노력하자.
- 국가나 지방공공단체 등으로부터 나오고 있는 견해 등도 소개하면 신빙성이 높아진다.

CMr(컨스트럭션 매니저) 육성에 대하여

받음 :   보고일 : ○○년 ○월 ○일
                                                  보고자 :

상기 테마에 대해 다음과 같습니다 검토바랍니다.

1. 머리말

일본에서는 지금 여러 분야에서 구조개혁의 필요성이 나오고 있으며 건설업계도 예외는 아닙니다. 현실적으로 프로세스의 투명성, 공정성이 사회적 니즈로 급부상되고 있으며 발주방식에서도 종래의 일괄 청부 방식이 아니라 경쟁원리를 활용한 방식이 도입되어야 한다는 요망이 나오고 있습니다. 이러한 시대의 요청에 대응하여 기대를 받고 있는 것이 컨스트럭션 매니지먼트입니다.

2. 컨스트럭션 매니지먼트(CM) 도입의 배경

건설성은 1999년 6월에 「공공사업에 대한 프로젝트 매니지먼트(PM) 수법 도입에 관한 비전」에 대해 발표하고 현재 국토교통성의 직할 사업으로서 PM이 시행되고 있습니다. 그 주된 취지는 「공공사업의 고객은 국민이며 또한 공공사업의 진정한 공급자도 국민이라는 의식 하에 PM수법을 도입해 양질의 사회자본을 저렴한 비용으로 정비·유지하면서 함께 국민에게 설명할 책임을 부과한다」는 것입니다. PM은 발주자·설계자·시공자 3자가 일체가 되어 각각의 입장에서 사업의 효율화를 꾀할 목적으로 주체적으로 노력하는 매니지 수법입니다. 그 속에서 건설업에 특화된 좁은 의미의 PM이라고도 할 수 있는 것이 컨스트럭션 매니지먼트(CM : construction management)입니다.

3. 컨스트럭션 매니지먼트의 개요

CM이란 건설 프로젝트의 기획에서 설계, 시공, 유지·관리까지의 전 단계에서 필요한 매니지먼트를 말한다. 종전의 청부계약과 달리 CM을 실시하는 컨스트럭션 매니저(CMr)가 컨설턴트의 입장(발주자의 입장)에서 프로젝트를 유지하게 됩니다. 종래의 일괄 청부 방식과 비교해 CM방식의 특징은 다음과 같습니다.

● 장점
- 코스트·납기·품질관리책임을 CMr에게 일원화할 수 있다.
- 시주의 의향과 니즈가 공사에 직접 반영된다.
- 가격이 모두 오픈되므로 공정하다.
- 시주는 CMr과 일괄해 계약하기 때문에 경리 처리가 편해진다.
- 코스트 투명화와 함께 코스트 삭감을 기대할 수 있다.
- 건축 스피드를 향상시킬 수 있다.

- 단점
- 공사금액이 공사완료까지 확정되지 않는다.
- 여러 전문공사회사와 각각 계약을 맺어야 한다.
- 공사의 분할 발주에 동반되는 리스크는 시주(施主)가 지게 된다.

4. CM 도입 시의 과제

건설업계에서도 이미 CM을 도입하고 있는 기업은 대기업을 중심으로 퍼져 있으며, 중견에 위치하는 당사에서도 CM의 도입은 피할 수 없다고 생각됩니다.

이 CM방식은 미국 건설업계가 불황에 빠졌을 때 건축업자 스스로가 불황 대책으로 채택한 것이라고 하며, 그런 의미에서 실로 지금 불황기에 있는 일본이야말로 도입해야 한다는 의견도 각 방면에서 나오고 있습니다.

또 국가의 시책에서도 CM을 포괄하는 PM(프로덕트 매니지먼트)의 연구회를 여는 등 적극적인 움직임이 있으며, CM 도입은 시간의 문제라고 할 수 있습니다.

이러한 점으로 인해 당사에서도 CM에 관한 프로젝트 팀을 발족시켜 사내에서 진지하게 토의하면서 업계의 연구회에 참가하고 또한 다가오는 장래를 내다보고 CMr 육성 등에 대해서도 조속히 검토할 필요가 있을 것이다.

광고·홍보에 대한 리포트

작성포인트

기업에 대한 불신감이 커지고 있다. 다양한 업계에서 「…은폐」가 일어나고 있기 때문이다. 기업이란 본래 본 사업에 대해 공명정대함이 의무이며 책임이다. 이 기회에 광고·홍보의 역할에 대해 최근의 상황, 광고홍보의 역할, 대상, 과제, 소감 등에 대해 언급한다.

체크포인트

• 자사의 광고홍보활동의 성공 스토리 샘플, 공고홍보자료 배부 타깃 등의 자료도 첨부하면 구체성이 높아진다.
• 광고홍보 업무의 견본이 되는 기업의 예 등도 담으면 좋다.

현대 전략적 홍보란

받음 :

보고일 : ○○년 ○월 ○일
보고자 :

1. 머리말

 지금 다양한 분야에서 기업의 불상사 등이 분출되고 세간의 빈축을 사고 있다. 게다가 이러한 불상사를 겉으로 드러내지 않고 은폐하려고 함으로써 더욱 사태를 심각하게 하는 것이 오늘날의 상황이다. 본래 기업은 원만한 기업 활동을 추진하기 위해 사원을 비롯한 고객, 대리점, 거래처, 투자가, 주주, 지역주민, 매스컴 등에 대해 좋은 관계를 구축하는 것이 필수적이다. 그 수법으로 홍보업무가 있는데 반드시 현 상황에서는 제대로 기능한다고는 할 수 없을 것이다. 여기에서 이 기회에 홍보란 무엇인지, 현대 홍보는 어떻게 되어야 하는지를 리포트한다.

2. 홍보의 유래와 역할

 「홍보」란 영어의 Public Relations(퍼블릭 릴레이션즈)의 일본어 번역이다. 일본에서는 제1차 오일쇼크 때부터 대기업을 중심으로 홍보부 혹은 광고홍보부 등의 부서를 탄생시켰다. 그 이래 일본의 경제사회의 발전과 함께 홍보의 기능이 확대 강화되어 오늘날에는 기업은 본래부터 행정, 비영리조직 등 많은 조직에서 빼놓을 수 없는 경영기능으로 위치해왔다. 그리고 지금 미디어와 경영환경의 변화 속에서 정보공개를 기초로 한 굿월 커뮤니케이션이 중요성을 높이고 있다.

3. 홍보의 대상과 그 활동 영역

 홍보에 대한 사고방식은 기업의 사회와의 노력하는 자세 등에 따라 다르지만 일반적으로는 다음과 같은 대상을 설정하고 있다.

● 매스컴(일반신문・잡지, 전문신문・잡지, TV)
 각 미디어의 보도를 통해 여론을 환기함으로써 홍보의 주요한 대상이 된다.

● 사원・가족・퇴직자・그룹 기업 사원 등
 사업경영공동체의 멤버로서 가장 중시된다. 홍보활동으로는 사내보를 발행하거나 사내 이벤트를 개최하는 것 등.

● 주주
 기관투자가를 포함하는 금융관계자, 개인주주 등. 기관투자가 설명회, 결산발표회 등을 통해 재무내용을 비롯한 경영활동전반에 걸친 정보를 제공한다.

● 거래처 관계자
 원만한 사업경영을 뒷받침하는 파트너로서 회사 안내서나 회사 시설 견학, 사내보 배포 등

● 학생(교육관계자를 포함)

여러 구인광고에서 회사설명회, 회사 견학, 산학공동사업 등 인맥 조성 등을 통해 우수한 인재를 확보하게 된다.

● 기타

본사·공장·사무소 주변의 지역주민, 업계단체, 소비자단체, 오피니언 리더, 행정관계자, 해외 관계자 등

4. 광고홍보의 바람직한 모습

지금까지 일본의 홍보활동이 대외적으로는 매스컴을 주된 대상으로 발전했다. 당초에는 「싸게 할 수 있는 선전활동」적인 감각도 있었던 것 같다. 기자에게도 기업의 정보는 어려움 없이 얻을 수 있는 이점이 있고, 양사의 좋은 관계가 계속되었다. 그러나 최근에는 소비자단체나 주주 등이 대두하여 기업에 대한 견해도 힘들어지고 있는 한편 불상사 은닉 등 나쁜 소식 은폐가 빈번히 이루어져 문제시되고 있다. 이것은 분명 좋은 일은 공표하지만 나쁜 일은 감춘다는 정도주의 패턴으로 홍보부문으로서의 본래 홍보기능이 제대로 이루어지지 않았기 때문이다.

본래의 홍보란 기업의 모습을 관계자에게 정직하게 어필하고 그에 대해 평가 혹은 질타를 받아 더욱 좋은 관계를 구축해 나가기 위한 수법인 것이다. 그것을 실현시키기 위해서도 홍보를 기업의 양심으로 보고 기업 목적에 맞게 추진하는 나침반 역할을 하게 하는 것이 본래의 역할일 것이다.

경리에 대한 리포트

☑ 작성포인트

　매상고와 경상이익으로는 기업의 실력을 모두 다 읽을 수 없는 시대가 되었다. 가치 창조를 가늠하는 현금흐름회계가 앞으로의 기업경영의 기본이 된다. 여기에서는 도입 배경, 그 사고방식, 기대효과와 실제 도입 효과, 향후 과제 등에 대해 고찰한다.

☑ 체크포인트

- 타사의 도입 사례가 있다면 참고로 기술한다.
- 가능하면 「현금흐름계산서」 등도 첨부한다.

현금흐름회계에 대해

받음 :   보고일 : ○○년 ○월 ○일
                                                     보고자 :

 일본의 회계기준은 지금 연결결산과 시가회계의 도입 등 국제회계기준으로
크게 전환되고 있는 시기이며, 기업에 있어서 금융기관 등의 평가기준이 되는
현금흐름경영의 도입이 이루어지고 있다. 이미 구미에서는 현금흐름경영이 주
류였지만 일본에서도 법 개정과 동반되어 현금흐름계산서의 작성이 의무화되
고 현금흐름이 도입되는 환경이 마련되었다. 여기에서는 현금흐름회계란 무엇
인가, 기업경영이 종전과 어떻게 바뀌고 그 속에서 어떻게 경리업무는 대응하
는지 등에 대해 리포트하였다.

1. 현금흐름회계란

 현금흐름회계란 현금(및 현금 동등물)의 출입 혹은 투자로부터 회수까지의 상
황을 업무평가의 관점에서 취급한 경영의 틀이라고 할 수 있을 것입니다. 여기
에서는 재무제표로서 현금흐름계산서가 중심적인 역할을 하고 있습니다. 현금
흐름경영은 회사경영을 해 나가는데 오히려 점유율, 매상고, 이익의 확대를 목
표로 하는 것이 아니라 회사의 본업이 만들어 내는 현금을 중시하는 사고방식
에 따르고 있습니다. 간단히 말하면 현금을 얼마만큼 만들어 낼 수 있는가 하
는 것으로 회계 업적을 평가해 나가려는 것. 그런 의미에서 회사가 종전부터
하고 있는 「자금조성」의 사고방식과는 분명히 다릅니다.

 최근 불황에 따른 힘든 경제 환경 하에서 리스크(자금회수, 재고, 설비투자
등)가 증대됨에 따라 발생주의(현재의 손익계산서)를 대신하여 현금주의회계
즉 현금흐름회계라는 사고방식이 재검토되게 된 것은 당연하다고 할 수 있을
것입니다.

2.현금흐름회계에 의한 기대효과

 현금흐름회계에 의해 일상의 업무도 다음과 같이 혁신된다고 합니다.

● 매출주의에서 이익주의로의 전환

영업은 현금회수에 의해 완결된다는 생각을 철저하게 함으로써 월말의 무리한
판매방법에 제동을 걸어 고객과의 거래조건을 개선할 수 있습니다. 또 영업의
실적평가에 매상뿐만 아니라 회수함으로써 채권회수를 촉진할 수 있습니다.

● 재고 과잉 배제

재고의 증가는 현금흐름경영에서는 마이너스요인이 되기 때문에 안이한 구매
활동에 제동이 걸려 과잉재고 발생이 방지되게 됩니다.

● 자금조달과 투자의 주체성 육성

설비투자와 신제품 개발 자금을 현금흐름의 관점에서 파악함으로써 사업부의
책임자와 제품개발의 책임자 의식이 높아져 회사 전체가 활성화됩니다.

3.실제 도입 효과

당사에서는 이미 ○년도기초부터 현금흐름회계를 도입하고 있으며 다음과 같은 도입효과를 올리고 있습니다.

- 현금흐름계산서의 출력 등 신 회계제도에 대응할 수 있다.
- 입출금의 스케줄이 명확하게 되어 효율적인 자금 조달이 이루어질 수 있다.
- 부문을 망라하는 정보도 정확하고 실시간으로 파악할 수 있다.
- 각 부문의 경영에 대한 공헌도를 파악할 수 있으므로 적절한 자본 투하를 할 수 있다.
- 다양한 경영지표를 분석함으로써 이익성 시산(試算)의 정밀도가 높아진다.
- 정보 분석 툴과 연계하여 정보를 더욱 잘 활용할 수 있게 된다.

4. 향후 과제

자금 단축을 일으키지 않기 위한 관리지표가 매우 중요합니다. 따라서 경영수지의 관리에 의한 영업수입과 투자 균형 관리를 하여 현금흐름에 착안해, 자금단축을 미연에 방지하는 매니지먼트 시스템 도입이 필요하게 되었습니다. 그러기 위해서 ERP 도입 등도 추진되어야 한다고 생각합니다. 또 매상지상주의를 없애기 위해 매상과 채권의 회수와의 균형을 끊임없이 의식하는 업적평가기준을 마련하는 것도 필요합니다.

인사에 대한 리포트

✍ 작성포인트

많은 기업에서는 사내 개혁의 일환으로 조직의 활성화, 성과주의의 도입 등을 배경에 인사제도의 개혁을 추진하고 있다. 그 배경, 목적, 구체적인 노력, 효과, 과제 등에 대해 리포트한다.

✔ 체크포인트

- 가능하다면 도입 기업 일람표를 표로 만들어 업종별 제도의 차이를 나타내는 고안도 필요하다.
- 이러한 자료를 자사의 관련부서에 퍼뜨려 이 제도에 관한 취재를 해 보면 재미있을 것이다.

사내 인재 공모제도에 대하여

받음 :   보고일 :
                                                보고자 :

　지금 조직의 활성화를 꾀하는 일환으로 사내에서의 인재 공모 제도를 실시하는 기업이 늘어나고 있습니다. 그 목적은 무엇인지, 어떤 제도를 채택하고 있는지, 실시한 결과는 어떠한지 등에 대해 조사·검토하여 그 도입 효과를 고찰해 보았습니다.

1. 사내인재공모제도란

　이전에 기업에서는 사원의 이동은 본인의 의사에 상관없이 배속부서가 결정되는 것이 일반적이었지만, 조직의 활성화를 도모하여 인재를 적극적으로 활용하는 경우가 늘어났다. 사내 인재공모제도도 그 중 하나다. 이것은 사원이 스스로 희망하는 부서를 표명하고 받아들이는 쪽의 조건과 일치된다면 그 희망하는 부서로 이동할 수 있다는 것. 기업에 따라서는 PA(프리 에이전트)제도라고도 한다. 그것이 실현되면 본인도 그 직장도 활성화하는 일석이조의 구조가 된다.

2. 사내인재공모제도의 사례

　구체적인 예를 들어 보자. 모 대기업 전기업체에서는 「자신의 경력은 자기 자신이 생각해 스스로 연마하자」라는 표어 하에서 그것을 실현하기 위한 수단의 일환으로 사내 공모 제도를 개시했다. 그 흐름은 이렇다. 어느 부서에서 「새로이 ○○라는 과제를 맡으므로 그에 대응할 수 있는 스킬이나 노하우를 가진 인재를 모집하고 싶다」라고 하는 이른바 "인재모집광고"를 사내 각 부문에 고지한다. 그러면 이 고지에 대해 그 조건을 만족하는 사원은 상사를 통하지 않고 직접 응모할 수 있다.

　응모를 받은 측은 개별적으로 면접하여 서로에게 양해를 구한 시점에서 이동이 성립되게 된다. 이른바 사내의 중도채용이다. 동사에서는 이미 약 500명이 이 제도로 이동했으며 앙케이트에 따르면 「내 희망대로 일을 맡아서 더 의욕이 생겼다」는 직원이 90% 가까이 된다고 한다.

3. 사내인재공모제도의 효과

　이 제도는 사원에게 있어서는 좋은 것뿐이지만 한편 사원이 빠져나가는 부서나 관리직으로서는 청천벽력이다. 특히 관리직은 우수한 부하가 나가 버린 굴욕감과 관리능력도 문제시되지 않을까 하는 불안한 마음도 생길 수 있다. 단 그것은 이동을 희망한 사원도 마찬가지이며 이동하지 못한 경우에 상사와의 관계가 나빠진다는 리스도 생길 수 있다. 그러나 동사에서는 「역으로 직장에 긴장감이 생기고 활성화된다」고 보고 있다.

4. 사내 인재공모 제도의 확대와 과제

동사도 포함하여 사내 인재공모 제도를 도입하고 있는 기업은 늘고 있다. 조사회사의 자료에 따르면 상장기업의 2%정도가 채택하고 있다고 한다. 사내공모의 조건으로는 현직 2년 이상 및 계장 이상의 사원(상사계), 과장이상·현직 2년 이상(전기계), 전사원이 대상(정밀기기계), 상사면접에서 이동 희망을 전한 사원만(자동차 기기계)등 기업에 따라 다르다. 응모자나 도입 시기에 따라 다르겠지만 몇 명에서 천 명 가까이까지 퍼지고 있으며 이것도 다양하다.

과제로서는 제도의 방법에 따라서도 다르겠지만, 공모함으로써 「상사와의 인간관계가 나빠질 것 같아 불안하다」「공모한 것은 좋지만 희망하는 부서에 가지 못해 기분이 우울하다」「희망하는 부서에 못 가면 안 되므로 응모하기로 결단을 내리지 못한다」등의 의견도 있다.

5. 고찰

위와 같은 과제는 있지만 제도적으로 이러한 과제를 해결하면 문제는 없을 것이다. 처음에 예로 거론한 전기 업체처럼 상사를 거치지 않고 직접 응모하는 방법이라면, 만일에 채용이 되지 않아도 상사에게는 알리지 않으므로 본인도 응모하기 편할 것이다. 의리나 인정, 사적인 감정이 얽힌 일본의 직장을 더욱 수평적으로, 비즈니스하기 좋은 상황으로 만들기 위해서는 이 사내공모제도가 효과적이지 않을까 생각한다.

● 저자 · 역자 소개

♣ (지음) 야나세 가츠유키

1947년 출생, 일본 홋카이도대학 이학부를 졸업하고 출판사와 광고홍보회사 디렉터를 거쳐 독립한 후 현재 프리랜서 작가로 활동 중이다.

♣ (옮김) 코페리더스클럽

기업과 단체 및 개인의 비전과 성공을 서포트하는 경제 경영, 법무 특허, 세무 회계, 외환 금융, 언론 홍보, 언어 교육, 인문 등의 분야별 전문가들로 컨설팅, 강의, 번역 등의 업무를 수행하는 코페 인스티튜트의 프로페셔널 그룹이다.

kofe
코페하우스

보고서 · 리포트 작성기술 (작성나례 119)

저자 야나세 가츠유키
역자 코페리더스클럽

발행일 2009년 6월 1일 초판 1쇄

발행인 강석원
발행처 한국재정경제연구소(코페하우스)
출판등록 제2-584호, 1988.6.1

주소 서울특별시 강남구 대치동 889-5
전화 (02) 562-4355
팩스 (02) 552-2210
메일 book@kofe.kr
웹사이트 www.kofe.kr

ISBN 978-89-93835-00-7 (13320)
값 15,000원

* **kofe 코페하우스**는 한국재정경제연구소의 출판브랜드입니다.